Anders Indset

Quantenwirtschaft

Was kommt nach der Digitalisierung?

Econ

Econ ist ein Verlag
der Ullstein Buchverlage GmbH

ISBN 978-3-430-20272-5

Inhalt

Teil IV
Was kommt nach der Digitalisierung? 233

Intro

*»Wollen wir die Gesellschaft verstehen,
müssen wir die Wirtschaft neu denken.«*

Die Old Economy ist tot, die New Economy ebenso. Das uto-pische Versprechen der Achtziger- und Neunzigerjahre wurde nicht eingelöst. Vielleicht geht 2018 in die Geschichte ein als das beste Jahr der Menschheit. Viele unlösbare Probleme ha-ben wir gemeistert, dennoch haben wir das Gefühl: So wird es nicht weitergehen. Nach den eher harmlosen Korrekturen um die Jahrtausendwende mit der Dotcom-Krise und der Kor-rektur während der Finanzkrise 2008 könnte es uns jetzt viel schlimmer treffen, wenn wir nicht umdenken.

Wir leben in einer merkwürdigen Welt, einer Ära des Zusam-menbruchs und des Anbruchs einer neuen Zeit. Noch schwö-ren wir auf das *Alte Testament des Kapitalismus* und definieren Wohlstand allein materialistisch, durch noch mehr Besitz-tümer, noch mehr Konsum und damit auch durch noch mehr Umweltzerstörung. Doch es wird höchste Zeit, ein *Neues Tes-tament* zu formulieren, die Verheißungen und Gesetze eines postmaterialistischen Kapitalismus, der Wohlstand nicht auf den Kontostand reduziert, sondern auch unseren Verstand und unsere Vitalenergie stärkt und uns mit Gütern wie Glück und Liebe versorgt. Dieses postmaterialistische System – nach Old und New Economy – bezeichne ich als »Q-Economy«, als »Quantenwirtschaft«.

Wir benötigen eine echte Aufklärung, eine Renaissance

der Denker. Aber um die Gesellschaft weiterzuentwickeln, braucht es zudem eine ökonomische Motivation, einen neuen Fortschrittsmotor.

»Der Kapitalismus ist ein funktionierendes System«, sagt der Dalai-Lama, »aber was ihm fehlt, ist Mitgefühl.« Der weise Mann hat recht. In der berühmten Maslowschen Bedürfnispyramide nehmen die materiellen Bedürfnisse auf der untersten Pyramidenstufe den größten Raum ein. In die höheren Etagen, zur Befriedigung immaterieller Bedürfnisse, dringen die meisten Menschen auch und gerade in den Wohlstandsregionen kaum jemals vor, da das gegenwärtige System sie auf die materielle Stufe fixiert. Dabei hat die Wissenschaft längst nachgewiesen, dass wir durch immer mehr materiellen Besitz und Konsum nicht glücklicher werden – im Gegenteil. Zweitwohnung, Drittwagen und die jeweils allerneuesten Digitalfetische steigern nicht unsere Zufriedenheit, sondern nur unsere Abhängigkeit von materiellem Konsum.

Der Lebenszyklus jeder Marktwirtschaft beginnt mit Revolverkapitalismus. Wenn dann der Wachstumsmotor zündet, folgen Regulierung und Besteuerung. Die Öffentliche Hand verteilt Transferleistungen, Rechte und Ansprüche werden erworben, Wohlstand verbreitet sich bis zum Überkonsum – und schließlich dem Kollaps. Ähnlich einem Lebewesen ist die Volkswirtschaft bei ihrer Geburt voller Vitalität, und wenn sie erstarrt und abgenutzt ist, stirbt sie und zerfällt. Dann bilden sich kleinere, dynamische Gruppen, und der Zyklus beginnt von vorne, aber mit größerer Effizienz. So entstehen viele »Baby-Ökonomien«, deren Vitalenergie wir nutzen können, um etwas essenziell Neues zu schaffen: die Quantenwirtschaft.

Derzeit befinden sich die Volkswirtschaften der westlichen und einiger asiatischer Wohlstandsregionen im vorletzten Stadium ihres Lebenszyklus: suchtartiger Überkonsum kurz vor dem Kollaps. **Durch enthemmten Konsumismus haben wir**

die Ressourcen unseres Planeten bereits weitgehend geplündert. Bei einer Weltbevölkerung von knapp acht Milliarden ist es schlichtweg unmöglich, die materiellen Konsumwünsche aller Menschen zu erfüllen – Villen und Ferraris für jeden kann und wird es niemals geben. Die meisten dieser Objekte des Begehrens sind ohnehin nur physische Surrogate für immaterielle Bedürfnisse, die sich durch Luxuskonsum nicht befriedigen lassen. Doch emotionale und spirituelle Güter wie soziale Anerkennung und Zufriedenheit, Lebenssinn und individuelle Selbstverwirklichung sind in den Shopping-Malls des materialistischen Kapitalismus nicht zu haben – so wenig wie westliche Konsumgüter einst in den Kaufhallen sowjetsozialistischer Mangelökonomien verfügbar waren. »Zufriedenheit und Lebenssinn kann man nicht kaufen«, wendest du vielleicht ein. Doch in der zukünftigen Quantenwirtschaft, wie ich sie verstehe, werden zu unser aller Wohl auch immaterielle Güter kapitalisiert werden.

Warum nenne ich diese postmaterielle, ganzheitliche Ökonomie »Quantenwirtschaft«? Hier eine Kurzantwort: **In der Quantenwirtschaft wird der vermeintliche Gegensatz zwischen materiell und immateriell, physisch und spirituell genauso überwunden, wie in der Quantenphysik jedes (subatomare) Materieteilchen zugleich Energie ist – und umgekehrt.** Und weil die Quantenphysik uns nahelegt, dass sich unsere Realität weniger in der physischen Materie als in der »Leere« dazwischen manifestiert.

Die Welt – und damit auch die Wirtschaft – ist nicht rational zu verstehen. Es ist eine Welt der Interdependenzen, eine Interwelt, denn nur interdisziplinär, in den Zwischenräumen, werden wir neue Wege und Lösungen finden. Wir leben heute schon in einer Quantenrealität – auch wenn du davon möglicherweise noch nichts mitbekommen hast –, deren Merkwürdigkeit auch die Wissenschaften zunehmend entdecken. Zugleich hat sich weltweit eine Generation von »Erwachten« in Bewegung gesetzt, von jungen Menschen, die Bewusstsein über alles stellen und ein höheres Energielevel anstreben. Wenn man ganz genau hinhört, sprechen die Pioniere unter uns bereits jetzt über das Gleiche, wenngleich nur sehr verhalten: über Relationen, Potenzialität, Bewusstsein ...

Ich habe mit Physikern und Mathematikern genauso diskutiert wie mit Gurus und Mönchen, mit Nobelpreisgewinnern wie mit Theologen und Religionsforschern. Die Konzepte der Quantenphysik sind verwirrend, auch und gerade für »klassische« Naturwissenschaftler, aber es sind keine Spekulationen, sondern wissenschaftlich gesicherte Erkenntnisse. Erstaunlicherweise stimmen sie im Kern mit den Visionen und intuitiven Einsichten der spirituell Erleuchteten aller Kulturen und Zeiten überein. Gurus und Schamanen haben es immer schon gepredigt: Energie ist Materie, und Materie ist Energie.

Die Grundformel des Universums ist nicht Entweder-oder, sondern Sowohl-als-auch. Die spirituellen und materiellen Denkansätze selbst sind also keine unvereinbaren Gegensätze, sondern zwei Wege, die aus entgegengesetzten Richtungen zum gleichen Ziel zuführen – die Leerstelle oder den Zwischenraum zwischen Geist und Körper, Materie und Energie. Einige der interessantesten theoretischen Ansätze unserer Zeit fokussieren diese Leerräume zwischen scheinbar unvereinbaren Disziplinen: Quantenphysik trifft auf Spiritualität, Phänomenologie auf Neurowissenschaften und Psychoanalyse.

Die Quantenrealität – und damit auch die Quantenwirtschaft – ist eine Welt, in der sich die Wissenschaftsdisziplinen und scheinbar unvereinbaren Erfahrungsweisen einander annähern. Vielleicht ist Spiritualität ein Teil der Physik, den wir noch nicht verstanden haben. Die mögliche Synthese vermeintlich unüberbrückbarer Gegensätze ist ein radikal neuer philosophischer Ansatz. Auf ökonomischer Ebene führt sie zu meinem Konzept der Quantenwirtschaft – weil wir für einen Fortschritt unserer Gesellschaft, ja unserer ganzen Welt, eine ökonomische Motivation brauchen.

Die Quantenwirtschaft wird unsere Gesellschaft verändern

Die Quantenwirtschaft wird nicht nur unsere materiellen Bedürfnisse befriedigen – sie wird uns auch ermöglichen, unsere Talente zu entwickeln und unsere Träume auszuleben. Die Ökonomie der Zukunft wird alle fundamentalen Bereiche der Gesellschaft regeln: unsere materiellen Bedürfnisse, unsere sozialen Beziehungen, virtuelle ebenso wie reale, unsere Verwaltung, Bildung und Kultur; unsere geistige Entwicklung und Selbstverwirklichung.

Insbesondere die zurückliegenden Jahrzehnte waren durch materialistischen Turbokapitalismus und suchtartigen Hyperkonsumismus geprägt. Die unteren Stufen der Maslowschen Bedürfnispyramide wurden immer weiter ausgebaut, die Befriedigung von physischen und Sicherheitsbedürfnissen exzessiv ausgedehnt – als könnten wir nur mit Risikoabsicherungen gegen alles und jedes leben und als gehörten eine Villa, ein SUV und mindestens noch ein Sportwagen und ein Ferienhaus im Ausland zu den Grundbedürfnissen, wenn nicht sogar zu den Grundrechten eines jeden Individuums. Doch wenn wir die quantenökonomische Perspektive einnehmen, erkennen wir, dass eine derart ressourcenverschlingende und auf Materialistisches verengte Definition von Grundbedürfnissen nicht für alle funktionieren kann – nicht einmal in den Wohlstandsregionen der Erde, geschweige denn weltweit.

Die Lösung des Dilemmas besteht aber nicht in der Limitierung, sondern in der Erweiterung des kapitalistischen Modells. Diese ist in der Maslowschen Pyramide bereits angelegt; Denn der US-Wissenschaftler ist der Begründer der humanistischen Psychologie, eines Konzepts, das den Menschen helfen soll, sich selbst zu verwirklichen und ihr kreatives Potenzial zu entfalten. Die Überdehnung der unteren Bedürfnisstufen dagegen erstickt alle höheren Bedürfnisse und Möglichkeiten.

In der Quantenwirtschaft geht es also unter anderem darum, neue Angebote zu schaffen, die kreative Entfaltung und gesunde Selbstverwirklichung fördern. Dafür müssen wir neue Geschäftsmodelle erfinden, um Glück und Optimismus, Geborgenheit, Vertrauen, individuelle Stärken, Empathie und Solidarität zu kapitalisieren. Damit meine ich keine materiellen Surrogate, keine Luxusprodukte, die uns im jetzigen Wirtschaftssystem höchstens über die Abwesenheit von echtem Glück oder Vertrauen hinwegtäuschen oder -trösten können. Vielmehr besteht die Herausforderung darin, werthaltige Serviceleistungen zu entwickeln – von A wie Achtsamkeitstraining bis Z wie Zusammenarbeit –, die uns helfen, unsere eigenen Potenziale und Stärken zu entfalten. So wird uns die Quantenwirtschaft dabei unterstützen, auf der Maslowschen Pyramide zügig nach oben zu klettern. Das ist nötig, denn die immensen Herausforderungen der allernächsten Zukunft können wir nur gemeinsam bewältigen.

Ist die Quantenwirtschaft also die Antwort auf die drängendsten Probleme des gegenwärtigen Systems? Wird sie die ungerechte Verteilung des Reichtums beheben, endlich doch noch die kapitalistische Glücksverheißung einlösen und uns überdies helfen, den ökologischen Raubbau zu überwinden? Die Zauberformel, die alle Antagonismen ins Gleichgewicht bringt, gibt es nicht – aber der Markt allein wird es sicher nicht richten. In meinem Ökonomiestudium habe ich im ersten Semester gelernt: »Der freie Markt sorgt für die Verteilung der knappen Ressourcen.« Ach wirklich? Entgegen den Versprechungen von Adam Smith und seinen Jüngern hat sich das »perfekte Äquilibrium« als Illusion des neoklassischen Kapitalismus herausgestellt. Diese selbststabilisierende Maschine, die den Nutzen für die einzelnen Akteure und damit auch das Gemeinwohl wie von Zauberhand maximiert, gibt es nicht. Lasst uns diesen Mythos also endlich begraben – auch wenn wir vom inzwischen verstorbenen schwedischen Professor Hans Rosling unter anderem in seinem letzten Werk *Factfulness* aufgeklärt werden, dass es uns besser geht als je zuvor.

Dennoch besitzen heute die zweiundvierzig reichsten Menschen zusammen etwa so viel Vermögen wie die ärmere Hälfte der Erdbevölkerung – circa 3,7 Milliarden Menschen. Aber statt »dem Kapitalismus« pauschal die Schuld dafür zuzuschieben, sollten wir die Wirtschaft so weiterentwickeln, dass der kapitalistische Motor nicht abgewürgt wird, sondern für eine gerechte Verteilung genutzt werden kann. Wir brauchen eine neue Perspektive, um die vorhandenen Strukturen und Modelle anders zu denken und zu optimieren. Auf diese Weise wird die Quantenwirtschaft das Herzstück eines umfassenden Wandels werden.

Entsprechend gilt für die enormen ökologischen Probleme, vor denen wir stehen: Wenn wir die Wirtschaft neu denken, entwickeln wir ein besseres Verständnis und Gefühl für unsere Umwelt. **Quantenwirtschaft basiert auf der Erkenntnis, dass alles mit allem zusammenhängt: Wir müssen lernen, Ökonomie, Gesellschaft und Ökologie ganzheitlich zu betrachten.** Ein Wirtschaftssystem, das unseren Bedürfnissen wirklich entspricht, wird uns helfen, eine Gesellschaft zu entwickeln, die auch die Bedürfnisse der natürlichen Umwelt berücksichtigt; denn als Menschen sind wir eben auch Teil der Natur.

Was schließlich das Glück angeht, die glückselige Gesellschaft, die sich nach urliberaler Theorie quasi von selbst einstellt, wenn wir alle nur dem Kompass unserer eigennützigen

Interessen folgen: Ganz so einfach ist es nicht, wie wir mittlerweile wissen. Die »unsichtbare Hand« des Markts ist ein Modell aus der präquantischen Ära. Der Marktliberalismus à la Adam Smith kennt nur voneinander unabhängige Individuen, die jeweils allein auf eigene Rechnung agieren. Und wie sich soziale »Glückseligkeit« (»Happiness«) als Summe oder Folge unzähliger eigennütziger Einzelaktionen einstellen soll, bleibt in den urkapitalistischen Theorien weitgehend im Dunkeln.

Wie können wir Happiness in die Wirtschaft integrieren? Diese Frage ist die Initialzündung für die Schaffung einer Quantenwirtschaft und damit auch einer quantopischen Gesellschaft. In der Quantenwirtschaft wird unsere Identität nicht mehr dadurch definiert, was wir haben und können. Das gibt uns die Freiheit zurück, unsere Aufmerksamkeit darauf zu richten, was wir sind und werden können. **Indem wir uns bewusst werden, dass wir verschiedene Rollen spielen, kommen wir uns selbst auf die Schliche und erkennen, dass wir keine unteilbaren Individuen, sondern »Multividuen« sind.** »Finde dich selbst« heißt es heute noch – das quantopische Motto lautet: »Verstehe deine Rollen, entwickle sie weiter, streife sie ab und probiere neue aus.«

So entwickeln wir auch ein besseres Verständnis für die spirituelle Dimension unserer selbst und der Welt, in der wir leben: Wir sind Gäste auf diesem Planeten, mit begrenzten Ressourcen und im Prinzip unbegrenztem Wissen. Wir sind interdependent verbunden mit einem unendlichen Universum der Potenzialität, und wir alle sind unsererseits Universen der Potenzialität. Wir sind auf einer spannenden, wunderschönen Reise mit unabsehbarem Ziel, vorangetrieben durch die Suche nach plausiblen Erklärungen für unser Woher und Wohin. So entwickeln wir die Quantenwirtschaft – und damit zugleich ein besseres Verständnis unserer Gesellschaft.

Q-Economy kompakt

Was ist die Quantenwirtschaft?
- Sie ist ein Weg, die Wirtschaft neu zu denken, um dadurch die Gesellschaft besser zu verstehen.
- Sie bringt die Entfesselung einer Ökonomie, die alle subtilen Aspekte der menschlichen Bedürfnisse befriedigt.
- Sie ist nicht linear, sondern als echte Kreislaufwirtschaft zirkulär und potenziell unendlich.
- Sie scheint so merkwürdig und unvorhersehbar wie die Quantenwelt.
- Sie ist ein interdependentes System – alles ist miteinander verbunden, auch Mensch und Maschine im Zusammenspiel.
- Sie führt Natur- und Humanwissenschaften durch Überwindung der Disziplingrenzen zusammen.
- Sie ist geprägt durch dezentrale, miteinander vernetzte Einheiten anstelle zentralistischer und hierarchischer Strukturen.
- Sie ist algorithmisch, technisch und exponentiell in Verbundenheit mit Bewusstsein.
- Sie ist die Normalität der Gleichzeitigkeit von unterschiedlichen oder sich widersprechenden Standpunkten.

Die Quantenwirtschaft entsteht durch die Entwicklung einer Gesellschaft des Verstands, das Vorantreiben einer Bewusstseinsrevolution, die Akzeptanz einer zirkulären Unendlichkeit sowie das Lernen und Praktizieren von philosophischer Kontemplation.

Teil I

Versuch oder Versuchung

*»Unser Anspruch muss es sein,
Bewusstsein als eigenständige Disziplin
in der Wissenschaft zu etablieren.«*

Die Welt vor dem Untergang – wie oft hast du diese Worte schon gehört? Wie viele Male schon wurde uns die Apokalypse, die endgültige Katastrophe prophezeit – und dann ging es doch immer irgendwie gut? Drei Wissenschaftler, vier Meinungen – das weiß doch jeder. Die Zusammenhänge sind viel zu komplex, wer soll das noch durchschauen?

Wir leben in einer Parallelgesellschaft, die gleichzeitig durch Niedergang und Blüte geprägt ist. Durch historisch einzigartigen Wohlstand in den westlichen Industrieregionen und durch Krisen, deren Ausmaß und Vielfalt gleichfalls ohne Beispiel sind. Klimakollaps, Kriege und Flüchtlingswellen, dazu die schwelenden Finanz- und Verschuldungskrisen ... Das alles ist so verwirrend.

Zunehmend wird unsere Realität durch Algorithmen gesteuert, die niemand mehr versteht und beherrscht. Bleibt uns also keine andere Wahl, als auf die Weisheit der künstlichen Intelligenz (KI) zu hoffen, wie wir es durch Google und Co. längst gewohnt sind? Bullshit! Ich sage dir: Natürlich haben wir die Wahl – jedenfalls heute noch. Morgen kann es allerdings schon zu spät sein.

1 Bewusstseinswandel oder Untergang – du hast die Wahl!

Ich weiß, wovon ich rede: Ich habe mit führenden Wissenschaftlern gesprochen, ihre Studien durchgearbeitet, und vor allem bin ich selbst immer wieder dorthin gereist, wo es bereits lichterloh brennt. Nach Afrika, wo die unbewohnbaren Wüstenregionen wachsen. In die Antarktis, wo Eisberge von der Größe ganzer Städte schmelzen und den Meeresspiegel steigen lassen. Nach China, wo nicht nur die Umweltzerstörung, sondern auch die Roboterisierung ganzer Wertschöpfungsketten weiter vorangeschritten ist als irgendwo sonst auf der Welt. Nach Indonesien, wo das Meer so romantisch im Sonnenlicht glitzert – nur kommt dieses Glitzern hauptsächlich vom Plastikmüll, der in den Wellen treibt und Millionen Meeresbewohner qualvoll ersticken lässt.

In den nächsten zehn Jahren steht die Menschheit vor zwei existenziellen Herausforderungen. Wie können wir den drohenden ökologischen Kollaps noch vermeiden? Und wie können wir die exponentiellen Technologien wie künstliche Intelligenz, Bio- und Nanotechnologie so handhaben, dass sie uns helfen, diese Welt zu einem wahrhaft humanen Paradies zu machen – und nicht zu einer posthumanen Hölle, in der unsere Nachkommen bloß noch als Zootiere oder bewusstlose Zombies vegetieren?

Auf dem Spiel steht nicht weniger als die Existenz der

menschlichen Spezies. Deshalb empfehle ich dringend, verharmlosende Ausdrücke wie »Klimawandel« oder »globale Erwärmung« aus dem Wortschatz zu streichen. Es gibt keinen »Wandel«, der einfach ein bisschen mehr Sonnenwärme bringen würde – der Klimakollaps steht kurz bevor. Die größte Gefahr unserer Zeit ist, zu glauben, irgendjemand werde schon kommen und uns retten. Die neuen Technologien können uns zwar helfen, den ökologischen Zusammenbruch noch zu vermeiden; sie werden das aber nicht von allein machen – *wir* müssen bewusst entscheiden, was wir mit ihrer Hilfe erreichen wollen.

Wenn wir diese Entscheidung nicht treffen, drohen wir einer zweiten existenziellen Gefahr zum Opfer zu fallen, die womöglich noch größer als der heraufziehende Öko-Crash ist: der Entmachtung der Menschheit durch hyperintelligente Maschinen. Das Problem ist umso bedrohlicher, als es in allen Köpfen präsent ist, allerdings als vermeintliches Hirngespinst von IT-Nerds und als Science-Fiction aus Hollywood. Dabei ist diese Gefahr so real wie der Klimazusammenbruch – nur fühlen wir offenbar nicht, wie nah sie ist.

Deshalb brauchen wir umgehend eine weltweite Bewusstseinsrevolution. Wenn wir alle verstehen und akzeptieren, dass die Herausforderungen lebensbedrohlich sind, können wir unsere Erde noch retten und das Überleben unserer Spezies sichern – vielleicht! Oder: **Wollen wir lieber zusehen, wie die Ära der organisierten Menschheit in wenigen Jahrzehnten auf erbärmliche Weise endet?**

In zehn Jahren werden weite Teile Afrikas durch den Klimakollaps unbewohnbar geworden sein – ausgerechnet auf dem Kontinent, wo die Bevölkerung am stärksten wächst. Abermillionen Menschen werden in Richtung Europa fliehen, Hunderttausende werden im Mittelmeer ertrinken und in den Wüsten verdursten, wenn wir nicht sofort gegensteuern.

In zehn Jahren werden Roboter mit übermenschlicher Intelligenz unseren Alltag beherrschen. Wir werden nicht länger die intelligenteste Spezies auf diesem Planeten sein.

In zehn Jahren werden Produktion und Logistik weitestgehend automatisiert sein, Abermillionen Arbeitsplätze werden weltweit gestrichen. Betroffen sind unter anderem die asiatischen Niedriglohnländer, die als »verlängerte Werkbänke« der westlichen Industrieländer zu bescheidenem Wohlstand gekommen sind – und nun in Armut und Arbeitslosigkeit zurückzufallen drohen. Die Produktion von Smartphones und Tablets, Spielzeug und Textilien wird weitgehend nach Europa und Amerika zurückverlagert werden, wo die Abnehmer der Produkte leben. Denn Roboter arbeiten überall gleich kostengünstig, und durch vollautomatisierte Wertschöpfungsprozesse vor Ort lassen sich auch die Kosten für die »letzte Meile« minimieren. Jingdong ist übrigens fast schon so weit: Innerhalb der nächsten zwei bis drei Jahre wird das chinesische Milliardenunternehmen, das im Westen kaum jemand kennt, eine komplett automatisierte Wertschöpfungskette schaffen.

In zehn Jahren werden auch in den europäischen und amerikanischen Wohlstandszonen Abermillionen Jobs wegfallen. In den Unternehmen wird immer noch über »Human Resources« und »Human Capital« gesprochen, doch wir müssen dringend umdenken. Denn wenn die Algorithmen eines beherrschen, dann ist es der effiziente Einsatz von Ressourcen. Bus- und Taxifahrer, Buchhalter und Sachbearbeiter, Verkäufer und Vertreter, Manager und Fabrikarbeiter werden in der automatisierten Welt schlichtweg nicht mehr gebraucht.

Was geschieht mit all diesen Menschen, die von heute auf morgen überflüssig werden? Wovon werden sie leben? Womit werden sie sich beschäftigen? Werden sie ihr Schicksal, plötzlich unnütz zu sein, akzeptieren – oder stehen uns Unruhen, Aufstände, der Zusammenbruch unserer Gesellschaft bevor?

Rechtspopulistische Parteien heimsen heute schon enorm viele Wählerstimmen ein und nehmen Platz in unseren Parlamenten – obwohl es uns so gut geht wie nie zuvor. Wie viele »besorgte Bürger« werden erst den Rattenfängern folgen, wenn es wirtschaftlich wirklich bergab geht?

»So schlimm wird es schon nicht kommen«, wendest du vielleicht ein. »Außerdem entstehen doch auch neue Jobs – Programmierer, Softwareentwickler und andere werden dann doch bestimmt massenhaft gebraucht.« Nein, längst nicht so massenhaft, wie du glaubst. Die Roboter werden durch selbstlernende Algorithmen gesteuert werden, die sich eigenständig weiterentwickeln und sogar ihre eigene neue Software schreiben können. Der Busfahrer oder die Buchhalterin können sich sowieso nicht so einfach in Softwareentwickler verwandeln. Und der größte Teil aller anderen Jobs wird ebenfalls ersatzlos entfallen.

Automatische Ärzte mit Chipgehirnen werden uns medizinisch betreuen und erforderlichenfalls Therapien verordnen. Roboter werden uns operieren und pflegen – nicht irgendwann in ferner Zukunft, sondern in zehn oder weniger Jahren. Sie werden unsere Häuser bauen, Wohnanlagen und Fabriken managen. Autos, Bahnen und Busse, Flugzeuge und Helikopter werden autonom fahren und fliegen. Übersetzer und Redakteure, Komponisten und Drehbuchautoren werden gerade durch maschinelle Nachfolger ersetzt – und wir werden keinen qualitativen Unterschied bemerken, oder höchstens eine Veränderung zum Besseren.

Die maschinell generierten Werke werden uns ausgeklügelter unterhalten und emotional tiefer berühren. Die Diagnosen und Verordnungen der algorithmischen Ärzte werden präziser und wirksamer sein als die ihrer biologischen Vorgänger. Und die Unfallrate im automatisierten Straßen- und Luftverkehr wird auf einen Bruchteil der heutigen Opferzahlen sinken. Zu schön, um wahr zu sein – oder doch wie eine zumindest zwiespältige Verheißung?

Die KI-Maschinen werden uns in fast jeder Hinsicht überlegen sein – auch im Hinblick auf Fokussierung und Prioritätensetzung. Ihre Algorithmen werden imstande sein, menschliche Emotionen punktgenau zu stimulieren und perfekt zu simulieren. Doch ihre kalte, logische Hyperintelligenz wird sie davor bewahren, sich von Stressimpulsen triggern und blind umherjagen zu lassen, wie es für uns Menschen typisch ist.

Wir brauchen also neue Modelle und ein neues Verständnis von Arbeit. Womöglich gibt es Lösungen; mit meinem Modell der Quantenwirtschaft stelle ich einen ersten Ansatz vor. Aber du wirst genauso gebraucht: Gemeinsam improvisieren wir die Zukunft ...

Setz die Quantenbrille auf!

Wenn man beginnt, die Welt aus Quantenperspektive zu sehen, stellt man verwundert fest, wie viele Gedanken und Kreationen es zu diesem Thema bereits gibt. Beispielsweise das Theaterstück *Die Parallelwelt*, das die Quantenmechanik auf zwei miteinander verschränkte Bühnen bringt, in Berlin und gleichzeitig in Dortmund.[1] Im neuen Wissenschaftszweig der Quantenkognition wird versucht, mit den mathematischen Formeln der Quantentheorie kognitive Phänomene zu modellieren, etwa die Informationsverarbeitung im menschlichen Gehirn.

In den Medien wird mittlerweile vieles mit Quanten in Verbindung gebracht – von »Quantenverhalten« über »Quantenmedizin« und »Quantenkreativität« bis hin zu »Quantenkapital«. Eine Fülle von Kurzvideos, Modellen und Beispielen soll die bizarren Effekte der Quantenmechanik auch für Nichtphysiker verständlich machen.

25

Der deutsch-amerikanische Politikwissenschaftler Alexander Wendt entwickelte sich zum »Quantensoziologen«, indem er prophezeite, dass den neuen Wissenschaften ein grundlegendes Umdenken hinsichtlich ihrer Beziehungen zu den Mitmenschen und zur Natur bevorstehe. In seinem Buch *Quantum Mind and Social Science* von 2015 schreibt er, dass die Sozialwissenschaften allesamt auf einem Fehler beruhten: Seit ihren Anfängen vor rund hundertfünfzig Jahren gingen Sozialwissenschaftler wie selbstverständlich davon aus, dass unser Denken und die menschlichen Gesellschaften den Gesetzen der »klassischen« Physik gehorchten. Auf den ersten Blick scheint diese Grundannahme nach wie vor vernünftig; schließlich gehören wir selbst, genauso wie Tische oder Stühle, zu den makroskopischen Objekten, müssten also auch denselben Gesetzen unterworfen sein. Doch für unser Bewusstsein und unsere sozialen Prozesse gilt das eben nicht: Sie sind vielmehr durch quantenphysikalische Prinzipien wie Nichtlokalität und Verschränkung geprägt.

Die Spieltheorie ist ein weiteres Beispiel für den Einfluss der Quantentheorie. Beim klassischen Ansatz wird die strategische Interaktion zwischen zwei oder mehr Akteuren (Spielern) in einer Situation mit definierten Regeln und Resultaten modelliert – eine Herangehensweise, die insbesondere in den Wirtschaftswissenschaften beliebt ist. Die Quanten-Spieltheorie ist eine Weiterentwicklung dieser klassischen Spieltheorie. Sie geht unter anderem davon aus, dass wir Menschen unauflösbar miteinander verbunden sind und demnach auch unser Wirtschaftssystem und unser Streben nach Glückseligkeit als miteinander verkoppelt gedacht werden müssen.

Eine der zentralen Herausforderungen bei der Gestaltung der Quantenwirtschaft ist es nach wie vor, dass Quantenphysik als unverständliches Abrakadabra gilt, über das allenfalls Experten sprechen können. Und selbst ein hochkarätiger Wissenschaftler wie der Quantenphysiker und Spieltheoretiker John von Neumann bekannte: »Du verstehst Quantenmechanik nicht, du gewöhnst dich nur daran.« Ganz zu schweigen vom Jahrhundertgenie Albert Einstein, der resignierend vermerkte: »Diese Theorie erinnert mich ein wenig an das System der Täuschung eines überaus intelligenten Paranoikers, das aus inkohärenten Gedankenelementen besteht.«

Warum also sollten wir uns mit Quantenmechanik beschäftigen, wenn nicht einmal diese brillanten Köpfe uns erklären können, was in der Quantenwelt vor sich geht? Ganz einfach: Es ist der beste – und vielleicht einzige – Ansatz, den wir momentan haben, um bei der Lösung bislang unlösbarer Probleme voranzukommen. So, wie ich die Welt verstehe, ist Bewusstsein etwas Fundamentales – ein essenzielles Unterscheidungsmerkmal zwischen Mensch und Maschine: Wie Materie ein Bewusstsein entwickeln kann, können wir im Rahmen der klassischen Physik schlichtweg nicht erklären. Ganz zu schweigen vom Mysterium des menschlichen Bewusstseins: Warum sind bestimmte Verhaltensfunktionen überhaupt von Bewusstsein begleitet? Auf welche Weise rufen physikalische Prozesse im Gehirn subjektive Erfahrungen hervor? Auf diese Fragen haben wir nicht nur keine Antworten, wir wissen nicht einmal, wie wir sie formulieren sollen. Im Prinzip gilt das genauso für unser mangelhaftes Verständnis gesellschaftlicher und ökonomischer Prozesse.

Mehr und mehr setzt sich nun die Einsicht durch, dass wir auf vielen Forschungsgebieten weiterkommen, wenn wir es durch die Quantenbrille betrachten. Genauso gilt umgekehrt, dass wir dadurch auch die bizarre Welt der Quantenphysik besser verstehen. **Die Wirtschaft aus Quantenperspektive zu betrachten ist hilfreich, um die Merkwürdigkeiten ökonomischer Prozesse klarer zu erfassen** – und die mathematischen Formeln der Quantenökonomen können auch für die

Quantenphysiker nützlich sein, die nach wie vor nach einem Grundprinzip hinter den verwirrenden Quanteneffekten suchen. Auf jeden Fall wird in den Natur- wie in den Sozialwissenschaften immer breiter akzeptiert, dass sich Forscher aller Bereiche für eine neue Sichtweise öffnen müssen. Für die Quanteninterpretationen unserer Welt und damit auch unserer Wirtschaft.

Einige quantenökonomische Ansätze gibt es mittlerweile, und sie werden ständig weiterentwickelt. Möglicherweise habe ich diese Realität miterschaffen, indem ich mein Bewusstsein und meine Energie auf dieses Themenfeld gelenkt habe – aus quantenlogischer Sicht durchaus vorstellbar. Doch ebenso kann es sein, dass sich viele Menschen mit dieser Idee beschäftigen, weil die Zeit einfach reif dafür ist. Während ich durch philosophische Betrachtung zu meinem Konzept einer Quantenwirtschaft gelangt bin, kommen andere aus wissenschaftlicher oder spiritueller Perspektive zu ähnlichen Ergebnissen.

Alles hängt mit allem zusammen und beeinflusst sich gegenseitig. Die Welt ist keine Summe ihrer Einzelteile, denn sie besteht nicht (nur) aus Atomen. Die Einzelteile konnten die Wissenschaftler im Lauf der Jahrhunderte immer genauer beschreiben, doch auf diese Weise haben sie unzählige Puzzlestücke produziert, die nicht zusammenpassen. Jedes einzelne Fragment ist ziemlich nah an der Realität, aber eben nicht mit ihr identisch. Denn die Realität ist »quantastisch«, wie wir immer klarer erkennen, und das heißt: Wir können sie nicht verstehen, wie auch Nobelpreisträger Richard Feynman hinsichtlich der Quantenmechanik mahnte: »Wenn du glaubst, du verstehst sie, dann verstehst du sie gerade nicht.«

Zurück in die Dreißigerjahre?

Die aktuelle Weltlage ähnelt dem explosiven Mix der Dreißigerjahre – kurz vor Naziherrschaft und Stalinismus, Völkermorden und Weltkrieg.

Auch wenn sich die Geschichte nie buchstäblich wiederholt, gibt es alarmierende Parallelen. Fette Renditen werden zwar nach wie vor im Investmentbanking erzielt, aber Geld mit Geld zu machen ist etwas ganz anderes als echte Wertgenerierung. Von dem künstlichen Boom, der durch massive Geldmengenausweitung geschürt wird, profitieren nur einige wenige vornehmlich in der westlichen Hemisphäre. Dagegen ächzen selbst in traditionellen Wohlstandsregionen zahlreiche Staaten und zig Millionen Bürger im Würgegriff einer Austeritätspolitik, die zur Verarmung breiter Bevölkerungsschichten geführt und die Spaltung der Gesellschaften gefährlich vertieft hat.

Korrupte Regimes, Bürgerkriege und zunehmende Verwüstung verwandeln immer größere Teile Afrikas in unbewohnbare Zonen und zwingen Millionen Menschen zur Flucht. Statt mit vermehrten und koordinierten Steuerungs- und Integrationsbemühungen reagieren die Zielregionen der Fluchtbewegungen, vor allem Europa und Nordamerika, mit Abschottung und rassistischer Hetze. Eine vergleichbare Gemengelage löste vor nicht einmal hundert Jahren erdumspannende Kriege, Grausamkeiten und Genozide aus. Wann erkennen wir endlich, auf welchem fatalen Kurs wir sind – und reißen das Steuer herum?

Wir brauchen eine neue Aufklärung, eine Bewusstseinsrevolution. Denn unsere Demokratien sind weit davon entfernt, aufgeklärte Gesellschaften zu sein. Wir müssen entscheiden, wie wir mit den exponentiellen Technologien, künstlichen Intelligenzen und der damit verbundenen Automatisierung umgehen wollen – solange es hier noch etwas zu entscheiden gibt. Und wir müssen klären, welche Regierungs- und Wirtschaftsmodelle uns dabei helfen können, die gewaltigen Herausforderungen unserer globalisierten Welt zu meistern.

Diese drei fatalen Faktoren – unaufgeklärte Gesellschaft, ungeklärter Umgang mit exponentiellen Technologien und ungeeignete Systeme – tragen zu der eigenartigen Stimmung bei, die so viele Menschen heutzutage zu immer hektischerer Geschäftigkeit treibt und gleichzeitig innerlich lähmt. Fast alle, mit denen ich darüber spreche, räumen ein, dass sie diese Ballung diffuser Megaprobleme ängstigt. Doch kaum jemand handelt entsprechend. Innerlich frustriert, äußerlich durch Luxus und Hybris gepanzert, versuchen wir, uns einzureden, dass »so etwas« nicht mehr passieren könne, schließlich sind wir alle aufgeklärt und bestens informiert. Und haben wir heutzutage nicht all diese großartigen technischen Möglichkeiten? Da müsste es doch machbar sein, sämtliche Probleme zu lösen!

Doch das ist kindisches Wunschdenken. Solange die drei fatalen Faktoren nicht entschärft sind, kann es keine Lösung geben.

Höchste Zeit für Meuterei ...

... und für eine gute Nachricht: Kapitalismus in seiner jetzigen Form und technischer Fortschritt bilden keine schicksalhafte Einheit. Wenn sich Technologien in zerstörerische Richtungen entwickeln, hat das sehr viel mit Profitmaximierung zu tun – aber wenig oder gar nichts mit der Technologie selbst. Am Anfang unserer modernen Zeiten stehen nicht der Kapitalismus und auch nicht die Aufklärung, sondern der technische Genius der Erfinder, die Druckmaschinen, Räderuhren, Mikroskope und Teleskope konstruierten. Naturwissenschaftler wie Isaac Newton, Gottfried Wilhelm Leibniz oder Galileo

Galilei entdeckten und formulierten die Gesetze der »klassischen« Physik, so genannt in Abgrenzung zur Quantenphysik. Philosophen der Aufklärung wie Immanuel Kant oder Voltaire erkannten, dass der Mensch mit dem »Licht der Vernunft« alle Finsternisse zu erhellen vermag – Unwissen, Irrtümer und Vorurteile –, von denen er bis dahin umfangen war. Daher das englische Wort für Aufklärung: »Enlightenment«, Erleuchtung. »Vernunft«, wie Kant sie in seiner *Kritik der reinen Vernunft* definierte, meint nicht nur empirische Wahrnehmung und logisch-kausales Denken, sondern auch deren kritische Kontrolle durch uns selbst.

Das kapitalistische System ist nicht die Triebkraft des technologischen Fortschritts, auch wenn dieser Irrglaube weit verbreitet ist. Ein rundes Jahrhundert lang, von der Industriellen Revolution bis zu ersten massiven Manifestationen der Umweltzerstörung um 1970, schien der materialistische Kapitalismus à la Adam Smith ein notwendiges Übel zu sein, das zumindest den westlichen Industrieländern nie zuvor gekannten Wohlstand bescherte. Doch bereits der erste Bericht des Club of Rome, *Die Grenzen des Wachstums,* beleuchtete die grundlegenden Fehler eines Systems, das diejenigen am stärksten belohnt, die Wachstum und Profitsteigerung am rücksichtslosesten maximieren.

Die Basis unseres Wirtschaftssystems ist noch immer der Glaube, dass am Ende alles gut geht. Dass die schmutzigsten Schurken mit den größten Egos und den zynischsten Absichten letztlich zu unser aller Wohl tätig sind. Aber diese Faustformel aus der Frühzeit der Industriellen Revolution stimmt heute nicht mehr. In der hyperkapitalistischen Ära, in der wir uns befinden, heimsen die Anteilseigner der algorithmenbasierten Megakonzerne den Löwenanteil des global erwirtschafteten Mehrwerts ein – während alle anderen die Zeche bezahlen: Spaltung, Konfusion und Destabilisierung, Ökokollaps und die drohende Herrschaft künstlicher Superintelligenzen, entwickelt in den Laboren der neuen Oligarchen.

Nicht zuletzt müssen wir uns von dem Irrglauben verabschieden, dass der technologische Fortschritt uns automatisch nach Utopia befördern wird. Das wird nicht passieren, und auch von den rechtspopulistischen Rollback-Bewegungen, von Despoten und Egomanen wie Wladimir Putin, Recep Tayyip Erdoğan und Donald Trump wird er uns nicht einfach so befreien. Ganz im Gegenteil: Solange die exponentiellen Technologien Geiseln des jetzigen Hyperkapitalismus bleiben, werden nationalistische und xenophobe Bewegungen, rechts- und linksradikale Parteien und Gruppierungen die Welt immer stärker erschüttern und vernunftgelenktes, koordiniertes Handeln nahezu unmöglich machen.

Für solche Hysterien und Verrücktheiten aber haben wir keine Zeit! Die Weltuntergangsuhr steht auf zwei Minuten vor zwölf. Die »Doomsday Clock« wurde 1947 von der Zeitschrift *Bulletin of the Atomic Scientists* kreiert und zum Start auf sieben Minuten vor zwölf gestellt. Ausgehend von der Redensart, dass es »fünf vor zwölf« ist, wenn eine Katastrophe unmittelbar bevorsteht, wurde die Uhr seither je nach globaler Gefahrenlage vor- oder zurückgestellt. Über den jeweiligen Stand entscheidet ein Komitee, dem zahlreiche Nobelpreisträger angehören. **Aktuell zeigt die Weltuntergangsuhr zwei Minuten vor zwölf an.**[2] So kurz vor der Katastrophe waren wir bisher nur ein einziges Mal – in der arktischen Phase des Kalten Kriegs, als USA und UdSSR kurz nacheinander Wasserstoffbomben testeten, die thermonukleare Vernichtung der Menschheit also unmittelbar bevorzustehen schien.

Warum empören wir uns nur über einen US-Präsidenten, der unsere Werte mit Füßen tritt, wissenschaftlich erwiesene Fakten bestreitet und mit Autokraten sympathisiert? Warum sorgen wir nicht endlich dafür, dass dieser unheilvolle Spuk aufhört? Wo ist die Bastille unserer Zeit, und wo sind die Systemzertrümmerer, die sie erstürmen werden?

Von rechts bis links sind sich immer mehr Menschen darin einig, dass unser gegenwärtiges Regierungs- und Wirtschaftssystem zutiefst fehlerhaft ist. Wann fangen wir an, das zu ändern? Ein erster Ansatz in dieser Richtung könnte das in den USA und Kanada aufgesetzte »Intellectual Dark Web« sein, das unter anderem von dem US-Philosophen und Neurowissenschaftler Sam Harris, dem Psychologieprofessor Jordan Peterson, dem Mathematiker Eric Weinstein und dem Biologen und Evolutionstheoretiker Bret Weinstein vorangetrieben wird. Durch seine heterogene Vielfalt politischer Meinungen von populären Denkern, Podcast-Moderatoren, YouTube-Stars und Bestsellerautoren erregt die Plattform inzwischen in allen Ecken der Welt Aufmerksamkeit. »Die Menschen hungern nach Tiefgang, echten Gesprächen und kontroversen Meinungen«, sagt der Amerikaner Joe Rogen zum Erfolg seiner Plattform, wo drei bis vier Stunden dauernde Podcasts von Millionen Nutzern gehört werden.

Warum sechzehn Ludwigs (mindestens) einer zu viel sind

Louis XVI. war bekanntlich der letzte König von Frankreich. Im Januar 1793, vier Jahre nach dem »Sturm auf die Bastille«, wurde er von den Jakobinern hingerichtet. Manche Historiker diskutieren heute noch, ob ein stärkerer und weniger wankelmütiger Regent imstande gewesen wäre, die Monarchie in Frankreich zu retten.

Doch diese Debatte geht am Kern der Sache vorbei. Schon der Umstand, dass vor dem letzten Louis fünfzehn Könige gleichen Namens auf dem Thron gesessen hatten, ist ein starkes

Indiz dafür, dass ein radikaler Systemwechsel überfällig war. Das »Modell Louis« war schlicht nicht mehr kompatibel mit der Realität. Gewiss, er zerrüttete die Staatsfinanzen, indem er die Marine gewaltig aufrüstete und an der Seite der USA gegen Großbritannien in den Krieg zog. Durch seinen Kampf für die amerikanische Unabhängigkeit half er sogar unabsichtlich mit, Demokratie und Menschenrechte populär zu machen, in deren Namen er schließlich hinweggefegt werden sollte. Auch die Verschwendungssucht seiner Gattin Marie-Antoinette, Erzherzogin von Österreich, trug dazu bei, seine anfängliche Popularität bei den »Sansculottes«, der rechtlosen und verelendeten Unterschicht, zu untergraben.

Als schlagender Beweis für Louis' abgehobene Weltfremdheit gilt der missglückte Fluchtversuch nach Metz im damaligen Österreich-Niederlande, den er im Juni 1791 unternahm. Anstatt schnell und unauffällig das Weite zu suchen, reiste der König samt Familie und Gefolge in schweren, vergoldeten Wagen. Kurz vor der Grenze, in einem Ort namens Varennes, kam er auf die Idee, in der Postwirtschaft einen Imbiss einzunehmen. Oder war es der Wunsch von Marie-Antoinette, deren Vorliebe für Kuchen und Törtchen beim hungernden Volk berüchtigt war? Wie auch immer: Als Louis mit einem Louisdor bezahlen wollte – der Goldmünze, auf der sein eigenes Konterfei eingraviert war –, wurde er vom Sohn des Postmeisters erkannt, der die Revolutionäre alarmierte. Die fanden in seiner Tasche ein Schreiben, in dem Louis seine österreichischen Verbündeten bat, mit ihm »gegen die Rebellen zu kämpfen«. Auch wenn der letzte Ludwig noch einige Zeit offiziell in Amt und Würden blieb, war er seitdem faktisch ein Gefangener der Jakobiner. Die riefen im September 1792 die Republik aus und ließen ihn kurz darauf wegen »Verschwörung gegen die öffentliche Freiheit und die Sicherheit des gesamten Staats« öffentlich enthaupten.

Hätte Louis XVI. die Monarchie durch schlaueres und entschlosseneres Handeln retten können? Wohl kaum. Das Problem war das statisch-hierarchische Feudalsystem, nicht sein schwacher Charakter. Feudalismus bedeutet, dass Angehörige des Adels einfach aufgrund ihres Namens und ihrer Herkunft Privilegien besaßen und Einkünfte bezogen, ohne dafür Leistungen erbringen zu müssen. Im katholischen Frankreich war außerdem der Klerus privilegiert; alle anderen waren im »dritten Stand« zusammengefasst.

Die Formel des feudalen Ständestaats lautet: »Ein jeder bleibe an seinem Platz.« Die Parole der aufklärerischen Demokratie aber besagt das genaue Gegenteil: »**Alle Menschen sind gleich. Alle haben die gleichen Rechte und Freiheiten.**« Infolge der technischen Revolution, die durch Johannes Gutenbergs Erfindung des Buchdrucks ins Rollen kam, war die breite Masse so aufgeklärt und gebildet wie nie zuvor in der menschlichen Geschichte. Auch die Aufklärer selbst waren mehrheitlich keine Aristokraten, sondern gehörten als Wissenschaftler, Erfinder oder Philosophen dem »dritten Stand« an. Doch sie alle waren noch immer fast so unterprivilegiert wie ihre analphabetischen Vorfahren im Mittelalter.

Das war der Sprengsatz, der die feudale Monarchie mit ihrer scheinbar gottgewollten Ungleichheit implodieren ließ – nicht nur in Frankreich, sondern auch in Ländern wie Großbritannien oder Schweden. Dort haben die Königshäuser zwar überdauert, dienen jedoch nur noch als Dekoration der Republik und symbolische Repräsentanten der jeweiligen Nation.

Warum erzähle ich das alles? Erstens, weil die Ideen und Forderungen der Aufklärer erst verwirklicht werden konnten, nachdem das »Ancien Régime«, das alte System, zerstört worden war. Und der Sturz des letzten Königs – wenn auch nicht zwangsläufig seine Hinrichtung – war ein Teil dieser notwendigen Zerstörung.

Zweitens, weil wir heute wieder in einer sehr ähnlichen Lage sind: Das alte System ist mit den neuen Technologien nicht mehr kompatibel. **Erneut sind Macht und Reichtum in den Händen einer kleinen, privilegierten Clique geballt, erneut müssen Köpfe rollen (natürlich nur im übertragenen Sinn), muss ein überkommenes System zerstört werden, damit ein besseres, zukunftsfähiges an seine Stelle treten kann.** In der Quantenwirtschaft wird der materielle Überkonsum durch postmaterielle Angebote überwunden werden; Egoismus und hemmungslose Profitgier werden durch Mitgefühl und Achtsamkeit gezähmt werden; der Ressourcenverbrauch wird auf ein Maß sinken, das die ökologische Erholung unseres Planeten und damit auch das Überleben der Menschheit sichert.

Exponentielle Technologien zähmen – jetzt oder nie!

Lasst uns aufhören über »digitale Transformation« und »disruptive Technologien« zu sprechen. **Die Technologie selbst zerreißt überhaupt nichts – es kommt darauf an, wofür wir sie einsetzen.** Und »digitale Transformation« ist kein Naturereignis, bei dem wir nur staunend zusehen können: Wir selbst dürfen und müssen entscheiden, was wir wohin transformieren wollen.

Bereits in wenigen Jahren wird es möglich sein, mit Quantencomputern zu arbeiten. Dank Yuval Noah Hararis Bestseller *Homo Deus* haben breitere Leserkreise gerade begonnen, sich mit künstlicher Intelligenz zu beschäftigen. Harari bietet einen guten Einstieg, aber währenddessen ist die Entwicklung bereits sehr viel weiter. Die Veränderungen in den nächsten zehn Jahren werden extremer sein als sämtliche Umbrüche in den zurückliegenden dreißig Jahren. Was exponentielle Beschleunigung bedeutet, ist wohl jedem theoretisch klar: Mit dreißig Schritten kommst du linear dreißig Meter weit, exponentiell aber sechsundzwanzigmal um die Erde. Über die konkreten Auswirkungen exponentieller Technologien machen sich trotzdem die wenigsten Menschen Gedanken – doch genau darum geht es in der Quantenwirtschaft: in der Ökonomie der Welt von morgen, wo die Formeln von gestern und heute keine Gültigkeit mehr haben.

Auf neue Formeln und mathematische Modelle, die die nutzlosen alten ersetzen könnten, sollten wir nicht hoffen: **Die Quantenwirtschaft ist nicht berechenbar, sondern in ihrem Kern so merkwürdig wie die subatomare Quantenwelt.** Sie ist daher kein fixes, vorab definierbares Ziel, das nur noch Schritt für Schritt realisiert werden müsste – die Quantenwirtschaft ist vielmehr der Weg in die Zukunft. Niemand kann und wird es uns ersparen, diesen Weg zu gehen – es sei denn, wir wollten uns die Mühe von der Technologie abnehmen lassen. Aber der Preis wäre katastrophal hoch: Wir würden vollkommen die Kontrolle über uns selbst und unsere Welt verlieren – wir würden aufhören, Menschen zu sein.

Die Herausforderung ist riesig. Noch nie zuvor in der Geschichte der Menschheit ist es gelungen, technische Entwicklungen zu steuern. Aber diesmal muss es klappen, denn anders als in allen zurückliegenden Fällen werden wir keine Chance mehr bekommen, im Nachgang die neuen Technologien zu zähmen und Fehlentwicklungen zu korrigieren.

Nach technischen Revolutionen wie der Erfindung des Buchdrucks, des Verbrennungsmotors oder der industriellen Massenfertigung betrug die Reaktionszeit Jahrzehnte oder sogar Jahrhunderte – mittlerweile sind es nur noch Monate oder noch weniger. Zudem sind die Zusammenhänge so komplex, dass sie von Menschen nicht mehr durchschaut werden können. Nachdem die ersten Atombomben Hunderttausende Todesopfer gefordert und ganze Landstriche unbewohnbar gemacht hatten, rang sich die Völkergemeinschaft zu Abkommen und Abrüstungsmaßnahmen durch, um die drohende Apokalypse zu verhindern. Solche Korrekturmöglichkeiten nach einem aufrüttelnden Ernstfall wird es bei der KI-Technologie nicht mehr geben.

Nicht nur unter Physikern und Mathematikern wächst die Einsicht, dass wir im Begriff sind, ein Monster heranzuzüchten, das uns alle verschlingen könnte. Der Physiker Stephen Hawking hat in den letzten Jahren seines Lebens immer dringlicher zur Vorsicht gemahnt: KI könne »das Ende der menschlichen Rasse bedeuten«. Tech-Pionier, Tesla- und SpaceX-Gründer Elon Musk verglich die ungesteuerte KI-Entwicklung mit der faustischen »Beschwörung eines Dämons«. Und Microsoft-Gründer Bill Gates zeigte sich schlicht verwundert, dass »manche Leute keine Angst vor KI haben«.

Den KI-Maschinen die Selbststeuerung zu überlassen hieße nichts anderes, als ihnen die Herrschaft zu übertragen. Die Herausforderung ist gigantisch, aber eine zweite Chance werden wir nicht bekommen. Solange die technische Entwicklung in den Händen einiger weniger Megakonzerne und Oligarchen liegt, besteht wenig Hoffnung, dass die Zähmung dieser neuen intelligenten Superkräfte rechtzeitig gelingt. Deshalb müssen wir *jetzt* radikal umsteuern – auf allen relevanten Ebenen, in Politik, Wirtschaft und Gesellschaft. Jeder Einzelne kann und muss dazu beitragen, dass die Lösung gerade noch rechtzeitig gelingt.

Wir brauchen Denker und nicht nur Rechner

Um zu verhindern, dass die Nerds in den Laboren und die CEOs in den Konzernzentralen Hand in Hand über unser aller Zukunft bestimmen, brauchen wir dringend eine vielfältige und intensive Zusammenarbeit zwischen Naturwissenschaftlern und Persönlichkeiten aus anderen Disziplinen, auch aus der Philosophie. In einem so kenntnisreichen wie leidenschaftlichen Beitrag bringt der fünfundneunzigjährige Elder Statesman Henry Kissinger die Herausforderung auf den Punkt:[3] **»Wenn künstliche Intelligenz durch Versuch und Neuversuch exponentiell schneller als der Mensch lernt, müssen wir in Betracht ziehen, dass sie auch schneller und in größerem Umfang Fehler macht als wir.** Die Idee der KI-Forscher, man könne KI-Algorithmen ›ethische‹ oder ›vernünftige‹ Ergebnisse vorschreiben, kann illusorisch sein. Ganze akademische Disziplinen sind aus der Unfähigkeit der Menschheit entstanden, sich auf die Definition dieser Begriffe zu einigen. Soll die künstliche Intelligenz hier zum Schiedsrichter werden?«

Ein albtraumhaftes Szenario, zu dessen Verhinderung der altersweise US-Politguru die Einrichtung eines Philosophenrats empfiehlt:»KI-Entwickler, so unerfahren in Politik und Philosophie wie ich in der Welt der Technik, sollten sich die hier aufgeworfenen Fragen stellen, um technisch machbare Antworten zu finden. Die US-Regierung sollte eine Kommission aus Denkern einrichten, um eine gesellschaftliche Vision zu formulieren. So viel ist sicher: Wenn wir das nicht schnell tun, werden wir sehr bald merken, dass wir zu spät gekommen sind.«

Wo sind also die Gestalter des Wandels? Wo sind die Staaten oder Regionen, in denen weitsichtige Politiker und innovative Unternehmen zusammen neue, postmaterialistische Modelle ausprobieren? Wo sind die Politiker, die sich nicht auf veraltete Analysen verlassen, sondern die Augen aufmachen, ihren Sinnen trauen und ihren Verstand gebrauchen?

Dringend notwendig ist eine Renaissance der Denker. Wir brauchen eine neue, interdisziplinäre Definition des Fortschritts, die Ansätze und Erkenntnisse von Mathematik, Sozialwissenschaften, Technologie und Philosophie miteinander verbindet. Von hier muss und kann eine Bewusstseinsrevolution ausgehen. Wir müssen eine neue Ökonomie gestalten – eben eine Quantenwirtschaft, in der auf der Basis neuer Technologien sinnvolle Jobs in einer nachhaltigen Wirtschaft und in einer stabilen Demokratie auf einem ökologisch intakten Planeten entstehen. Und all das muss *jetzt* geschehen.

2 Die letzte narzisstische Kränkung

»Macht euch die Erde untertan!« Mit dieser Weisung schickt der alttestamentarische Gott seine zweibeinigen Geschöpfe in die Welt hinaus. Jahrtausendelang haben die Menschen den Befehl gründlich befolgt – und mittlerweile einen Großteil der anderen Tierarten ausgerottet.

Der anderen Tierarten? Nach katholischer Lehre sind wir Menschen keine Tiere, sondern »Ebenbilder Gottes« – eine Art Engel, die nach dem physischen Tod ihre Tierleiber abstreifen und als unsterbliche Seelen ewig weiterleben werden. Entsprechend war man sich jahrtausendelang sicher, dass die Erde den Mittelpunkt des Universums darstellen müsse. Schließlich habe Gott seine »Krone der Schöpfung« – eben uns Menschen – nicht auf einem unbedeutenden Planeten irgendwo in einem Winkel des Weltalls ausgesetzt.

All diese christlichen Glaubenssätze standen für die weit überwiegende Mehrheit bis zum Ende des Mittelalters um 1500 außer Zweifel. Doch dann stellte sich heraus, dass die Gewissheiten der Gläubigen allesamt Illusionen und Irrtümer sind. Diese Serie schmerzlicher Erkenntnisse bezeichnete Sigmund Freud (1856–1939), der Neurologe und Begründer der Psychoanalyse, als »narzisstische Kränkungen« der Menschheit.

Die Kränkungen der Menschheit

Erste Kränkung: Durch Beobachtung der Himmelskörper und mathematische Berechnungen fand der Arzt und Astronom Nikolaus Kopernikus (1473–1543) heraus, dass sich die Sonne keineswegs um die Erde dreht, wie man es seit Aristoteles' Zeiten geglaubt hatte. Vielmehr ist unser Planet nur ein vergleichsweise kleines Exemplar in einer Ansammlung von Himmelskörpern, die allesamt um die Sonne kreisen. Diese Erkenntnis notierte der Gelehrte in seinem revolutionären Werk *De revolutionibus orbium coelestium (Über die Umschwünge der himmlischen Kreise)*, das er mit Rücksicht auf die kirchlichen Kreise erst nach seinem Ableben erscheinen ließ.

Durch Zensur und drakonische Zwangsmaßnahmen gelang es den katholischen Glaubenshütern zunächst noch, die »kosmologische Kränkung« (Freud) der Menschheit vor selbiger geheimzuhalten. Aber auch durch Androhung von Folter, etwa gegenüber dem Astronomen und Universalgelehrten Galileo Galilei (1564–1641), ließen sich die Fakten nicht ewig hinter theologischen Spitzfindigkeiten verstecken – den Fake News der Kirchenfunktionäre. Heute wissen wir, dass die Erde ein winziger Felsbrocken in einem kleinen Sonnensystem ist, das zu einer unbedeutenden Galaxie am Rand des Universums gehört. Ein schmerzhafter Absturz im kosmologischen Ranking – der den Weg frei gemacht hat für bahnbrechende wissenschaftliche Erkenntnisse und revolutionäre Technologien von Einsteins Allgemeiner Relativitätstheorie bis hin zur Raumfahrt und zum Weltraumteleskop Hubble.

Zweite Kränkung: Rund dreihundert Jahre nach Kopernikus fand der britische Naturwissenschaftler Charles Darwin (1809–1882) heraus, dass wir nicht nach Gottes Ebenbild erschaffen wurden, sondern Ergebnisse der natürlichen Evolution sind. Menschen und Affen haben gemeinsame Vorfahren, so legte er dar, und die menschlichen Rassen sind durch »geschlechtliche Zuchtwahl« entstanden. Diese »biologische Kränkung« (Freud) stürzte die Menschen auch noch vom Thron der gottgleichen Geschöpfe und ordnete sie in die »Tierreihe« ein. Der nächste schmerzhafte Schlag für unser kollektives Ego – der aber gleichfalls Raum schuf für Erkenntnisfortschritt und bedeutende neue Technologien, etwa für Gentechnik und die Entschlüsselung des menschlichen Genoms.

Dritte Kränkung: Wenn wir Menschen keine Engel in Tierleibern, sondern evolutionär weiterentwickelte Säugetiere sind, liegt die Vermutung nahe, dass auch die kirchlichen Glaubenssätze zu Ich-Bewusstsein und Seele des Menschen kritischer Nachprüfung nicht standhalten. In seiner »Libidotheorie des Unbewussten« wies Sigmund Freud nach, dass das »Seelenleben« dem bewussten Willen größtenteils unzugänglich ist. Unser Ich gleicht nach Freud einem Inselbewohner in einem gewaltigen Ozean. Was sich in der Meerestiefe befindet und ereignet, kann das bewusste Ich überwiegend nicht einmal erkennen, geschweige denn beeinflussen.

Bedeutende Schüler Freuds, wie Carl Gustav Jung (1875–1961) und Alfred Adler (1870–1937), bestätigten und erweiterten seine Erkenntnisse in beträchtlichem Ausmaß. Die psychoanalytische Einsicht, dass wir von unbewussten Trieben und Gefühlen weit stärker gesteuert werden als von rationalen Überlegungen, moralischen Geboten und bewussten Willensakten, bezeichnete Freud als »psychologische Kränkung« der Menschheit, die sich nun vollends in der Liga der »höheren Säugetiere« wiederfand. »Die Krone der Schöpfung, das Schwein, der Mensch«, kommentierte der Dichter (und Arzt für Haut- und Geschlechtskrankheiten) Gottfried Benn (1886–1956) unseren Absturz vom Kirchturm in den Koben. Auch diese drastische Herabstufung brachte dem Selbstwertgefühl der Menschen tiefe Verletzungen bei – die wiederum Platz schufen für gewaltige Erkenntnisfortschritte und technische Innovationen, vor allem auf medizinischem und psychotherapeutischem Gebiet.

Der französische Psychiater und Psychoanalytiker Jacques Lacan (1901–1981) verband Freuds Ansatz mit anderen Wissensbereichen wie vor allem der Linguistik und entwickelte mit anderen Forschern das Konzept der »Leerstelle«, (»void«) der nicht zu füllenden Lücke zwischen Subjekt und Objekt, zwischen Bezeichnendem und Zeichen.

Wer ist intelligenter als wir?

Nach der kosmologischen Kränkung durch Kopernikus, der biologischen durch Darwin und der psychologischen durch Freud steht die Menschheit jetzt vor ihrer letzten narzisstischen Kränkung – der massiven Verletzung unseres Selbstwertgefühls durch eine posthumane Hypertechnologie, die alles besser kann als wir. Durch eine maschinelle Superintelligenz, von der wir uns Göttlichkeit, Glückseligkeit und Unsterblichkeit erhoffen – jedoch um den Preis unserer Unterwerfung.

Die Eroberung der Erde durch die übermächtige Maschinengottheit ist bereits in vollem Gang. Sie lässt sich in dreifacher Hinsicht als finale narzisstische Kränkung der Menschheit verstehen: weil die KI-Maschinen – erstens – so viel intelligenter als wir sein werden. Weil wir – zweitens – drauf und dran sind, ihre unmenschliche Intelligenz als alleingültigen Maßstab anzuerkennen und damit – drittens – das Ende des Humanismus zu besiegeln.

Was immer unsere Art zu denken von ihrer unterscheidet, ist kurz davor, als scheinbar nebensächlicher Rest über Bord gewirbelt zu werden. **Durch Verlagerung aller Autoritäten in Algorithmen werden wir in einer posthumanen Welt komplett die Kontrolle verlieren.** Schauen wir die drei Aspekte der finalen Kränkung etwas genauer an.

Erstens: Sie sind so viel intelligenter als wir. Mit einem Durchschnitts-IQ von 100 bis 110 werden wir Menschen in der Tabelle der intelligentesten Spezies zwar unangefochten Platz zwei belegen, mit deutlichem Vorsprung vor Schimpansen, Delfinen oder Krähen. Doch wie schmeichelhaft ist das? Die leistungsfähigsten Superrechner werden ein Vielfaches dieses Werts erreichen. AlphaZero, die leistungsfähigste KI-Maschine des zu Google gehörenden Unternehmens DeepMind, hat ihren IQ in weniger als zwei Jahren verdoppelt – auf ein Level von 48,25 Ende 2018, entsprechend dem Intelligenzniveau eines Erstklässlers. Das hört sich nicht allzu eindrucksvoll an, aber wenn wir nach dem Gesetz der exponentiellen Beschleunigung von weiteren Verdoppelungen im Zwei-Jahres-Rhythmus ausgehen, käme Googles KI bereits 2022 auf einen IQ von rund 200. Im Jahr 2030 würde AlphaZero über einen IQ von 3.200 verfügen – zwanzigmal so hoch wie der Intelligenzquotient des vermutlich klügsten Menschen aller Zeiten, Albert Einstein.

Zweitens: Sie definieren, was »Intelligenz« ist. Künstliche Intelligenz basiert auf Algorithmen: »Intelligente« Maschinen denken nicht, sondern rechnen. Was der Unterschied ist? Ein Großteil der führenden KI-Wissenschaftler würde antworten: »Es gibt keinen.« Für sie ist das menschliche Gehirn ein neuronales Netz, das wie ein Computer Berechnungen anstellt, nur sehr viel langsamer, fehleranfälliger und mit viel geringerem Speichervolumen als heutige Rechner – ganz zu schweigen von den Quantencomputern der nahen Zukunft. Diese Forscher, die maßgeblich die KI-Entwicklung vorantreiben, sind davon überzeugt, dass auch unsere Gehirne auf der Basis von Algorithmen arbeiten. Wenn die erst entschlüsselt seien, könne man die Persönlichkeit jedes Menschen – seine Gedanken, Gefühle und Erinnerungen – vollständig als binären Code abbilden und beispielsweise in das Elektronengehirn eines künstlichen Körpers aus Nanoröhrchen einspeisen.

Das ist doch super, könnte man meinen. Keine Krankheiten mehr, kein Altern, kein Tod – davon träumen die Menschen ja seit Ewigkeiten. Der Traum könnte bald schon wahr werden, aber als Albtraum. Wie reizvoll wäre es, in einer Welt zu leben, in der wir aus Sicht unserer künstlichen Herren allenfalls so intelligent sind wie Hunde oder Babys im Verhältnis zu uns selbst? Was sie warum und mit welchen Konsequenzen entscheiden und ausführen, würde sich vollständig unserem Verständnis und Einfluss entziehen.

Angenommen, wir akzeptieren die Behauptung der tonangebenden KI-Wissenschaftler (und der hinter ihnen stehenden Oligarchen), dass »Denken« nichts anderes als algorithmenbasiertes Rechnen ist. Du lässt also wie viele andere deinen Gehirninhalt scannen, als Datei abspeichern und in einen mit Bio- und Nanotech optimierten Superkörper herunterladen. Damit würden sich in der schönen neuen KI-Welt scheinbar die drei großen Menschheitsträume erfüllen: Du wärst unsterblich dank Sicherungskopie deines Gehirns und eines Körpers aus unzerstörbarem Nanomaterial; du würdest in immerwährender Glückseligkeit leben dank optimaler Betreuung und Bespaßung; und du könntest auf nahezu unendliche Informationsmengen und fast grenzenlose Fähigkeiten zugreifen, die in früheren Zeiten den Göttern vorbehalten waren.

»Wo ist das Problem?«, fragst du jetzt vielleicht. »Unsterblich, glückselig, gottähnlich, was will man mehr?« Ganz einfach: Vielleicht bist gerade du selbst es, der bei diesem Upload auf der Strecke geblieben ist. Der Preis, den du für Unsterblichkeit et cetera zu zahlen bereit warst, ist die Gleichsetzung deines Gehirns mit einem algorithmenbasierten Rechner. Dadurch könnte aber gerade das unter die Räder gekommen sein, was uns als Menschen ausmacht; was das Leben für uns nicht nur lebenswert, sondern überhaupt erlebbar macht – unser Ich-Bewusstsein, die Fähigkeit, uns selbst als denkende und empfindende Wesen wahrzunehmen und zu reflektieren.

Das »schwierige Problem des Bewusstseins«, das der australische Philosoph David Chalmers bereits 1995 formuliert hat, ist bis heute ungelöst: Wir können mit den funktionalistischen Ansätzen der Naturwissenschaften nicht schlüssig erklären, warum uns einige »innere Zustände« wie Hitze oder Schmerz in Form phänomenaler Erfahrungen bewusst werden. Zwischen unserer subjektiven Wahrnehmung und der objektiven Realität klafft laut Chalmers eine »Erklärungslücke«, die wir mit den gängigen naturwissenschaftlichen Konzepten nicht schließen können. Genau diese Differenz, die dein Ich-Bewusstsein ausmacht, würde also bei der Transformation deines Gehirns in einen Algorithmus wie eine zu vernachlässigende Nachkommastelle herausgekürzt werden.

Ein Roboter kommt bestimmt prima ohne Bewusstsein aus beziehungsweise lernt mühelos, subjektive Wahrnehmung zu simulieren. Aber wie sieht das bei dir aus? Würdest du gern bewusstlos wie ein Zombie weiterleben? Als Automat, der dein altes analoges Ich so perfekt imitiert, dass deine Umgebung euch beide glatt miteinander verwechselt – nur dein Bewusstsein ist bei diesem Umrechnungsprozess leider abhandengekommen? Ich wünsche mir eine solche »Unsterblichkeit« ganz bestimmt nicht – und wenn du einen Moment darüber nachdenkst, kannst auch du es dir nicht wünschen.

Drittens: Den maschinellen Superintelligenzen die Kontrolle zu überlassen hieße, die humanistische Struktur zu zerstören, auf der unsere Gesellschaft und Wirtschaft seit Generationen basieren. In einem posthumanistischen Zeitalter kann prinzipiell vielerlei passieren – die menschliche Lebenserwartung könnte drastisch steigen, möglicherweise bis zu biologischer Unsterblichkeit, wie einige Forscher glauben; aber »Posthumanismus« meint eben auch: Wir hätten es nicht mehr in der Hand.

Wie wichtig ist Humanismus noch im 21. Jahrhundert? Brauchen wir ihn wirklich? **Humanismus bedeutet: Unsere Erfahrungen und Gefühle sind die oberste Instanz.** Egal, wie komplex ein Sachverhalt ist, letztlich geht es darum, wie wir als Individuen dazu stehen. Du triffst die wichtigen Entscheidungen in deinem Leben, weil niemand deine Gefühle und damit auch deine Optionen besser kennt als du. Du bist die höchste Autorität, du allein entscheidest, welcher Partei du deine Stimme gibst, welche Konsumentscheidungen du triffst und so weiter.

In der Wirtschaft heißt das: »Der Kunde ist König« – die Unternehmen wetteifern darum, seine Konsumwünsche zu erfüllen. In der Politik versuchen wir, den »Willen des Souveräns« durch demokratische Systeme möglichst präzise abzubilden und umzusetzen. Der einzelne Wähler kann sich kundig machen, aber er kann sich auch schlicht nach seinem Bauchgefühl entscheiden – zum Beispiel für »charismatische« Politiker wie Nigel Farage und Boris Johnson in Großbritannien oder Matteo Salvini und Luigi di Maio in Italien oder eben Donald Trump in den USA, die das Blaue vom Himmel versprechen. Die Folge: Für viele Wähler fühlt es sich ganz einfach gut an, ihr Kreuz bei diesen Populisten zu machen. Vor ihrer Entscheidung werden sie jedoch keine höhere Autorität, kein superintelligentes Orakel und kein philosophisches Gremium zurate ziehen, sondern nach Gefühl und Intuition votieren.

Schon in wenigen Jahren werden wir imstande sein, künstliche Intelligenz und Biotechnologie zu verschmelzen und dadurch unsere Körper zu »hacken«, also Gefühle zu beeinflussen. Manipulationen durch Marketing, personalisierte Facebook-Anzeigen oder Cambridge Analytica bei der Trump-Wahl sind dagegen harmloser Hokuspokus wie auf einem Kindergeburtstag. **Freie Märkte, unternehmerischer Wettbewerb und soziale Marktwirtschaft verlieren ebenso wie demokratische Wahlen ihren Sinn, wenn die Entscheidungen der Individuen nicht mehr auf subjektiven Meinungen und Gefühlen, sondern auf Manipulation beruhen.** Vielleicht würden die Menschen in einer solchen posthumanistischen Welt dank optimierter Dopaminzufuhr tatsächlich in immerwährender Glückseligkeit leben – aber es wäre mit dem Totalverlust all dessen erkauft, was unser Menschsein ausmacht.

Warum ich das alles erzähle? Ganz einfach: Weil sich die letzte narzisstische Kränkung – die drohende Entmachtung der Menschen durch algorithmenbasierte superintelligente Maschinen – in einem wesentlichen Punkt von den drei vorherigen unterscheidet. (Einige Autoren sprechen von weiteren solcher Kränkungen, unter anderem durch die Digitalisierung, aber diese kleineren bis mittleren Dellen in der menschlichen Eigenliebe lasse ich hier beiseite.)

Anders als bei den drei historischen Kränkungen könnte es diesmal passieren, dass wir für die Verletzung unseres Selbstwertgefühls nicht mit einem Zuwachs an Wissen entschädigt werden, der unsere Handlungsspielräume durch revolutionäre neue Technologien erweitert. Ganz im Gegenteil: Wir selbst sind drauf und dran, das Zeitalter des Humanismus zu beenden. Wenn wir uns nicht unverzüglich der Risiken bewusst werden und umgehend gegensteuern, besteht erstmals die Gefahr, dass die Erkenntnisfortschritte und die dadurch möglich werdenden neuen Technologien nicht uns Menschen zugutekommen – sondern den künstlichen Superintelligenzlern, die als neue Herrscher der Erde unsere Nachfolge antreten werden.

Die *letzte* narzisstische Kränkung wäre das aus einem so einleuchtenden wie traurigen Grund: weil es uns dann nicht mehr gäbe. Entweder buchstäblich nicht mehr, da unsere Nachfolger uns ausrotten würden – oder zumindest nicht mehr als Spezies, die ihr Schicksal noch selbst gestalten könnte. Im griechischen Mythos starrt der eitle Jüngling Narziss gebannt in die Quelle, die sein Spiegelbild zeigt. Bei der finalen narzisstischen Kränkung wäre der Spiegel noch vorhanden – aber niemand mehr, der sich darin spiegeln könnte.

Du und ich sind uns mittlerweile einig, so hoffe ich: So weit wollen und werden wir es nicht kommen lassen. Also lass uns zusammen alles Erforderliche tun, damit diese letzte Kränkung ungeschehen bleibt. Wenn wir Entwicklung und Zielrichtung der KI-Maschinen kontrollieren, können wir mit ihrer Hilfe verwirklichen, wovon die Menschheit seit Jahrtausenden träumt: eine menschengerechte, friedliche und egalitäre Gesellschaft, in der niemand mehr im Schweiße seines Angesichts ums Überleben kämpfen muss. **Wir brauchen eine Gesellschaft des Verstands, die wir entsprechend unseren humanen Bedürfnissen bewusst gestalten – und nicht eine KI-optimierte, posthumane Welt, in der die Lichter des Bewusstseins und der Aufklärung für immer erloschen sind.**

Teil II

Eine neue Weltanschauung

*»Wie viel Zeit brauchst du, um die Welt zu retten?
Bevor du diese Frage beantwortest, solltest du dich fragen:
Wie viel Zeit haben wir überhaupt noch?«*

Was sind die gravierendsten Fehler unseres gesellschaftlichen, politischen und ökonomischen Systems, die den überfälligen Wandel verhindern? Der Kern des Problems ist letztlich das »System« selbst beziehungsweise der weitverbreitete Irrglaube, dass die von uns definierten Systeme und Modelle mit der Realität übereinstimmten. Das betrifft beispielsweise Physiker und Mathematiker, die Struktur und Funktionsweise des menschlichen Gehirns am Modell eines herkömmlichen Computers erforschen – und unterwegs gleichsam vergessen haben, dass es sich eben nur um ein radikal vereinfachendes Modell handelt. Und das gilt genauso für die Modelle der Ökonomen sowie der Sozial- und Politikwissenschaftler.

3 Fehler im System – oder das falsche System?

In ihren theoretischen Systemen gelangen gegensätzliche Wirkkräfte zu idealem Gleichgewicht. Bei den liberalen Kapitalismustheoretikern von Adam Smith bis Milton Friedman sorgt das »freie Spiel der Kräfte« für mustergültigen Ausgleich zwischen Gemeinwohl und Eigeninteresse. Souveräne Individuen treffen kraft ihres »freien Willens« rationale Entscheidungen. Ebenso erklären uns Demokratietheoretiker, warum dieses Staatssystem größtmögliche Freiheit für alle Bürger garantiere. Doch die Praxis sieht auch hier anders aus: **Ein Äquilibrium, ein Gleichgewicht der Kräfte, gibt es nur im Modell, die wirkliche Welt ist viel bizarrer – quantenähnlich.**

Dies vorausgeschickt, lassen sich fünf wesentliche Systemfehler identifizieren, die ich im Folgenden näher beleuchten will.

Erster Systemfehler: Dogmatismus verhindert Veränderung

Was ist das größte gesellschaftliche Problem, vor dem wir – vor allem in den westlichen Gesellschaften – heute stehen? Islamistischer Terror eher nicht. Der »Islamische Staat« ist ja fast schon wieder Geschichte, und die Risiken durch islamistische Terroristen wurden und werden maßlos aufgebauscht. So schrecklich die Anschläge in Nizza oder Berlin auch waren: Die Zahl der Todesopfer in den westlichen Ländern, die auf das Konto des Islamischen Staats gehen, ist weit geringer als die Opferzahl durch Schusswaffengebrauch in den USA oder durch Verkehrsunfälle in Deutschland. Ginge es den Politikern wirklich darum, ihre Wähler vor tödlichen Risiken zu schützen, wäre es weitaus wirksamer, die Waffengesetze in den Vereinigten Staaten zu ändern beziehungsweise Tempolimits auf deutschen Autobahnen einzuführen.

Was also ist das drängendste gesellschaftliche Problem, das wir lösen müssen? Der materialistische Turbokapitalismus, der zu massenhafter Konsumsucht geführt hat, muss unbedingt weiterentwickelt werden. Aber meiner Überzeugung nach gibt es ein weiteres, womöglich noch größeres Problem, das wir vorrangig lösen müssen, weil es einen konstruktiven Umgang mit allen anstehenden Herausforderungen erschwert oder sogar blockiert. Ich meine den Dogmatismus.

Dogmen (griechisch für »Meinungen, Lehrsätze«) sind Aussagen, deren Wahrheit nicht angezweifelt werden darf. In Religionen sind damit zunächst nur Glaubenssätze gemeint, über die sich alle Gläubigen einig sind. Ein zentrales Dogma der christlichen Theologie besagt, dass Jesus Christus der Sohn Gottes ist, getötet wurde, aber wiederauferstanden und vor Augenzeugen zum Himmel aufgefahren ist. So bizarr solche »Offenbarungen« für Nichtchristen klingen mögen: Für die Anhänger dieser Religion wäre es sinnlos, sie zu bezweifeln. Sie gehören zum Kernbestand ihres Glaubens und lassen sich ohnehin weder beweisen noch widerlegen. Wenn ich an sie glaube, bin ich Christ; wenn nicht, bin ich keiner.

Da die Wiederauferstehung des Gottessohns als einzigartiges Ereignis angesehen wird, sind die Anhänger dieses Dogmas immerhin nicht gezwungen, physikalische und biochemische Gesetze zu leugnen. Gewöhnliche Menschen stehen nach ihrer Hinrichtung nicht von den Toten auf und schweben auch nicht in Richtung Wolken davon. Darin sind sich Christen und Atheisten einig. Aber es gibt zahlreiche religiöse Dogmen, die ihre Anhänger nötigen, die Realität verzerrt wahrzunehmen.

Bis weit über das Mittelalter hinaus duldete die vatikanische Gedankenpolizei nur solche wissenschaftlichen Erkenntnisse, die zum Weltbild der katholischen Kirche passten. Folglich hatte sich die Sonne um die Erde zu drehen, die ihrerseits unverrückbar im Mittelpunkt des Universums verankert war. Astronomen und Mathematiker, die zu abweichenden Ergebnissen kamen, mussten sich der Kirchenzensur beugen – oder für ihre Wahrheitsliebe schlimmstenfalls mit dem Leben bezahlen. Im Jahr 1600 wurde der italienische Philosoph und Astronom Giordano Bruno hingerichtet, weil er erklärt hatte, dass das Universum unendlich ausgedehnt und von unendlicher Dauer sei. Daher könne es nicht erschaffen worden sein, und deshalb könne es auch kein Jenseits geben. Bruno ahnte sogar schon die Raumfahrt voraus und unternahm mentale Reisen zum Mond und darüber hinaus. »Fake News«, urteilten die Inquisitoren und ließen den »Ketzer« auf dem Scheiterhaufen verbrennen.

Die Grenze zwischen religiösen und weltlichen Dogmen ist also fließend. Vielleicht sind Religionen nichts anderes als mächtige schlechte Ideen, die von ihren Urhebern zu religiösen Offenbarungen erhoben worden sind? Die Bereitschaft vieler Menschen, unter dem Einfluss solcher Ideen zu leben, egal, was es ihnen bringt und wie überzeugend diese Ideen bereits widerlegt worden sind, ist rein rational nicht zu erklären. **Aber Menschsein bedeutet eben, widersprüchlich zu handeln, sich nicht nur von Logik und Kausalität, sondern mindestens ebenso sehr von Gefühlen leiten zu lassen.** Und solange wir anderen Menschen nicht schaden, steht es uns frei, unser Leben beliebigen religiösen Dogmen zu widmen.

Anders sieht es aus, wenn Dogmatismus in Wirtschaft und Politik überfällige Systemveränderungen blockiert. Der turbo-kapitalistische Glaubenssatz, dass größtmögliche Deregulie-rung aller Märkte letztlich Wohlstand für alle bringen werde, ist ein solches Dogma, das durch Ökokollaps und Oligarchen-Kartelle längst widerlegt worden ist. Doch Linksliberale wie Konservative halten unbeugsam daran fest.

Dogmatiker immunisieren sich gegen jedes Argument, das ihre Überzeugung ins Wanken bringen könnte, und greifen umso begieriger alles auf, was ihre Position scheinbar stärkt. Daher fallen Menschen mit dogmatischen Überzeugungen auch besonders leicht auf Fake News und Verschwörungstheorien herein, die für unvoreingenommene Betrachter offenkundiger Unfug sind. Und die »Sozialen Medien« in unserer fatalen Infor-mationsgesellschaft funktionieren wie Dogma-Booster, wenn in Filterblasen Falschmeldungen tausendfach geteilt werden.

Pragmatismus ist auch keine Lösung

Wie können wir dogmatische Blockaden überwinden? Die Lö-sung ist scheinbar ganz einfach: Man muss nur den Fokus auf die Gegenposition lenken, also »pragmatisch« an das jeweilige Problem herangehen. Das klingt gut und wird auch regelmäßig als Heilmittel gegen Dogmatismus empfohlen. Nur funktioniert es leider nie, weil Pragmatismus, die Lehre vom rein sach- und wirkungsorientierten Handeln, außer Acht lässt, dass wir Men-schen – nach dem berühmten Bonmot von Immanuel Kant – »aus krummem Holz geschnitzt« sind.

Wir denken und handeln niemals rein rational, von kühler Kausallogik geleitet – auch dann nicht, wenn wir uns einbilden, vollkommen objektiv zu sein. Ob wir es wahrhaben wollen oder nicht, stets fließen Ängste und Hoffnungen, vorgefasste Mei-nungen und viele andere »irrationale« Dinge in unsere Überlegungen mit ein. Das gilt umso mehr, wenn es um Gesellschafts- und Wirtschaftsmodelle geht, die praktisch jeden Aspekt unseres Lebens massiv beeinflussen.

Milton Friedman, auch bekannt als »Papst des Wirtschaftsliberalismus«, ging davon aus, dass Marktakteure stets rational handelten – und der Psychologieprofessor Daniel Kahneman wurde deshalb mit dem Wirtschaftsnobelpreis geehrt, weil er ebendiese erzliberale Grundannahme widerlegte. Günstigstenfalls bemühen wir uns, rational zu handeln. Aber »richtig oder falsch« ist nur eines von diversen Kriterien, die – bewusst oder nicht – unsere Überlegungen und Handlungen bestimmen. Wir ringen um plausible Erklärungen und effiziente Strategien, doch wir wollen auch Freude, Liebe und Schönheit erleben. Wir behaupten etwas und glauben insgeheim ans Gegenteil. Wir wissen, dass es nicht zielführend ist, sich selbst und andere anzulügen, aber das hindert uns nicht, einen großzügigen Umgang mit der Wahrheit zu pflegen.

Dabei ist es gerade in der Ökonomie extrem wichtig, dass wir klar erkennen, was ein Wirtschaftssystem zum Laufen oder zu Fall bringt. Die sowjetischen Dogmatiker hielten an ihren »wissenschaftlichen Wahrheiten« fest, bis sie gemeinsam mit ihren Dogmen untergingen. Doch so lange können wir diesmal nicht warten.

Was also ist der Gegenpol des Dogmatismus, die Befreiung von Denkverboten? Als mir diese Frage bei einer Diskussion gestellt wurde, fühlte ich mich zuerst kalt erwischt. Dass Pragmatismus nicht die Antwort sein kann, war mir bewusst, und ich konnte auch einleuchtend erklären, warum selbst ernannte Pragmatiker nie so rein rational und sachbezogen handeln, wie sie es von sich behaupten. Jeder hat nun einmal seine subjektive Sichtweise, seinen Subtext, seine eigene Agenda – wenn er sie ignoriert, schlägt der »menschliche Faktor« umso stärker durch. Während ich das ausführte, wurde mir die Antwort klar: Das Gegenteil von Dogmatismus ist Skeptizismus. **Der Dogmatiker erklärt eine Behauptung für unantastbar wahr – der Skeptiker dagegen stellt alle Annahmen gleichermaßen auf den Prüfstand.** Was bedeutet das konkret?

»Bei allem Respekt, die Erde ist eine Scheibe!«, bringt der Erste Offizier der Karacke »Santa Maria« vor. »Wenn wir auf diesem Kurs bleiben, fallen wir über den Rand und stürzen ins Weltall ab!« »Wer sagt das?«, fragt Christophorus Kolumbus. Der Offizier sieht ihn erschrocken an: »Alle Gelehrten sagen das. Abgesehen von ein paar Wirrköpfen, die auf dem Scheiterhaufen landen werden.« »Oder auf der anderen Seite der Erde«, gibt Kolumbus zurück, »falls sie nämlich doch recht haben und die Erde eine Kugel ist. Probieren wir es aus!« Man schreibt das Jahr 1492, als Kolumbus befiehlt, mit vollen Segeln auf den vermeintlichen Rand der Erde zuzuhalten. Schlotternd klammern sich Matrosen und Offiziere an Masten und Reling. »Im Namen Gottes und seiner ewigen Wahrheit« ruft der Erste Offizier zur Meuterei auf, um das Schlimmste zu verhindern. Aber bevor Kolumbus gestürzt werden kann, segelt die »Santa Maria« über den vermeintlichen Erdrand – und der Absturz ins Weltall bleibt aus.

Wie die Geschichte weitergeht, ist bekannt. Alle eindrucksvollen Abbildungen, auf denen die Erde wie ein Pfannkuchen im Universum schwebt, taugen nur noch dazu, die Unsinnigkeit von Denkverboten zu illustrieren. »Die Erde ist eben doch eine Kugel«, triumphieren die vermeintlichen Wirrköpfe. »Wie es schon der griechische Mathematiker und Astronom Claudius Ptolemäus (100–160) vorausgesagt hat, kreisen die Erde und die anderen Himmelskörper auf kristallenen Sphären in vollkommenen Kreisbahnen im All.«

Doch dieses ptolemäische Weltmodell erleidet wenig später das gleiche Schicksal wie die altehrwürdige Scheibentheorie: Es wird durch die Himmelsmechanik des schon erwähnten

Nikolaus Kopernikus widerlegt, das mit der beobachtbaren Realität genauer übereinstimmt und die Sonne anstelle der Erde in den Mittelpunkt rückt. Allerdings enthält auch die kopernikanische Theorie zahlreiche Irrtümer, die durch Berechnungen und Entdeckungen nachfolgender Forscher wie Tycho Brahe, Isaac Newton und Johannes Kepler korrigiert wurden. Hätten sich die Religionshüter aus irgendeinem Grund entschlossen, Kopernikus' Theorie mit all ihren Unzulänglichkeiten zum Dogma zu erheben, würden wir womöglich heute noch glauben, dass die Sonne bewegungslos im Weltraum schwebt, während nur die Planeten sich um sie drehen …

Wir müssen uns auf den Skeptizismus konzentrieren, um dogmatische Denkverbote zu überwinden. Der philosophische Skeptizismus stellt nicht grundsätzlich infrage, dass wir Erkenntnisse über die Welt gewinnen können. Er geht aber davon aus, dass wir durch unsere Sinne immer nur ungenaue Informationen erhalten und folglich auch alle Hypothesen, die wir entwickeln können, stets unzulänglich sind.

Das ist auch meine Position: **Die vollkommene Wahrheit können wir nie erreichen, aber mit einer kritischen, skeptischen Geisteshaltung können wir uns ihr Schritt für Schritt nähern.** Dafür müssen wir Modelle und Theorien so konstruieren, dass sie überprüft, verbessert oder auch falsifiziert werden können – und wir müssen uns immer wieder klarmachen, dass es eben nur Modelle sind. Andersherum geht es nicht: Einen vollkommen objektiven Standpunkt, von dem aus sich feststellen ließe, dass eine Theorie »absolut wahr« ist, können wir als Menschen nicht einnehmen. Er wäre jenseits unserer erfahrbaren Welt.

Wettkampf der Geschichten

In früheren Zeiten gab es in vielen Kulturen die eine große Story, die alles überstrahlende Zukunftsvision, die einen großen Teil der Menschen vereinte. Im ganzen Abendland und darüber hinaus glaubten Christen an die ideale jenseitige Welt nach dem Jüngsten Tag. Die Vordenker der Aufklärung verlegten das Paradies vom Himmel zurück auf die Erde – nach Utopia, ins gerechte Land der Zukunft, in dem die Menschen friedlich, gebildet und produktiv zusammenleben würden.

Positive Zukunftsvisionen wie diese sind unverzichtbar, wenn es um das Erreichen von Zielen geht – das gilt für Individuen genauso wie für Unternehmen, Gesellschaften oder die Menschheit insgesamt. Wie bei einer großen Expedition richten sich alle, die sich dafür begeistern und engagieren, auf das gemeinsame Ziel aus.

Doch wo sind die positiven Zukunftsprojektionen, für die sich heute viele Menschen begeistern würden? »So naiv ist doch niemand mehr«, wird mir auf diese Frage oft entgegnet. »Wir sind auf dem Scheitelpunkt der Welle – von hier aus kann es nur noch bergab gehen.« Da bin ich definitiv anderer Ansicht. **Wir haben die Wahl, es liegt an uns, ob und wie wir unsere Zukunft gestalten.** Aber gerade deshalb ist an obiger Antwort auch etwas Wahres dran: Solange Menschen glauben, »dass alles den Bach runtergeht«, tragen sie durch fatalistisches Laufenlassen dazu bei, dass sich die düstere Zukunftserwartung womöglich doch erfüllt.

Du, ich, alle von uns haben eine viel größere Macht, die Realität zu gestalten, als die meisten von uns wahrhaben wollen. Aber zielorientiert gestalten kannst du nur bewusst. Also musst du deine Sichtweise der Welt verändern, dann verändert sich auch deine Welt. Deshalb brauchen wir eine subjektive, plausible und validierte Weltanschauung. **Anstelle des**

Durcheinanders verdrehter, irrelevanter Sensationsgeschichten, die uns gegenwärtig den Blick verstellen und buchstäblich den Verstand rauben, müssen wir einen Wettbewerb der positiven Zukunftsvisionen entfesseln.

Leuchtende Vorbilder in dieser Hinsicht sind die historischen Utopier von der Renaissance bis hin zu den utopischen Sozialisten des 19. Jahrhunderts: Nachdem Thomas Morus 1516 seine Vision des Ur-*Utopia* veröffentlicht hatte, begann ein lebhafter Wettstreit um den besten Weg dorthin und die optimale Gestaltung des idealen Gemeinwesens. Es gab also nie die *eine* von allen akzeptierte Version von Utopia – wie auch in der christlichen Kirche immer konkurrierende Strömungen mit unterschiedlichen Interpretationen des Paradieses und der Regeln existierten, die man befolgen sollte, um dorthin zu gelangen. Aber es gab jahrhundertelang die eine »utopische« Leitidee eines egalitären und gerechten Staats, in der man sich grundsätzlich einig war – strittig waren nur die Details –, und dieser Wettstreit beflügelte alle Beteiligten und trieb sie zu Höchstleistungen an.

Doch in unserer Gesellschaft ist der Wettstreit um die besten Zukunftsvisionen zu einem Freak-Zirkus mit beliebigen Inhalten verkümmert. Zu einem Überbietungswettbewerb um die schrillsten Sensationsstorys, bei dem es allein darum geht, Aufmerksamkeit zu generieren, Wählerstimmen zu gewinnen, Käufer- und Klickzahlen hochzutreiben. Durch welche Inhalte, ist egal. Ob mit Fakten, Lügen oder Verdrehungen, das spielt keine Rolle, eine Sensationsmeldung jagt die nächste – um im nächsten Moment wieder vergessen, durch neuen, noch grelleren Spuk ersetzt zu sein. Oder, schlimmer noch, so lange wiederholt zu werden, bis Gruppen von Menschen sie für wahr halten und vermeintliche Weisheiten und Lebensregeln auf diesem trügerischen Grund erbauen.

Wir leben in einer Ablenkungs- und Stressgesellschaft. Unaufhörlich werden wir getriggert von Stresskünstlern in Politik und Medien, die uns mit Pseudokrisen und Skandälchen, aufgebauschten Schauerstorys, bizarren Falschmeldungen und Lügengeschichten in Atem halten. Schlecht ist dabei nicht, dass sie uns Stressimpulse senden, sondern womit und wofür. Menschen sind Säugetiere, und nichts setzt uns zuverlässiger in Bewegung als Stress.

Doch diese Dopaminschübe haben ihren Preis: Wenn archaische Gehirnareale das Kommando übernehmen, unsere Blutgefäße mit Stresshormonen geflutet werden, verlieren wir buchstäblich den Verstand. Der Neocortex, Sitz des rationalen Denkens, wird vorübergehend abgeschaltet oder zumindest stark heruntergedimmt. Dieser evolutionäre Mechanismus hat der menschlichen Spezies jahrtausendelang wertvolle Dienste geleistet, aber seine Nachteile liegen auf der Hand: Wir reagieren dann nur noch auf Impulse von außen. Wir handeln unbewusst, sind dadurch leicht zu manipulieren und lassen uns für Ziele faszinieren, ohne sie zuvor kritisch geprüft zu haben, denn unser Verstand ist ja vorübergehend umnachtet.

Wird unsere Manipulierbarkeit in diesem Modus missbraucht, kann es leicht passieren, dass wir uns mit Feuereifer für Ziele engagieren, mit denen wir uns objektiv Schaden zufügen – uns selbst, der Gruppe oder sogar der gesamten Spezies. Lenkbar wie Herdentiere lassen wir uns in Angst und Schrecken vor vermeintlich drohenden Katastrophen versetzen oder gegen andere Gruppen aufhetzen, die uns angeblich ans Leder wollen. Und genau das geschieht in unserer gegenwärtigen Krisen- und Stressgesellschaft permanent. Wie dopamingesteuerte Junkies werden wir durchs Leben gezerrt. Populistische Politiker und sonstige Stresskünstler malen tausend Teufel an die Wände. Unaufhörlich prasseln die Stressreize auf uns ein. Dadurch wird der Ausnahme- zum Normalzustand, sind wir permanent im Kampf-oder-Flucht-Modus – und folglich dauerhaft von unserem Verstand verlassen. Außerstande, die tausend Schreckensbilder, die uns triggern, zu hinterfragen.

Es ist ein unaufhörlich dröhnender Wettkampf um Aufmerksamkeit, Macht und Gefolgschaft. Ein Fight, der nicht mit Fakten und Gedanken, sondern mit Stressoren und Emotionen geführt wird. Nur noch verrücktes Zeug schafft es in die Schlagzeilen. Wer die Gefühle am heftigsten aufpeitscht, gewinnt – wenn auch nur für die nächsten Tage, Stunden oder sogar bloß für ein paar Minuten, bis der nächste Tweet, der nächste Push den Stresshormonspiegel von Millionen Adrenalinjunkies aufs Neue hochschnellen lässt. Ob Fakt, Fake oder Fiktion, spielt sowieso kaum noch eine Rolle – es geht einzig um den Kick und die daraus resultierenden Klicks, die härteste Währung in unserer heillos verwirrten Informationsgesellschaft.

Zweiter Systemfehler: Die fatale Informationsgesellschaft

Die Verwirrung beginnt schon bei dem Wort »Information«. Wir leben in einer Informationsgesellschaft? Ja. Ist Information dasselbe wie Wissen? Nein, aus mindestens zwei Gründen.

Erstens: Du weißt nur das, was du wirklich verstanden hast. Anderenfalls hast du es bloß abgespeichert und kannst es reproduzieren wie ein Papagei. Das reicht vielleicht, um bei *Wer wird Millionär?* die 16.000-Euro-Frage zu knacken. Aber um Informationen in Wissen zu verwandeln, müssen wir sie hinterfragen, bewerten und einordnen.

Zweitens: Informationen sind einfach ein Strom von Daten, der im Internetzeitalter zur Sturzflut angeschwollen ist. Informationen können wahr oder falsch, verzerrt oder erfunden sein – Fakten, Fake oder Fiktion. **Wer sich durch die Fluten willkür-**

lich gemixter Informationen bloß überschwemmen lässt, statt auszuwählen und bewusst zu reflektieren, ist nicht gut informiert, sondern garantiert überfordert.

»Wahrheit ist Lüge« – oder doch nicht?

In *1984*, der so düsteren wie hellsichtigen Dystopie von George Orwell, ist es der allmächtige Staat, der seine Bürger rund um die Uhr überwacht. »Big Brother is watching you!« Den allgegenwärtigen Kameraaugen ist dort kaum zu entkommen. Die Menschen werden nicht nur ständig beobachtet, sondern auch permanent manipuliert. Die Bedeutungen zentraler Begriffe sind ins Gegenteil verkehrt: »Krieg ist Frieden. Wahrheit ist Lüge.« Ereignisse werden willkürlich umgeschrieben. Nicht nur die Bewegungsfreiheit, auch die Gedankenfreiheit der Bürger wird durch »Big Brother« systematisch unterminiert – bis es kaum mehr möglich scheint, zwischen Fakten und Lügen, Realität und propagandistischen Vorspiegelungen zu unterscheiden: »Wie können wir schon wissen, ob zwei und zwei wirklich vier ist?«, grübelt Orwells Protagonist Winston Smith. »Oder ob das Gesetz der Schwerkraft stimmt? Oder ob die Vergangenheit unveränderlich ist? Wenn beides, Vergangenheit und Außenwelt, nur in der Vorstellung existieren und man die Vorstellung einfach beherrschen kann – was dann?«

Wenn die Machthaber es erst einmal dahin gebracht haben, dass wir unserem eigenen Verstand, unserer Wahrnehmung und Erinnerung nicht mehr trauen – dann haben sie leichtes Spiel. Kommt dir diese Story irgendwie bekannt vor? Erleben wir gerade einen Remix von *1984*? Mit besserer Technik, vollkommenerer Überwachung, raffinierteren Lügen, schamloseren Verdrehungen? Allerdings, genau das passiert hier und jetzt! *George Orwell Redux.* Von den heutigen technologischen Möglichkeiten, Ereignisse umzuschreiben oder frei zu erfinden, Menschen zu überwachen und zu manipulieren, konnten Orwells stalinistisch anmutende Apparatschiks nur träumen. Aber in wesentlichen Grundzügen hat der britische Schriftsteller die aktuelle Verwirrung präzise vorausgeahnt:

»Die Partei lehrte einen, der Erkenntnis seiner Augen und Ohren nicht zu trauen. Das war ihr entscheidendes, wichtigstes Gebot.« Winston Smith muss sich mühsam bewusst machen, dass nicht er verrückt ist, sondern die Machthaber alle Wahrheiten auf den Kopf stellen. »Und dennoch war er im Recht!«, beschwört er sich selbst. »Sie hatten unrecht, und er hatte recht. Das Handgreifliche, das Einfache und das Wahre mussten verteidigt werden.«

Diese Vergewisserung ist heute dringlicher denn je. Auch wenn in Social-Media-Filterblasen noch so oft behauptet wird, dass der Holocaust nie stattgefunden habe, dass niemals eine Apollo-Rakete auf dem Mond gelandet sei, dass die Teilnehmer der Bilderberg-Konferenz eine Weltdiktatur planten und so weiter: Es ist alles nicht wahr! Auch wenn US-Präsident Trump twittert, der Klimakollaps sei »*eine* Erfindung der Chinesen«: Das entspricht nicht der Faktenlage und entbehrt jeder Plausibilität! Doch Abermillionen Menschen tappen tagtäglich in die Fallen, mit denen die heutigen »Big Brothers« uns umzingelt haben: Unter dem Dauerbeschuss mit Lügen und Verdrehungen, mit denen wir unablässig aus allen digitalen Rohren bombardiert werden, trauen sie immer weniger ihrem Verstand und ihren Sinnen.

»Freiheit ist die Freiheit zu sagen, dass zwei und zwei gleich vier ist«, schreibt George Orwell. »Sobald das gewährleistet ist, ergibt sich alles andere von selbst.« Anders als im totalitären Staat von *1984* haben wir zumindest in den westlichen Demokratien von Staats wegen diese Freiheit durchaus. **Die geistige und psychische Verwirrung, die immer mehr Menschen daran hindert, die grundlegendsten Fakten zu erkennen,**

untergräbt die Freiheit zu sagen, dass zwei und zwei gleich vier ist, noch viel wirksamer als ein von außen kommender Befehl.

2019 fühlt sich verdammt nach *1984* an. Wie aber konnte Orwell diese Zukunft – unsere Gegenwart – so präzise voraussehen? Besaß er etwa prophetische Kräfte? Sicher nicht. Er war ein klarer Kopf und wacher Beobachter. Als Journalist hatte er gelernt, Fakten, Tendenzen und Strukturen zu recherchieren. Als fantasievoller Romanschriftsteller hatte er Zugang zum Unterbewusstsein, wo die intuitiven Ahnungen schlummern. Als ehemaliger britischer Kolonialbeamter und als Freiheitskämpfer im Spanischen Bürgerkrieg hatte er auf beiden Seiten Erfahrungen mit staatlichen Unterdrückungs- und Überwachungsapparaten gesammelt. Das Zusammenwirken all dieser Faktoren ermöglichte ihm, ein plausibles Zukunftsszenario zu entwerfen.

Auch wenn es sich bei Orwells *1984* um einen Roman handelt, solltest du dir klarmachen, dass seine Zukunftsfiktion wesentliche Aspekte unserer realen Gegenwart beschreibt. Umgekehrt hilft es aber auch nichts, nur zu sagen: »Beeindruckend, wie genau er das vorausgesehen hat« – und danach in den bewusstlosen Alltagstrott zurückzufallen. Mach dir klar, dass es möglich ist, plausible Zukunftsszenarien zu gestalten – und dann entscheide bewusst, welche Zukunft du erstrebst und wie du dazu beitragen wirst, sie zu entwerfen. Nicht morgen oder irgendwann – sondern jetzt!

Technologische Revolution – soziale Reaktion

Die Geschichte der Menschheit lässt sich auch als Entwicklung von Informationsgesellschaften beschreiben. Je komplexer und nuancenreicher die menschlichen Sprachen wurden, desto mehr Informationen ließen sich übermitteln – wahre und falsche, verdrehte und erfundene. Die Entwicklung von Schriften, die Erfindung von Papyrus, Papier und schließlich dem Druck mit beweglichen Lettern sind einige der wirkmächtigsten Meilensteine auf dem Weg zum heutigen Entwicklungsstand. Den bezeichne ich als *fatale* Informationsgesellschaft, wie in der berühmtesten aller digitalen Fehlermeldungen: »404 – fatal Error«.

Nach dem Gesetz der exponentiellen Beschleunigung ermöglichen es neue Technologien in immer kürzeren Abständen, immer mehr Informationen zu sammeln und zu verbreiten – und jede dieser Möglichkeiten löst massive gesellschaftliche Veränderungen aus. Das zeigt besonders eindrucksvoll die Erfindung des maschinellen Drucks durch Johannes Gensfleisch, genannt Gutenberg, Mitte des 15. Jahrhunderts.

Bis dahin musste man Bücher von Hand abschreiben, um Kopien zu erstellen – ein mühseliges und zeitraubendes Verfahren, zumal nur ein geringer Prozentsatz der Bevölkerung lesen und schreiben konnte. Hierbei handelte es sich überwiegend um Mönche in katholischen Klöstern – und die Kirche hatte wenig Interesse, durch Verbreitung wissenschaftlicher Erkenntnisse Zweifel an der Weisheit der Kurie zu säen.

Dreihundertfünfzig Jahre nachdem Gutenberg den Buchdruck erfunden hatte, setzte die wuchtigste Wirkung dieses technischen Entwicklungssprungs ein: In Paris ging das Volk auf die Barrikaden. Arm und rechtlos, aber aufgeklärt und seiner Möglichkeiten bewusst, fegte es die Monarchie hinweg und proklamierte »Freiheit, Gleichheit, Brüderlichkeit«. Dieses epochale Ereignis wird allgemein als »Französische Revolution« bezeichnet. Treffender wäre es, von der »französischen Reaktion« auf Gutenbergs revolutionäre Erfindung zu sprechen.

Noch Gottfried Wilhelm Leibniz, einer der bedeutendsten deutschen Philosophen und Aufklärer, war davon überzeugt, dass wir »alles wissen können«. Schließlich sei das Wissen begrenzt, während die menschliche Aufnahmefähigkeit unbegrenzt sei. Dieser Optimismus trieb auch die französischen Aufklärer Denis Diderot und Jean-Baptiste le Rond d'Alembert an. Ab 1751 gaben sie die legendäre *Enzyklopädie* heraus, die bis dahin gigantischste Sammlung des Menschheitswissens; ein Mammutwerk, an dem mehr als hundertvierzig Verfasser fast dreißig Jahre arbeiteten und das schließlich fünfunddreißig Bände umfasste.

Im Rückblick mutet ihr Projekt fast rührend an. Nicht mal drei Dutzend Bände? Wie hätten sie aber die fatale Informationsüberflutung im Internetzeitalter bewertet? Als Triumph der Vernunft sicher nicht – eher als Rückfall in eine neue »Unmündigkeit«, aus der sie die Menschheit durch ihr Werk doch befreien wollten. Eigentlich könnten wir heute effizient miteinander kommunizieren, aber längst werden wir mit unendlich viel mehr Daten überflutet – Texte, Bilder, Töne –, als wir aufnehmen, geschweige denn verarbeiten können.

Das Smartphone als Gehirnerweiterung in der Hosentasche: Das klingt großartig, funktioniert aber in der Praxis nicht besonders gut. Dank Internet haben wir unbegrenzten Zugang zu Informationen, doch unsere Kapazität zur Aufnahme von Informationen ist begrenzt. So macht das Internet auch gebildete Menschen, die für lebenslanges Lernen geschult sind, jeden Tag ein bisschen dümmer: **Die Lücke zwischen dem, was wir wissen, und dem, was wir wissen könnten, wird immer größer.** Und wer nicht gelernt hat, Informationen auszuwählen, einzuordnen und zu bewerten, läuft bei jedem Ausflug ins offene Internet Gefahr, schlichtweg unterzugehen – mit Mann und Maus, Bewusstsein und Verstand.

Als das Internet für jedermann zugänglich wurde, faszinierte es die Menschen durch das Versprechen, unsere Welt und unser Wissen von der Welt unendlich zu erweitern. Doch das hat sich längst als fataler Irrtum herausgestellt: Vieles von dem, was da draußen in der Online-Welt als Wahrheit verkauft und geglaubt wird, würde in der physischen Realität fast jeder sofort als Fake oder Nonsens durchschauen. **Was in der virtuellen Welt fehlt, ist die Möglichkeit eines Wahrheits- oder Plausibilitätstests durch körperliche und emotionale Erfahrung.** Wie fühlt es sich ganz konkret für mich an? Wenn ich mit dem Kopf gegen eine Glasscheibe laufe, spüre ich den Schmerz und werde nie wieder glauben, dass etwas, nur weil ich es nicht sehen kann, nicht existiert. Im Internet sind wir viel leichtgläubiger, weil der schlichte, handfeste Realitätstest entfällt. Und was wir dort in der Online-Welt als wahr und wirklich akzeptiert haben, beziehen wir dann naiv auch auf die analoge Welt – schließlich haben wir gelernt, dass das Internet nur eine Erweiterung der physischen Realität sei. Ein folgenreicher Fehler!

Vielleicht wären wir bei der Unterscheidung von Wahrheit und Lüge weniger hilf- oder arglos, wenn wir mit anderen darüber sprechen würden. Nur haben wir leider auch echte Gespräche mit wirklichen Menschen mehr oder weniger verlernt. Überall in Restaurants oder Parks, in Bussen und U-Bahnen sitzen die Digitaljunkies mit gesenkten Köpfen da und starren auf ihr Smartphone oder Tablet. Sie könnten sich mit den anderen Menschen in ihrer unmittelbaren Nähe unterhalten, aber dafür müssten sie ihre Kopfhörer abziehen. Sie könnten Mitreisende in ein Gespräch über ihre Reiseerfahrungen ziehen, aber irgendwie haben sie die Motivation für wirkliche Gespräche verloren. Oder sogar die Fähigkeit zu echter, mehrdimensionaler Kommunikation, bei der auch durch Gestik und Mimik, Tonfall und Gerüche kommuniziert wird.

Während das Internet durch unaufhörliche Updates angeblich immer besser wird, werden wir selbst als soziale Wesen definitiv immer schlechter. Ob wir glauben können, was uns jemand erzählt, spüren wir im echten Leben meist sekundenschnell – bei den Storys und Clips, die im Internet kursieren, kriegen wir das entweder nie heraus oder viel zu spät. Wir müssen uns endlich von der Illusion verabschieden, dass das Internet so etwas wie eine Erweiterung unseres eigenen Gehirns ist. Es handelt sich um ein künstliches, nicht menschliches Gehirn, und es hat seine eigene Agenda: Es arbeitet mit allen Tricks, damit wir unser Gehirn abschalten, unser wirkliches, menschliches Leben da draußen in der physischen Welt vergessen – und im Bann der Maschine bleiben.

Dritter Systemfehler: Gezähmtes Denken

Was läuft in unserem Bildungssystem schief? Hauptsächlich zweierlei: Es stopft unsere Köpfe mit veraltetem Wissen voll – und bringt uns Expertengläubigkeit anstelle von kritisch-skeptischem Denken bei. Das fängt beim Schulunterricht für Kinder und Jugendliche an, geht beim Studium nach Bologna-Prinzipien weiter und erstreckt sich bis hin zur Aus- und Weiterbildung für Führungskräfte.

Lebenslanges Lernen statt Abspeichern von Altdaten

Veraltet ist der Lehrstoff oftmals schon, wenn er Schülern und Studenten nahegebracht wird. Mindestens genauso gravierend ist, dass Bildung in unserem System noch immer als etwas angesehen wird, das man sich weitgehend im ersten Lebensdrittel aneignet. Denn was gestern noch wahr schien, ist heute vielfach schon widerlegt und wird morgen durch weitere Erkenntnisse ergänzt oder umgestürzt – in Naturwissenschaft und Technik sowieso, aber auch in Wirtschaft und Gesellschaft.

Hans Rosling, der schwedische Professor für Internationale Gesundheitsforschung, hat in so amüsanten wie aufschlussreichen Videos vorgeführt,[4] wie grotesk unwissend oder fehlinformiert gerade die Bildungselite in westlichen Ländern in mancherlei Hinsicht ist. Weltweite Erfolge bei der Bekämpfung von Armut und Kindersterblichkeit werden viel zu niedrig eingeschätzt – von Studenten, Professoren und fatalerweise auch von Journalisten. Beim Stichwort »China« denken allzu viele Menschen noch immer an Hungersnöte oder allenfalls an eine Copy-Cat-Wirtschaft, deren Aufstieg auf Produktpiraterie basiert. Tatsächlich aber wächst der Wohlstand rasant im chinesischen Riesenreich, das in Zukunftsbranchen wie E-Mobilität oder künstlicher Intelligenz mindestens auf Augenhöhe mit den USA ist, zumindest ist das wirtschaftlich ein sehr erfolgreiches Modell.

Die Ursache dieser Fehleinschätzungen sind vorgefasste Meinungen, die ihrerseits auf falschen und/oder veralteten Daten beruhen. Die Folgerung liegt auf der Hand: **An lebenslangem Lernen sowie an radikaler Entrümpelung und Modernisierung der Lerninhalte führt kein Weg vorbei.** Nur so lässt sich vermeiden, dass die Köpfe der Menschen mit Stoffen vollgestopft werden, die schon zum Lernzeitpunkt überholt sind oder danach nie mehr aktualisiert werden. In Zukunft werden wir uns alle fünf bis zehn Jahre komplett neu erfinden müssen. Benötigt werden neue Skills, Adaptionsfähigkeit und rhetorische Schulung.

Bildung führt zu Wohlstand – oder umgekehrt?

Zwischen dem wirtschaftlichen Aufstieg eines Landes und dem formalen Bildungsniveau der Bevölkerung besteht zwar ein nachweisbarer Zusammenhang – aber genau anders, als gemeinhin angenommen wird: Zuerst werden Länder wohlhabend – anschließend pumpen sie mehr Ressourcen in ihre Bildungseinrichtungen.[5]

Das kann nicht sein? Landauf, landab wird ja ständig das Gegenteil gepredigt. Ich sage: Es kann gar nicht anders sein! Fast alles, was uns in Schulen und Hochschulen eingetrichtert wird, ist veraltetes Wissen – eine Transferleistung findet nicht statt. Mehr noch, die Lehrer und Funktionäre haben meist ihr gesamtes Leben in Bildungseinrichtungen verbracht und von der Welt »da draußen« allenfalls schemenhafte Vorstellungen.

Davon abgesehen, trifft es zwar zu, dass Wissen in der Welt von heute und morgen wichtiger ist als jemals in der Vergangenheit. Aber da dieses Wissen mehr und mehr in »intelligente« Maschinen und automatisierte Arbeitsabläufe verlagert wurde, benötigen Berufstätige in den fortschrittlichsten Volkswirtschaften bereits heute im Durchschnitt weitaus weniger Wissen und Fertigkeiten als die Arbeitnehmer einige Jahrzehnte zuvor. Aus stolzen Facharbeitern sind vielfach angelernte Handlanger geworden, die automatisierte Abläufe überwachen und im Bedarfsfall einige Knöpfe drücken.

Auch Business-Schools, wie wir sie heute kennen, werden bald schon Geschichte sein. Corporate-Education-Programme der Unternehmen müssen von Grund auf neu gedacht werden. Social Skills, emotionale Intelligenz, Empathiefähigkeit und ethisches Handeln sind nur einige der Fertigkeiten, die Menschen in der Arbeitswelt der nahen Zukunft beherrschen müssen. Mentale Adaptionsfähigkeit, also mit Unvorhergesehenem emotional angemessen umgehen zu können, heute noch die große Ausnahme, wird künftig in allen Berufsfeldern gefragt sein. Um in der Quantenwirtschaft erfolgreich zu sein, müssen wir uns immer wieder neu erfinden können. Wir werden nicht mehr Fachwissen für einen bestimmten Job lernen, sondern uns darin schulen, in unterschiedlichsten Situationen mit Menschen zu arbeiten. Gleichzeitig müssen wir lernen, als Teil der Gesellschaft verantwortungsvoll zu handeln.

Bei der überfälligen Erneuerung geht es deshalb nicht nur um Inhalte, sondern vor allem um adäquate Lernkonzepte. Den Lernern muss nicht nur relevantes Wissen, sondern vor allem die Fähigkeit vermittelt werden, das Erlernte einzuordnen, kritisch und kreativ damit umzugehen. Um Wirtschaft und Gesellschaft der Zukunft zu gestalten, brauchen wir keine Fachidioten mit monodisziplinärem Expertenwissen, sondern philosophisch geschulte, eigenständig denkende und verantwortungsvoll handelnde Menschen, die neues Wissen und neue Sichtweisen in überraschenden Verbindungen und in den Zwischenräumen zwischen scheinbar unvereinbaren Disziplinen suchen.

Das herkömmliche Schulsystem muss und wird verschwinden und durch neue Lernkonzepte ersetzt werden. In Bildungseinrichtungen für Kinder und Jugendliche werden die technischen Möglichkeiten bisher kaum genutzt, werden aber auch dort wie bereits in der Erwachsenenbildung den Vor-Ort-Unterricht mit leibhaftigen Lehrern und festen Stundenplan teilweise überflüssig machen.

Vom alten Athen in die Quantenwelt von morgen

Lehrer werden auch im künftigen Bildungssystem eine wichtige Rolle spielen. Sie prägen die Menschen und sind als Mentoren und Vorbilder unverzichtbar – in Zukunft genauso wie vor zweieinhalbtausend Jahren im alten Griechenland.

Am Rand von Athen, wo sich einst Platons Akademie befand, leben heute die Ausgestoßenen der griechischen Gesellschaft, Gipsys und Junkies. Ich saß zwischen ihnen und dachte darüber nach, was die alten Griechen unter Bildung verstanden, wie sie Wissen durch Storytelling, Dialog und rhetorische Beredsamkeit vermittelten – und was davon sich zur Lösung unserer heutigen Probleme nutzen lässt.

Ein Resultat meiner athenischen Kontemplation ist der Entschluss, mich für die Bildung junger Menschen zu engagieren. Wir brauchen neue Bildungseinrichtungen für Kinder und Jugendliche, denn die alten Systeme sind nicht zukunftsfähig – und die Zeit drängt. **Die heutigen Institutionen taugen vor allem dazu, das Bestehende zu verwalten, kaum dafür, Neues zu gestalten.** Das liegt auch an den Menschen in diesen Institutionen, die jahrzehntelang deren Regeln verinnerlicht haben. Sie wissen genau, wie sie sich verhalten müssen, um innerhalb ihres Systems Karriere zu machen. Dazu gehört fatalerweise, nichts Neues zu lernen und auf keinen Fall zuzugeben, dass man von grundlegenden Neuerungen – sei es Blockchain oder Quanten-Computing – nichts versteht.

Eines von vielen verheißungsvollen neuen Bildungsmodellen ist dagegen die private Green School auf Bali in Indonesien, die 2008 mit einem grundlegend neuen, ganzheitlichen Lern- und Lebenskonzept angetreten ist.[6] Vom Kleinkind- bis zum Highschool-Alter werden junge Menschen in einem naturnahen Schuldorf ausgebildet, das ganz aus erneuerbaren Materialien erbaut ist. Das Ziel der Bildungspioniere ist es, Nachwuchsführungskräfte heranzuziehen, die sich ihrer Verantwortung für Umwelt und Weltgemeinschaft bewusst sind. Neben zukunftsorientierter Wissensvermittlung stehen Leitwerte wie Integrität, Empathie, Nachhaltigkeit, Frieden, Gemeinschaft und Vertrauen auf dem Lehrplan.

Ich selbst war im Sommer 2018 am Ayung River in Indonesien und habe mit den enthusiastischen Green-School-Machern, mit Eltern und Kindern Gespräche über ihr disruptives Bildungs- und Erziehungsmodell geführt. Nach dem Start mit achtzig Schülern werden in Ubud auf Bali heute bereits rund vierhundert Kinder und Jugendliche unterrichtet. Mit überzeu-

gendem Erfolg: Die jungen Menschen, mit denen ich dort sprechen durfte, haben mich durch ihr bewusstes, unternehmerisches und verantwortliches Auftreten und Handeln tief
beeindruckt.

Auch in Europa brauchen wir dringend ganzheitliche neue
Bildungsinstitutionen. Ich bin sicher: Eine Green School in Berlin, Paris oder London würde rasch Tausende, wenn nicht Zehn-
tausende Schüler anziehen. Wut und Frustration wegen der
hoffnungslos veralteten herkömmlichen Schulen und Universitäten sind immens, und durch eine Abstimmung mit den Füßen
könnten die Dinge nach gefühlt viel zu langem Stillstand endlich
in Bewegung geraten. Gut möglich, dass die altehrwürdigen
europäischen Schulsysteme dann in kürzester Zeit zusammenbrechen würden wie ein düsteres altes Gemäuer, das nur einen
Windstoß von seinem wohlverdienten Einsturz entfernt war.

Vierter Systemfehler: Der unvollendete Kapitalismus

Die wohl letzte Religion der Menschheit ist der Kapitalismus
auf seiner gegenwärtigen materialistischen Entwicklungsstufe.
Obwohl die gigantischen Kollateralschäden die segensreichen
Effekte längst bei Weitem übertreffen, beten wir diesen Götzen
weltweit weiterhin an.

Wie von Adam Smith, dem Urvater des Wirtschaftsliberalismus, vorausgesagt, hat die »unsichtbare Hand des Markts«
zwar materiellen Wohlstand auf dem Planeten gesät. Doch
zugleich hat sie das Gift der rücksichtslosen Gier und Profitmaximierung ausgestreut, das binnen weniger Generationen
unsere Lebensgrundlagen weithin zerstört hat. Die algorithmenbasierten Megakonzerne haben die Märkte unter sich
aufgeteilt, und 80 Prozent der Start-up-Investments kommen

von den superreichen Netokraten. Statt »Konkurrenz belebt das Geschäft« heißt es: »The winner takes it all.« Und wir alle zahlen die ruinöse Zeche.

Auch deshalb brauchen wir dringend eine neue Weltanschauung, eine von Grund auf neue Sichtweise unserer Welt. Die Brille des materialistischen Kapitalismus, durch die wir die Welt zu sehen gewohnt sind, liefert uns ein gefährlich verzerrtes Bild. **Das Versprechen der Marktliberalen, dass vom unendlichen Wachstum letztlich alle profitieren würden, erweist sich im Internetzeitalter als unerfüllbar – und sein Wachstumsdogma als tödlicher Systemfehler, da der globale Kapitalismus, von unzähmbarer Gier getrieben, drauf und dran ist, seine eigenen Grundlagen zu zerstören.**

Selbst in den wohlhabendsten, technologisch fortschrittlichsten Regionen der Erde hat die soziale Spaltung in Oben und Unten zerstörerische Ausmaße erreicht. Unsere Gesellschaften zerfallen, die Mittelschichten zerbröseln. Während die Einkünfte der »Top one« sprunghaft steigen, wächst der Lohn der restlichen überwiegenden Mehrheit nur minimal oder stagniert. In Silicon Valley, dem Gelobten Land des digitalen Turbokapitalismus, leben Programmierer mit einem Jahreseinkommen von 120.000 US-Dollar unter der Armutsgrenze. Und während in Fernsehshows Erfindergeist und Wagemut junger Start-up-Gründer gefeiert werden, ist das Start-up-Zeitalter tatsächlich längst vorbei. Das »Triple-A-Kartell« – Alphabet-Google, Amazon, Apple – und einige wenige weitere Superkonzerne haben längst alles, was sich irgendwie monetarisieren lässt, eingesaugt, algorithmisiert und untereinander aufgeteilt. Start-ups haben keine echte Chance mehr, in diesen olympischen Zirkel vorzustoßen – sie sind, wie schon Dave Eggers in *The Circle* schrieb, nur noch »Plankton« für »Wale« wie Alphabet, Uber oder Alibaba.

In anderen westlichen Industrieländern verläuft die Entwicklung ähnlich. **Kapitalismus bedeutet nur noch Optimierung der Algorithmen, also Maximierung der Margen, die in den Taschen der reichsten 0,1 Prozent landen.** Der neue Starökonom Thomas Piketty gewann den Wirtschaftsnobelpreis für seine Erkenntnis, dass das kapitalistische Modell in seiner jetzigen Ausprägung nicht reformfähig ist. Denn dessen einzige Triebkraft ist die Maximierung, das Mehr, die unstillbare Gier.

Doch der Hyperkapitalismus ist auch für die wenigen Superreichen ein Segen nur noch auf kurze Sicht. Schließlich sind wir allesamt Passagiere des Raumschiffs Erde. Du und ich, Mark Zuckerberg und Larry Page. Egal, ob wir auf der First-Class-Etage, in der Mittelklasse oder im Low-Budget-Bereich untergebracht sind und egal, ob menschlicher Größenwahn oder künstliche Intelligenz unsere Lebensgrundlage verschrottet: Wenn die Versorgungssysteme unseres Raumschiffs kollabieren oder wenn superintelligente Maschinen beschließen, uns den Sauerstoff abzudrehen, ist es so oder so vorbei.

Allerhöchste Zeit, sich klarzumachen, was hier gerade wirklich passiert. Bisher hat uns das vermeintliche Schicksalsbündnis aus unvollendetem Kapitalismus und technologischem Fortschritt immer wieder irgendwie herausgehauen, aber diesmal sollten wir nicht darauf hoffen. Jedenfalls nicht, solange die Technologie in den Händen der superreichen Internetoligarchen ist.

Wäre also der Sozialismus vielleicht eine Alternative? Durch den technologischen Fortschritt in den letzten Jahrzehnten hat sich unsere Realität so radikal verändert, dass ökonomische und soziale Modelle aus dem 19. oder gar dem 18. Jahrhundert uns garantiert nicht helfen können, die heutigen Herausforderungen zu meistern. Das gilt für sozialistische genauso wie für kapitalistische Theorien aus dem Dampfmaschinenzeitalter. Denn wie schon gesagt: In den letzten dreihundert

Jahren war es regelmäßig umgekehrt: Technische Revolutionen riefen gesellschaftliche Reaktionen hervor.

Die Frage ist nun: Welche Reaktion folgt auf das fatale Versagen des kapitalistischen Systems? **Welche Kräfte werden die Netokraten – die heutigen »letzten Ludwigs« – zu Fall bringen, und was für ein System kommt danach?**

Unendlicher Konsumismus: Wir zerstören unsere Lebensgrundlagen

Massenhaftes, hemmungs- und bewusstloses Konsumieren ist die Kehrseite des Turbokapitalismus, dessen Triebkräfte unendliches Wachstum und Profitmaximierung sind. Kapitalisten und Konsumisten sind sich darin einig, dass sie die Maximierung ihres Profits beziehungsweise die maximale Befriedigung ihrer Konsumbedürfnisse über alles andere stellen – und es dadurch immer unwahrscheinlicher machen, dass organisiertes menschliches Leben zumindest noch über zwei Generationen weiterbesteht.

Materialistischer Kapitalismus ist unsere Religion, und wir Konsumjunkies sind die hypnotisierten Gläubigen, die sich dem Götzen lustvoll unterwerfen. »Bitte weiterwachsen«, murmeln wir wie in Trance, »bitte von allem mehr für alle – zumindest für mich, damit ich meine nächsten Kreditraten bezahlen und weiter all die Dinge kaufen kann, nach denen ich verrückt bin.«

Ein großer Teil der Gesellschaft erkennt diese Bedrohung gar nicht, aber das liegt nicht nur daran, dass es an Bildung und Aufklärung mangelt. Das turbokapitalistische System verführt uns mit immer raffinierteren Mitteln zu besinnungslosem Konsum und lähmt damit einen natürlichen Impuls, ohne den keine Spezies überleben kann: die Fürsorge für die kommende Generation, deren Lebensgrundlagen wir bereits weitgehend zerstört haben. **Konsumismus führt zu globalem ökologischen**

Raubbau, zu einem »Survival of the Fattest« im Weltmaßstab: Wer das Glück hatte, zur rechten Zeit am rechten Ort geboren zu werden, konsumiert, als ob es kein Morgen und kein Anderswo gäbe, keine künftigen Generationen und keine Regionen mit weniger glücklichen Bewohnern, für die leider nichts übrig bleibt.

Psychologisch gesehen, handelt es sich um krankhaftes Suchtverhalten. Der Konsumjunkie glaubt, mit den gekauften Produkten zugleich Glück, Zufriedenheit, mehr Selbstbewusstsein, ein größeres Ego zu erwerben; doch wie bei einer Ecstasy- oder Heroin-Dosis hält die Wirkung nie lange an. Also wird man aufs Neue »schwach« und unterwirft sich abermals der doppelgesichtigen Gottheit Kapitalismus/Konsumismus. »Ich konnte einfach nicht widerstehen«, erklären wir wohlig seufzend, nachdem wir die nächste sinnlose Ausgabe getätigt haben – für Junkfood, eine pferdestarke Karosse oder den neuesten Elektronikfetisch. Konsumjunkies gibt es schließlich in allen sozialen Schichten und Einkommensklassen.

Um diesen desaströsen Systemfehler zu beheben, müssen wir die Maslowsche Bedürfnispyramide neu modellieren. Die unterste Stufe der materiellen Bedürfnisse ist schlichtweg zu breit angelegt. Wenn wir als Konsumenten schneller auf der Pyramide nach oben klettern, können wir weiterhin unbegrenzt unsere Bedürfnisse befriedigen, nur eben teilweise in immaterieller Form. Niemand will sich Selbstbeschränkung verordnen lassen, auf keinen Fall vom Staat.

Schon der Philosoph Friedrich Nietzsche hat darauf hingewiesen, dass engagierte Christen »Nächstenliebe« praktizieren, weil es ihrer Selbstliebe schmeichelt. Aber das ist natürlich kein Argument gegen mitfühlendes Handeln, sondern erklärt, warum immaterielle Gratifikationen häufig sehr viel befriedigender sind als materielle Belohnung.

Genauso, wie wir ehrenamtliche Arbeitszeit investieren

oder Geldbeträge spenden, um Gutes zu bewirken, können wir lernen, schädliche Handlungen zu vermeiden, um dadurch gleichfalls Gutes zu tun. Auch hierbei gilt: **Jeder Einzelne kann durch bewusstes Handeln sehr viel mehr bewirken, als den meisten Menschen bewusst ist.**

Der Mittlere Weg

Schon vor Tausenden Jahren haben die Weisen im westlichen wie im östlichen Kulturkreis erkannt, dass Extrempositionen dem menschlichen Wohlbefinden ebenso wie dem Erkenntnisfortschritt schaden. Ein mittlerer Weg, der Übertreibungen in beide Richtungen vermeidet, entspricht in jeder Hinsicht am ehesten der menschlichen Natur.

Siddharta Gautama (circa 563 bis 483 vor Christus), genannt Buddha, beschreibt ihn als Weg der Mäßigung zwischen den Extremen der sinnlichen Hingabe und der Selbstkasteiung. Die Aufgabe des Menschen besteht für ihn darin, das Gleichgewicht zwischen den Polen zu finden. Ähnlich spricht der griechische Philosoph Aristoteles (384 bis 322 vor Christus) von der goldenen Mitte zwischen zwei Extremen. Sie ist für ihn der Weg der Tugend, der die Extreme miteinander versöhnt.

Sowohl im Stressgewitter der Sensationsstorys und Fake News als auch bei der Überwindung von Turbokapitalismus und konsumistischem Suchtverhalten kann der Ansatz des »Mittleren Wegs« überaus nützlich sein. Er besagt, dass wir auf unsere Erfahrung setzen sollen, nicht auf vorgefasste Meinungen. Wenn die Anhänger konträrer Dogmen einander Wortgefechte liefern, dann taugt das günstigstenfalls für eine halbwegs unterhaltsame Talkshow. Aber der Erkenntnisfortschritt ist gleich null, weil die Kontrahenten eben nur feststehende Glaubenssätze wie Schwerter aufeinander richten. Dabei entsteht ein gewaltiges Getöse, und das ist auch schon alles.

»Menschen handeln als Marktakteure vollkommen rational«, behauptet beispielsweise der Liberalismus. »Vollkommen falsch«, halten linke Sozialpolitiker dagegen. »Menschen sind ihren Gefühlen ausgeliefert und müssen deshalb vor den heimtückischen Kapitalisten umfassend beschützt werden.«

Auch der Psychologe und Nobelpreisträger Daniel Kahneman verfolgte den Ansatz des Mittleren Wegs. Durch umfangreiche empirische Untersuchungen stellte er fest, dass beide Extrempositionen falsch sind. Weil »der Mensch« eben kein *In*dividuum ist, sondern in mehrere, widersprüchlich agierende Persönlichkeitsteile zerfällt. **Wer den Mittleren Weg wählt, glaubt gerade nicht, dass die Wahrheit »irgendwo in der Mitte liegt«, wie es die Redensart besagt, als diffuser Kompromiss zwischen den Extremen. Vielmehr erkennt er, dass beide Extrempositionen falsch sind und man der Wahrheit näherkommt, indem man die scheinbar unvereinbaren Positionen miteinander verbindet.**

Der Mittlere Weg ist der Weg der philosophischen Skeptiker. Der Weg, auf dem wir immer bereit sind, unsere Annahmen zu ändern, wenn neue Erfahrungen oder Überlegungen das erfordern. Der Weg, auf dem wir ständig auch unsere eigenen Gewissheiten hinterfragen, möglichst verschiedene Denkansätze nebeneinander kultivieren und Brücken zwischen ihnen schlagen. Der Weg, auf dem uns immer bewusst bleibt, dass diese Welt nicht nur voller Unbekannter ist – sondern sogar voll »unbekannter Unbekannter«, von deren Existenz wir noch nicht einmal wissen.

Und was heißt das jetzt für dich konkret? Hier ein paar Ratschläge für deine Reise auf dem Mittleren Weg:

– *Traue deinem eigenen Urteil.* Wenn alle einer Meinung sind (zum Beispiel in einer Filterblase), heißt das noch lange nicht, dass du ihre Meinung teilen musst.

– *Gewöhne dir an, »Vielleicht ist das so« anstelle von »Bestimmt ist das so« zu denken.* Alles ist im Fluss, morgen denkst du über eine Sache vielleicht schon anders als gestern. Deshalb solltest du lernen, deine Annahmen als provisorisch anzusehen.

- *Niemand ist objektiv.* Auch du nicht, auch die klügsten Wissenschaftler und reflektiertesten Philosophen nicht. Jeder hat eine andere Vorgeschichte, andere Vorlieben und Abneigungen. Ob wir wollen oder nicht, unsere Subjektivität fließt in unsere Perspektive und unsere Urteile mit ein. Deine persönlichen Präferenzen sind weder wahr noch falsch; das gilt genauso für die aller anderen Menschen.
- *Suche nicht das Trennende, sondern das Verbindende zwischen verschiedenen Überzeugungen.* Das gilt für Religionen genauso wie für politische Einstellungen. Gewöhne dir an, auf Gemeinsamkeiten zu fokussieren.
- *Denke nicht Entweder-oder, sondern Sowohl-als-auch.* Die Welt ist nicht schwarz-weiß, sondern bunt. Menschen mit anderen Standpunkten sind keine Gegner, die du besiegen oder auf deine Seite ziehen musst, sondern gerade wegen ihrer anderen Sichtweise eine Bereicherung auch für dich. Sie helfen dir, offen und kreativ auf dem Mittleren Weg zu bleiben. Also lerne, deine Feinde zu lieben.
- *Bleibe skeptisch.* Wenn jemand sagt: »Das ist wahr«, antworte weder »Ganz bestimmt« noch »Ganz bestimmt nicht«, sondern: »Es könnte falsch sein.« Lass dir von deinem Gegenüber erklären, warum es seiner Meinung nach wahr ist. Frage immer wieder nach, wie wir es als Kinder gemacht haben: »Und warum ist das so?«

Wenn du diese Ratschläge befolgst, wirst du auf kein Dogma mehr hereinfallen und auch für das »Doxa« (griechisch für »Gerede«), das nachplappernde Geschwätz der bewusstlosen Mitläufer, nicht mehr anfällig sein.

Fünfter Systemfehler: Die dysfunktionale Demokratie

Der Aufschwung populistischer Bewegungen in immer mehr westlichen Staaten steht symbolisch für die beiden gravierendsten Systemfehler der heutigen Demokratien: die grenzenlose Manipulierbarkeit gefühlsbasierter Entscheidungen im Algorithmenzeitalter – und den Machtverlust nationaler Politiker in der globalisierten Welt, der sie zu falschen Versprechungen und rückwärtsgewandten Versuchen verleitet.

Algorithmokratie

Dass sich Wähler bei demokratischen Abstimmungen überwiegend von Gefühlen leiten lassen, ist nichts Neues. Menschen sind nun einmal keine rein rationalen Wesen; bereits in der Antike heimsten »Volkstribune« mit charismatischer Ausstrahlung die meisten Wählerstimmen ein. Und schon im alten Rom jubelten die bezirzten Massen nicht selten Senatoren und Cäsaren zu, deren Politik ihren eigenen Interessen diametral zuwiderlief.

Aber im Zeitalter von Algorithmen und Social Media verfügen Ideologen aller Schattierungen über ungleich wirkungsvollere Mechanismen als die Propagandisten in der analogen Ära. Populisten wie Erdoğan in der Türkei oder Trump in den USA spielen mit Ängsten und Ressentiments der Wähler wie der Hypnotiseur Cavaliere Cipolla in Thomas Manns berühmter Novelle *Mario und der Zauberer* – nur mit dem Unterschied, dass ihr Publikum dem von ihnen entfachten Stressgewitter unaufhörlich ausgesetzt ist.

Schon heute wissen die algorithmenbasierten KI-Maschinen von Google oder Facebook in vielerlei Hinsicht besser als wir selbst, was uns antreibt, wovor wir uns fürchten und was wir uns wünschen. In Diensten populistischer Politiker können sie Einstellungen und Entscheidungen bestimmter Wählergruppen durch hochpräzises Ausspähen von Nutzerdaten wie bei Facebook und gezielten Einsatz von »Social Bots« fast beliebig manipulieren.

Das Konzept des Humanismus – und damit auch die moderne Demokratie – beruht jedoch auf der Annahme, dass unsere Gefühle die höchste und entscheidende Instanz sind. Als Wähler wie auch als Konsumenten folgen wir unseren Emotionen, und in der herkömmlichen Demokratie gibt es ebenso wie in der bisherigen Marktwirtschaft keine höhere Macht, die unsere Entscheidungen anzweifeln oder korrigieren könnte. Das Volk ist der Souverän, und der Kunde ist König.

Angenommen, das Problem der Manipulierbarkeit durch KI-Maschinen ließe sich technisch lösen: Wäre es dann nicht konsequent, das träge und fehlerhafte System der Abstimmung an den Wahlurnen, die zudem nur alle vier, fünf oder sechs Jahre stattfindet, durch ein System zu ersetzen, in dem unsere Wünsche und Entscheidungen vollautomatisch und in Echtzeit ermittelt werden? Steht uns eine »Algorithmokratie« bevor?

Nationales Polittheater

Noch immer sind die wohlhabendsten Gesellschaften weltweit überwiegend demokratisch verfasst. Auch wenn diese Regierungsform seit jeher nur als »beste aller schlechten« Lösungen gilt, schützt sie Freiheitsrechte zuverlässiger und ist weniger korruptionsanfällig als jedes andere Gesellschaftssystem. Trotzdem verlieren immer mehr Menschen das Vertrauen in Demokratien. Wie kommt das?

Eine wesentliche Ursache ist die zunehmende Realitätsferne der politischen Klasse, die sich ein Subsystem mit eigenen Spielregeln geschaffen hat. Um in eine Spitzenposition zu gelangen, braucht man Fertigkeiten, die für praktische politische Arbeit belanglos oder sogar hinderlich sind. Erfolgreiche

Politiker verstehen sich darauf, parteiinterne Rivalen auszustechen, Mehrheiten von Funktionären hinter sich zu scharen und genügend Wähler für sich einzunehmen, um den angestrebten Posten als Parlamentarier, Minister oder Regierungschef zu erlangen. Aber die vermeintlich drängenden Probleme, deren Lösung sie versprechen, haben mit den tatsächlichen Herausforderungen oftmals wenig zu tun. **Von den wirklich relevanten Herausforderungen verstehen Politiker meist wenig, auch wenn sie Schlagworte wie »Klimawandel«, »globalisierte Wirtschaft« und »Digitalisierung« im Munde führen.**

Herausforderungen dieser Größenordnung sind den Einflussmöglichkeiten nationalstaatlicher Politiker ohnehin weitgehend entzogen. Aufgrund der weltweiten Verflechtung lassen sich die meisten Probleme nur noch auf supranationaler Ebene lösen – wenn überhaupt. Die Politiker dagegen werden von nationalen Parteien ins Rennen geschickt und auf staatlicher oder regionaler Ebene für vier bis sechs Jahre gewählt. Daher neigen sie dazu, ihre reale Gestaltungsohnmacht zu kaschieren, indem sie Nebenschauplätze dramatisieren oder Krisen künstlich entfachen, um sich anschließend als Brandlöscher in Szene zu setzen.

So entsteht bei Teilen der Wählerschaft der Eindruck, dass das immer schrillere »Nationaltheater« zunehmend bloße Augenwischerei ist. Andere Wählergruppen dagegen lassen sich von Populisten zu dem Irrglauben verleiten, dass man die Uhren zurückdrehen und vermeintlich bessere Zeiten wiederaufleben lassen könne, in denen die nationalen Politiker das Steuer des jeweiligen Staatsschiffs noch fest in Händen hielten. Beide Tendenzen untergraben das Vertrauen in demokratische Prozesse und Strukturen – und begünstigen die Renaissance eines autokratischen Politikertyps, dessen Zeit nach den traumatischen Erfahrungen des 20. Jahrhunderts endgültig abgelaufen schien.

Autokratischer Kapitalismus als Zukunftsmodell?

Lange Zeit schienen Demokratie und Marktwirtschaft wie füreinander geschaffen: Ohne demokratische Institutionen kein funktionierender Kapitalismus, lautet eines der westlichen Dogmen, die in der globalisierten Welt unübersehbar mit der Realität kollidieren. Doch während die Megakonzerne global operieren, können demokratisch gewählte Politiker allzu oft nur auf nationaler Ebene agieren. So kann das einstige Traumpaar Demokratie und Kapitalismus seine wichtigsten Versprechen – garantierte Freiheitsrechte und wachsender Wohlstand für alle – immer weniger einlösen.

Bis vor wenigen Jahrzehnten war das Grundprinzip von Demokratie und Marktwirtschaft – dezentrale Verteilung von Macht und Informationsströmen – zentralistischen Regierungs- und Wirtschaftssystemen noch klar überlegen. Doch das Verhältnis hat begonnen, sich umzukehren: China, die neue Supermacht, ist eine kommunistische Diktatur mit im Kern nach wie vor zentral gelenkter Planwirtschaft und nach einer beispiellosen technologischen Aufholjagd drauf und dran, sich an die Spitze der weltweit erfolgreichen Wirtschaftsmächte zu setzen.

Dabei wurde die Symbiose von Demokratie und Kapitalismus nicht nur im Westen jahrzehntelang fast als Naturgesetz angesehen. Liberalisierung der Märkte zieht zwangsläufig Demokratisierung nach sich, lautete das neoliberale Credo, das grenzenlose Deregulierung zu legitimieren schien. Von der turbokapitalistischen Globalisierung sollten nach Expertenprognosen vor allem die sogenannten BRIC-Staaten profitieren – Brasilien, Russland, Indien und China. Tatsächlich erlebt der globale Freihandel derzeit empfindliche Rückschläge durch die Wiederkehr von Protektionismus und Nationalismus nicht nur in den USA. Und von den vier BRIC-Staaten hat es nur ein einziger geschafft, zu den westlichen Wirtschaftsmächten aufzuschließen: weder Wladimir Putins »gelenkte Demokratie« noch die von Korruptionsskandalen dauergeschüttelte demokratische Republik Brasilien oder die weltgrößte Demokratie Indien, sondern das kommunistische China mit seinem staatlich gesteuerten Mix aus Plan- und Privatwirtschaft.

Dank algorithmenbasierter Technologie können die rotkapitalistischen Herrscher selbst komplexe wirtschaftliche Prozesse weit präziser planen und steuern als in der analogen Ära. Zudem können sie ihr Milliardenvolk dank Social-Scoring-Apps genauer und lückenloser überwachen, als dies sogar in den kühnsten Träumen der ostdeutschen Stasi möglich schien. Die Autokraten im Reich der Mitte pumpen außerdem Hunderte Milliarden Dollar in das gigantische Infrastrukturprojekt einer »neuen Seidenstraße«, die Handelsrouten zu Wasser und zu Land in Asien, nach Europa und Afrika erschließen soll – und die Anrainerstraßen durch Verträge und Kredite für Häfen, Straßen und Schienenwege an Peking bindet. Währenddessen steht die marode Infrastruktur in den USA vor dem Zusammenbruch. Zudem hat China langfristige Rohstoffabkommen vornehmlich mit afrikanischen Staaten geschlossen, investiert strategisch in westliche Hightech-Unternehmen und in eigene Forschung und Entwicklung auf Zukunftsgebieten wie Biotechnologie und künstliche Intelligenz.

Fernöstliche Robotik- und KI-Unternehmen wie Alibaba oder JD.com dominieren ihre Heimatmärkte, haben längst auch die USA und Europa ins Visier genommen und sind drauf und dran, Google und Co. als Weltmarktführer abzulösen. Kein Wunder, dass Zero to One, der Lobgesang auf innovative Monopole von PayPal-Gründer und Facebook-Aktionär Peter Thiel, eines der meistverkauften Bücher in China war.

Im zweiten Quartal des Jahres 2018 hat China erstmals mehr Wagniskapital in Start-ups investiert als die USA. Neun der zehn größten VC-Deals in diesem Zeitraum gehen auf das

Konto chinesischer Investoren. Allein der Vision Fund des SoftBank-Gründers Masayoshi Son umfasst 100 Milliarden US-Dollar. Dagegen ist trotz Wachstum das gesamte Wagniskapitalinvestment für Europa in 2018 bei knapp 20 Milliarden eher bescheiden.

Nahezu unbemerkt von der westlichen Öffentlichkeit sind in China mächtige Rivalen der amerikanischen »Big Five« Apple, Alphabet, Amazon, Facebook und Microsoft entstanden. Das Staatsunternehmen State Grid Corporation of China (SGCC), der führende chinesische Energieversorger, wurde erst im Jahr 2002 gegründet und ist heute bereits hinter dem US-Konzern Walmart die Nummer 2 der weltweit umsatzstärksten Unternehmen. SGCC versorgt 1,1 Milliarden Verbraucher mit sicherer und sauberer Energie. Das Unternehmen beschäftigt mehr als 1,72 Millionen Mitarbeiter und macht über 315 Milliarden US-Dollar Umsatz. Längst ist das Unternehmen auch auf Einkaufstour in westlichen Ländern. In Portugal etwa besitzt SGCC 25 Prozent der Aktien des Energieversorgers Redes Energéticas Nacionais.

Die deutsche Regierung vereitelte im Juli 2018 ein 20-Prozent-Investment des chinesischen Megakonzerns in den regionalen Netzbetreiber 50Hertz. Doch allein durch Staatsinterventionismus, der ohnehin gegen die selbst gesetzten Spielregeln der freien Welt verstößt, wird der Westen den chinesischen Expansionsdrang schwerlich eindämmen können. Kapitalkräftige Investoren aus dem Reich der Mitte kaufen sich in europäische Topunternehmen wie Daimler und in Schlüsselindustrien ein. Nicht mehr lange, und die Bankentürme in der Finanzmetropole Frankfurt am Main werden zu Ferienwohnungen für Chinesen umgebaut werden …

Wer kann bei Chinas Run an die Weltspitze mithalten? Noch liegen die Vereinigten Staaten von Amerika mit einem Bruttoinlandsprodukt von 19,4 Billionen US-Dollar vor ihrem Herausforderer: 2017 erzielte China ein Bruttoinlandsprodukt von 12 Billionen US-Dollar; doch die chinesische Wirtschaft wächst deutlich dynamischer und wird die bisherige Nummer eins nach Prognosen spätestens um 2030 überholt haben. Indien, Anfang des Jahrtausends noch als Mitfavorit um die Weltspitze gehandelt, ist mit einem Bruttoinlandsprodukt von 2,6 Billionen US-Dollar und weit geringerem Wachstum hoffnungslos abgeschlagen. Die Europäische Union bringt zwar stattliche 17,3 Billionen US-Dollar auf die Waage, doch auf dem entscheidenden Terrain der exponentiellen Technologien haben die Europäer wenig zu bieten. Auch aufgrund ihrer notorischen Uneinigkeit werden sie sich wohl mit der Rolle des Zweitliga-Champions und Vermittlers zwischen alter und neuer Supermacht begnügen müssen.

Ist Pekings autokratischer Kapitalismus also zukunftstauglicher als das westliche Duo aus Demokratie und Marktwirtschaft? **Gerade in der Ära heraufziehender Algorithmenherrschaft brauchen wir dringender denn je Regierungs- und Gesellschaftssysteme, die individuelle Freiheitsrechte schützen und sicherstellen, dass folgenreiche oder gar unumkehrbare technische Entwicklungen nicht in den Händen selbst ernannter Autokraten oder Oligarchen liegen.**

Wie könnte ein postdemokratisches Modell aussehen, das bürgerliche Teilhabe an Entscheidungsprozessen ermöglicht und Machtmissbrauch verhindert, aber die Schwerfälligkeit und dysfunktionale Theatralik der gegenwärtigen Pseudodemokratien hinter sich lässt? Mit welchem Wirtschaftsmodell wird dieses postdemokratische Gesellschaftssystem verbunden sein? Mit dem unvollendeten Kapitalismus heutiger Prägung, der unsere Erde verwüstet hat und immer mehr Menschen in süchtige Konsumopfer verwandelt, sicher nicht.

4 Wirkkräfte des Wandels

Wie kommt es überhaupt zu sozialen oder ökonomischen Veränderungen? Wodurch entwickeln sich Gesellschaften weiter? Wie entsteht – schleichend oder plötzlich – etwas Neues, das kaum jemand vorausgesehen hat?

Unter der Oberfläche brodeln vier Wirkkräfte des Wandels, die von Politik und Öffentlichkeit bisher kaum beachtet werden. Damit meine ich nicht die Schlagwörter, die derzeit in aller Munde sind, also weder die »Flüchtlingskrise« und die angebliche »Renaissance der Nationalstaaten« noch den »demografischen Wandel« oder die viel beschworene »Digitalisierung«. Ich behaupte nicht, dass all diese Faktoren zwangsläufig eine positive Entwicklung bewirken: Es sind ambivalente Kräfte, die Chancen und Risiken bergen und unsere Welt in diese oder jene Richtung treiben können – je nachdem, was wir daraus machen.

Metropolisierung: Die Rückkehr des Bürgermeisters

Ist die Globalisierung am Ende? Ganz im Gegenteil: Die nationalistischen »Rollback-Versuche« – wo auch immer wir hinrollen wollen –, die wir derzeit in den USA und anderswo erleben, sind nur das letzte Aufbäumen einer historisch überholten Ideologie.

Der Nationalstaat ist ein Modell aus vorigen Jahrhunderten, das zur Lösung der Probleme von heute und morgen nichts taugt. Im Grunde handelt es sich um Fantasiegebilde unterschiedlichster Größenordnung, dessen Grenzen zu irgendeinem historischen Zeitpunkt mehr oder weniger willkürlich definiert wurden – von Kleinstaaten wie meinem Heimatland Norwegen mit 5,3 Millionen Einwohnern bis hin zu Riesenländern wie dem Vielvölkerstaat Indien, der mit 1,3 Milliarden Bürgern mehr als ein Sechstel der Erdbevölkerung beherbergt. Fast alle politischen und ökonomischen Herausforderungen erfordern heute globale und zugleich lokale Herangehensweisen. Die nationalstaatlichen Strukturen stehen mit ihren harten Grenzen zwischen den eigentlich relevanten Akteuren: Nicht zuletzt verhindern sie, dass die Menschen über Ländergrenzen hinweg ihre gemeinsamen Interessen erkennen und die gigantischen Herausforderungen, die sich nur gemeinsam meistern lassen.

Stell dir vor, dass unser Planet – wie in dem Hollywood-Schocker *Independence Day* – von Außerirdischen angegriffen würde. Sofort wären alle nationalistischen Egoismen – ob »America first«, »Für uns, Ungarn zuerst« oder »Prima l'Italia« – und autokratischen Machtspiele à la Erdoğan und Putin vergessen, denn jedem wäre klar, dass es um die Erde und unser aller Überleben geht. Im Handumdrehen würde sich die Menschheit entsprechend den tatsächlichen Herausforderungen neu organisieren.

Science-Fiction? Nein, denn genau solche Bedrohungen schweben auch jetzt über unseren Köpfen – keine extraterrestrischen Raumschiffe, doch Klimakollaps und heraufziehende KI-Herrschaft sind mindestens vom gleichen Kaliber! Auch sie sind nur global zu meistern, und dieses weltweite Rettungsnetz lässt sich nur mit einer Vielzahl lokaler Knoten knüpfen, die jeder für sich in relativer Autonomie funktionieren und direkt miteinander interagieren können.

Migranten und Metropolen

Der herkömmliche Nationalstaat ist durch Staatsgebiet, Staatsvolk und Staatssprache definiert. Mit der fluiden Wirklichkeit in der globalisierten Welt hat diese Fiktion kaum noch etwas zu tun.

Nehmen wir als Beispiel den Rhein-Main-Ballungsraum mit Frankfurt und Offenbach als urbanem Kern: Hier leben Menschen aus aller Herren und Herrinnen Länder, allein in Offenbach aus 159 Staaten – Fachkräfte, Studierende, Geflüchtete, Arbeitsmigranten aus dem EU-Ausland und mehr oder weniger allen anderen Regionen der Erde. Die südhessische Metropolregion endet nicht an den Grenzen der umliegenden Bundesländer, sondern reicht bis Aschaffenburg in Bayern und zur rheinland-pfälzischen Landeshauptstadt Mainz. Mit ihrem typischen Mix aus alteingesessenen und im Lauf der Jahrzehnte hinzugekommenen Ethnien, Sprachen, Lebensstilen und Gebräuchen hat sie einen ganz eigenen Charakter ausgeprägt. In Frankfurt zu wohnen und zu arbeiten fühlt sich signifikant anders an als ein Leben in Berlin, Wien oder Zürich – ganz zu schweigen von ländlich-traditionell geprägten Provinzen in der Oberpfalz oder in Vorpommern.

Was verbindet die Bewohner dieser so unterschiedlichen Regionen miteinander? Eine gemeinsame »nationale Identität« oder auch nur ein ähnliches Lebensgefühl wohl kaum – selbst diejenigen nicht, die laut Pass die gleiche Staatsangehörigkeit besitzen und in der Schule das gleiche Hochdeutsch gelernt haben. Eher schon werden sich die Bewohner von Berlin oder Frankfurt mit Großstädtern aus Paris, London oder New York geistesverwandt fühlen, weil sie Lebensstil, Denkweisen und typische Erfahrungen von Bewohnern westlicher Metropolen teilen.

Gleichzeitig hat aber jede Großstadt ihre eigene lokale Kultur und Atmosphäre, ihren eigenen Mix aus lokalen Unternehmen, Freizeitangeboten und Subkulturen, die nur dort zu finden sind. Berlin und München sind beides deutsche Städte, und doch trennen sie buchstäblich Welten. Ihre lokalen Eigenarten haben sich im Kern erhalten, weil diese weit älter und stärker sind als der in Deutschland kaum hundertfünfzigjährige Nationalstaat. Lange bevor die ersten Nationalflaggen gehisst wurden, haben hier Stämme wie die Hessen, Franken oder Bajuwaren ihre Gebräuche entwickelt, ihre Geschichten erzählt und ihre Geschichte geschrieben. **Der »Stammescharakter« prägt im Kern noch immer jede historisch gewachsene Metropolregion** – und entwickelt sich auf jeweils eigene Weise weiter durch vielfältige Einflussfaktoren, die in der globalisierten, hypermobilen Welt ständig neu hinzukommen.

Migration in die Metropolregionen findet unablässig statt, und es sind keineswegs nur Studenten und Touristen, Arbeit-, Schutz- und Abenteuersuchende, die in die Städte strömen. Auch Technologien, Maschinen und Ideen wandern quasi in die Ballungsräume ein, nachdem sie um die traditionell-ländlich geprägten Gebiete einen weiten Bogen geschlagen haben.

Es gibt keine Nationalwirtschaft

2018 haben erstmals zwei Unternehmen einen Börsenwert von einer Billion US-Dollar erreicht: zuerst Apple, kurz darauf Amazon. Damit ist jeder dieser beiden Megakonzerne mehr wert als die gesamte US-Unterhaltungsindustrie, also Netflix, Comcast, Disney und Co. Der Börsenwert von Apple entspricht dem Bruttoinlandsprodukt Indonesiens – immerhin der Nummer 16 im globalen Ranking der Volkswirtschaften. Selbst die USA, noch immer die größte Volkswirtschaft, erzielten erst 1970 erstmals ein Bruttoinlandsprodukt von einer Billion US-Dollar; China erst 1998; Deutschland 1990, im Jahr der nationalen Wiedervereinigung.

Definiert wird das Bruttoinlandsprodukt laut Wikipedia als Gesamtwert aller Güter (Waren und Dienstleistungen), die »während eines Jahres innerhalb der Landesgrenzen einer Volkswirtschaft als Endprodukte hergestellt wurden«. Wie sinnvoll ist es, vom Bruttoinlandsprodukt eines Staats zu sprechen – so als wären die USA, Deutschland oder Russland ökonomische Monolithen? Tatsächlich ergibt diese Messgröße vermeintlicher nationaler Wirtschaftskraft wenig Sinn – nicht nur, weil beispielsweise Regionen wie Ostbrandenburg und Oberbayern extrem unterschiedlich entwickelt sind, sondern ebenso, weil bei der Berechnung zudem die Wirtschaftsleistungen von privatem und öffentlichem Sektor miteinander vermengt werden. So entstehen abstrakte Werte wie das »Bruttoinlandsprodukt pro Kopf«, eine imaginäre Durchschnittsgröße, die über die reale Kaufkraft der Einwohner sehr wenig aussagt.

Vor allem aber sind die »lokal« gefertigten »Endprodukte«, deren Wert maßgeblich das Bruttoinlandsprodukt definiert, in der globalisierten Welt weitestgehend Fiktion. Im vorglobalen Industriezeitalter war es sinnvoll, dass Staaten die Bildung industrieller Schwerpunkte förderten – beispielsweise Automobilbau und Chemie in Deutschland oder die Pharmaindustrie in der Schweiz. Auf diese Weise entstanden wettbewerbsfähige Branchen, die häufig Weltstandards setzten. Heutzutage aber werden Waren wie Smartphones oder Autos in weltweit aufgegliederten Wertschöpfungsketten entwickelt, gefertigt und vertrieben. Dienstleistungen und Kapital kennen ohnehin keine Grenzen, ganz zu schweigen von den kostbarsten aller heutigen Güter: den neuartigen Geschäftsideen. Die entstehen oftmals durch Kurzschlüsse zwischen scheinbar unvereinbaren Bereichen, und dafür wiederum bieten Metropolen mit ihrem Mix aus lokalen Trends, Moden und Vorlieben die besten Voraussetzungen. Manchmal werden aus lokalen Hypes globale Erfolgsstorys, aber die nationale Ebene spielt hierbei keine Rolle.

Gerade in Deutschland, das erst im späten 19. Jahrhundert aus Dutzenden Klein- und Kleinststaaten zu einem föderalen Flickenteppich zusammengewoben wurde, sind die regionalen Identitäten sehr viel älter und stärker als die seit jeher mehr behauptete als gelebte nationale Identität. In den Metropolregionen überdauert nicht nur der jeweilige Stammescharakter – die modernen Städte sind auch die Schauplätze urbaner Glückssuche, die uns heutige Metromenschen und Kosmopoliten magnetisch anziehen.

Das gilt entsprechend auch und gerade für viele Staaten in Afrika, deren Grenzen von Kolonialmächten gezogen wurden – oftmals mitten durch traditionelle Stammesgebiete hindurch. Oder für einen Vielvölkerstaat wie Indien, dessen Einwohner Dutzende verschiedener Sprachen sprechen, unterschiedlichen Religionen anhängen, teilweise in hoch entwickelten und verstädterten Boomregionen wie dem Großraum Mumbai leben – in anderen Landesteilen dagegen in präindustrieller Vorzeit.

Nationalstaatliche Strukturen sind meist künstliche Korsette, die für das heute wieder viel beschworene »Heimatgefühl« in der Regel eine untergeordnete Rolle spielen. **Wenn sich moderne Nomaden überhaupt noch irgendwo verwurzelt fühlten, dann am ehesten in einer Region und deren urbanem Kern.** Kein Wunder, dass Staaten wie die USA oder Großbritannien, die das Attribut »United« im Namen tragen, durch gewaltige Spaltungs- und Zerfallstendenzen erschüttert werden. »Vereinigt« waren die USA, wenn überhaupt, immer nur durch die Idee der individuellen Freiheit und der »unbegrenzten Möglichkeiten«.

Heute dagegen sind es weltweit die großen Städte, die mit Verheißungen individueller Freiheit und Selbstverwirklichung, Vielfalt und Wohlstand locken. Was hat dagegen der Nationalstaat noch zu bieten? Auch in Deutschland nicht sehr viel mehr als das Phantom »kultureller Identität« für dreiundachtzig Millionen Deutsche, deren kultureller Reichtum gerade aus der Vielfalt unterschiedlich geprägter Regionen entspringt.

Urbanisierung – ein unaufhaltsamer Trend

Seit mindestens hundert Jahren ist weltweit eine Entwicklung zu beobachten, die sich mit zunehmendem Tempo vollzieht und schon nahezu alle Regionen der Erde erfasst hat: Massenhaft ziehen die Menschen in die Städte und Metropolregionen – gegenwärtig rund eine Million pro Woche. Bereits 2006 war der statistische Kipppunkt erreicht: Seitdem leben mehr als 50 Prozent der Weltbevölkerung in Städten und Ballungsräumen.

Diese mächtige Entwicklung sticht aus mitteleuropäischer Perspektive nicht so sehr ins Auge, da sie auf unserem Kontinent bereits weitgehend abgeschlossen ist. Über 90 Prozent der Europäer leben in Metropolregionen. Dagegen arbeiteten um 1800 herum noch 85 Prozent der Deutschen auf dem Land – mittlerweile sind es nicht einmal mehr 3 Prozent. Den gleichen Prozess der Verstädterung beobachten wir heute in Afrika und in Asien.

Beispiel Shenzhen: Als ich geboren wurde, gab es in der Hügellandschaft südlich von Hongkong nur ein Fischerdorf namens Bao'an. Vierzig Jahre später ragt dort die Skyline einer Millionenmetropole auf, die von Banken, Hightech-Firmen und

Forschungszentren geprägt und für ihr rasantes Wirtschafts-wachstum bekannt ist. Mit demnächst dreizehn Millionen Ein-wohnern ist Shenzhen fast doppelt so groß wie Hongkong. Auch das Bruttoinlandsprodukt pro Kopf wächst rasant und liegt im Stadtbezirk Nanshan bereits auf einer Höhe mit dem entsprechenden deutschen Durchschnittswert.

Bis zum Ende des 21. Jahrhunderts werden 80 bis 85 Pro-zent der Weltbevölkerung in Ballungsgebieten leben. Aus der-zeit 195 Nationalstaaten werden sechs- bis siebenhundert Metropolregionen hervorgehen. Doch nicht überall wachsen Wirtschaft und Wohlstand so rasant wie die Bevölkerungszahl der Metropolen. **Die Menschen fliehen vor dem ländlichen Elend – und tauschen es vielfach nur gegen das Elend der Vorstädte. »Suburbia« ist nicht nur ein gigantischer Chancen-generator, sondern zugleich ein Synonym für soziale Brenn-punkte und hohe Kriminalitätsraten.** Die Schuld hieran liegt ausgerechnet bei den nationalen Politikern, denn deren Pro-gramme und Projekte gehen in aller Regel an den regionalen Erfordernissen vorbei.

Das gilt keineswegs nur für Favelas in Südamerika oder die Banlieues von Paris, sondern auch für die suburbane Umge-bung deutscher Großstädte. Die lokalen Politiker verstehen sehr viel besser, wo in ihren Städten die Herausforderungen liegen und wie sie sich lösen lassen. Doch aufgrund der his-torisch überkommenen Gliederung in Nationalstaaten mit Zentralregierungen haben die Bürgermeister der urbanen Bal-lungsräume (auch im hiesigen Föderalismus) nur begrenzte Möglichkeiten, die tatsächlichen Probleme effizient anzugehen.

Was wir daher dringend brauchen, ist nicht etwa eine Rück-kehr zum rundum souveränen Nationalstaat Bismarck'scher Prägung, sondern mehr Macht und Ressourcen für die Städte – die vitalen und vielfältigen Lebenszentren der globalisierten Welt. In Ländern wie Indonesien oder in großen Teilen Afrikas können wir schon heute sehen, wohin die Reise geht: Dort haben die nationalen Regierungen große Schwierigkeiten, eigene Initiativen gegen mächtige »Stammeshäuptlinge« durchzusetzen. Infolge der Metropolisierung wird diese Entwicklung weltweit immer stärker durchschlagen. Die Vorzeichen sind bereits zu spüren – noch 2019 werden die ersten Bürgermeister von Metropolen in Europa und weltweit entsprechenden Forderungen Ausdruck verleihen.

Auch bei Bewegungen wie dem »Rainbow-Movement« oder dem Subkulturfestival Burning Man und seinen immer zahlreicheren Ablegern spielen ethnische und kulturelle Herkunft oder gar der Nationalstaatsgedanke keine Rolle mehr. Die Community-Mitglieder verstehen sich als »Global Citizens«. So wie der Ökokollaps an nationalen Grenzen nicht haltmacht, werden auch neue Kulturen und Kunstformen global kreiert und gelebt. Genauso spricht man in den global operierenden Unternehmen längst nicht mehr von nationalen Niederlassungen; die relevante Bezugsgröße ist die Stadt oder Metropolregion – das »Büro Singapur«, das »Büro Wien« und so weiter. **Verbunden sind die Menschen nicht durch gemeinsame Herkunft und Muttersprache, sondern durch die Technologie und den kosmopolitischen Lebens- und Kommunikationsstil.**

Auf der Suche nach urbanem Glück

Die großen Städte locken mit der Verheißung von Freiheit und Reichtum und mit unbegrenzten Konsummöglichkeiten. Als Kinder des Hyperkapitalismus sind wir Konsumjunkies: ständig auf der Suche nach dem neuesten Fetisch, dem hippesten Produkt, dem ultimativen Kick, die morgen schon wieder durch neue Angebote abgelöst werden.

Großstädte sind ideale Echoräume für die Träume des hedonistischen Individuums. Ob das Leben in Metropolen uns wirklich von den Zwängen und der Enge traditioneller Lebensformen befreit, ist keineswegs sicher – zumindest lässt es uns viel mehr Raum für Illusionen. Am Ende sterben wir zwar alle einsam, ob auf dem Bauernhof in Mecklenburg oder im Penthouse an der Spree. Bis dahin aber wirkt die Hoffnung auf ein freieres, erfüllteres Leben mit spannenderen, besser bezahlten Jobs, attraktiveren Partnern, Konsum- und Freizeitmöglichkeiten weltweit wie ein gigantischer Magnet, der Millionen und Abermillionen in die Städte zieht.

Die weltweite massenhafte Landflucht besiegelt nicht nur das Ende aller Nationalstaatlichkeit, sondern damit auch den Untergang der liberalen Staaten und Gesellschaften westlicher Prägung. Deren pluralistisches Ethos zielte auf sozialen Zusammenhalt durch Ausgleich divergierender Interessen. Die modernen Metromenschen aber sehen und akzeptieren keine Gemeinsamkeiten mehr; folglich fehlt es ihnen auch an der Motivation, ein Gleichgewicht zwischen konkurrierenden Forderungen anzustreben oder hinzunehmen.

»Ich will meins, und zwar jetzt, alles andere ist mir egal«: Wenn alle so denken, werden langfristige Entscheidungen im Interesse der Allgemeinheit unmöglich. Das ist ein großes Problem gerade für die demokratischen Industrieländer, die auf weltweite Koordination, etwa beim Freihandel, angewiesen sind. Doch globale oder auch nur nationale Übereinkünfte kollidieren zunehmend mit dem Egoismus der hedonistischen Individuen, die alles ablehnen, was ihren Drang nach sofortiger Wunscherfüllung einschränkt.

Verstärkt wird dieser Trend durch die rapide sinkende Aufmerksamkeitsspanne der reizüberfluteten Medienkonsumenten in der fatalen Informationsgesellschaft. Wer sich nur noch zehn Sekunden auf eine Sache konzentrieren kann, ist für komplexere Argumente schlicht nicht mehr erreichbar. Der mächtige Trend, der die Menschen in die Städte treibt, lässt so zugleich den Kitt zerbröseln, der in früheren Zeiten Gesellschaften auf staatlicher Ebene zusammenhielt. **Die territoriale, sprachliche und kulturelle Identität von Deutschen oder Franzosen, Schweden oder Norwegern wird nicht durch äußere Feinde, Terroristen oder einwandernde Flüchtlinge bedroht, sondern durch das Desinteresse der Metropolbewohner, die sich selbst nicht mehr als Angehörige eines »Staatsvolks« erleben.**

Wir brauchen ein Woodstock der Bürgermeister

Die Metropolregionen, und nicht die Staaten, sind schon heute die wirtschaftlichen und sozialen Hotspots. Doch in aller Regel fehlt es ihnen an den entsprechenden Rechten und Ressourcen für effiziente Verwaltung und impulsgebende Gestaltung. Wo sind also die Bürgermeister, die die tatsächlichen Probleme ihrer Metropolregionen entschlossen angehen, statt auf nationale Lösungen zu warten? Wenn in zehn Jahren 50 Prozent der derzeitigen Jobs weggefallen sind und besonders in den Ballungsgebieten massenhaft Arbeitslosigkeit droht, führt an der Einführung von KI-Steuer und Grundeinkommen sowieso kein Weg mehr vorbei. Deshalb ist es höchste Zeit, tragfähige Varianten dieser Instrumente zu erproben. Wann endlich ringen sich die Bürgermeister von besonders betroffenen Regionen zu überfälligen ersten »Feldversuchen« durch?

Vielleicht wird der eine oder andere von ihnen Bekanntschaft mit der Justiz machen, wenn er auf eigene Faust Ideen ausprobiert, vor denen die nationalen Politiker zurückschrecken, um ihre Wiederwahl nicht zu gefährden. Aber wenn eine mutige Neuerung zum Erfolg führt, werden viele andere dem Beispiel folgen – und den Staats- und Parteipolitikern wird nichts anderes übrig bleiben, als ihre Gesetze und Beschlüsse der Realität anzupassen. Das gilt nicht nur für das Grundeinkommen, sondern auch beispielsweise für die probeweise Einführung neuer Schulmodelle. Wo sind die deutschen Stammeshäuptlinge, die sich trauen, eine »Green School« in ihrer Region zuzulassen?

Schon heute zeichnet sich in einigen Regionen ab, wie konstruktive Metropolpolitik aussehen könnte: Wenn starke, in der Region verwurzelte Unternehmen wie Adidas und Puma in Herzogenaurach oder Bertelsmann in Gütersloh mit den lokalen Behörden zusammenarbeiten, können Politik und Wirtschaft konkrete Herausforderungen angehen und zum Wohl der ganzen Region meistern.

Am Ende dieses Jahrhunderts werden 80 bis 90 Prozent aller wirtschaftlichen Transaktionen in den großen Städten und Ballungsräumen stattfinden. Die heraufziehende Ära der Quantenwirtschaft ist heute schon in etlichen Metropolregionen spürbar. Wenngleich für die Öffentlichkeit noch nicht sichtbar, ist die Vorbereitung der Bürgermeister-Rebellion bereits im Gang.

Es wird künftig um Menschen gehen, nicht um Parteien, um Herausforderungen der Region, nicht um modische Schlagworte und hippe Trendthemen. **Als Metropolbewohner wünschen wir uns Bürgermeister, die eine konkrete Agenda für unsere Region haben und die einzelnen Punkte zügig und lösungsorientiert abarbeiten.** Wenn sie offen und transparent handeln und sich authentisch verhalten, sind wir auch bereit, Fehler zu verzeihen.

Als »Stammeshäuptlinge« neuen Typs können sie mithelfen, einen der gefährlichsten Trends unserer Gegenwart zu entschärfen: das Erstarken der »Somewheres« – so auch der Titel des gleichnamigen Buchs von David Goodheart –, die »einem lokalen Daseinsstil verpflichtet sind« und sich gegen die »Anywheres«, die nomadischen Kosmopoliten, in »Koalitionen der Unwilligen« zusammentun. Die einst »schweigende Mehrheit«

hat längst ihr Schweigen gebrochen, so Peter Sloterdijk.[7] Den links- wie rechtspopulistischen, globalisierungsfeindlichen Bewegungen gehören keineswegs nur »Abgehängte« aus sozial prekären Milieus an, sondern zunehmend auch Intellektuelle und Bildungsbürger. Ihre Abwendung von den »etablierten Parteien« ist durchaus nachvollziehbar, da nationale Urnengänge weder auf globaler noch auf lokaler Ebene Veränderungen bewirken; und nur auf diese beiden Ebenen kommt es heute noch an. Auch deshalb brauchen wir eine Rebellion der Bürgermeister, die selbstbewusst mehr Ressourcen und Gestaltungsmöglichkeiten für ihre – und deine und meine – jeweilige Metropolregion einfordern.

Der neue Spirit der Metropolen

Wenn die Machtbefugnisse in die Regionen verlagert werden, werden sich die Städte rasch zu »Green Citys« mit nachhaltiger Kreislaufwirtschaft entwickeln. Der Druck der Menschen in den Metropolregionen wird die Politiker zum Handeln zwingen. Durch diese Transformation entstehen neue wirtschaftliche Potenziale. Unternehmen, die global agieren und die jeweilige lokale Besonderheit verstehen, werden die Gewinner dieser Entwicklung sein. Dafür reicht es aber nicht, aus der Ferne Daten zu analysieren – die Verantwortlichen müssen sich vor Ort kundig machen, um zu verstehen, wie die lokale Stammesgemeinschaft tickt.

Letztlich geht es darum, die Verantwortung nicht auf die administrativen Strukturen der Stadt, sondern auf deren Einwohner zu übertragen. Jede Metropolregion der nahen Zukunft wird ihren eigenen Spirit, eine eigene Identität, eine eigene Kultur entwickeln; jedem Bewohner wird klar sein, dass er diesen Ort mit anderen teilt und dass dadurch die Lebensweise jedes Einzelnen definiert und begrenzt wird. Wir alle werden verstehen, dass wir unsere eigene Realität viel stärker mitgestalten können, als uns heute bewusst ist. Wir werden einander fürsorglicher behandeln und mehr Vertrauen zueinander empfinden, weil wir unsere gemeinsame Verantwortung in einer Welt wechselseitiger Abhängigkeiten dann besser verstehen.

In Ballungsräumen mit zwanzig Millionen oder noch mehr Einwohnern werden wir nach wie vor auch »gemeinsam einsam« sein, denn das gehört untrennbar zur urbanen Freiheit. Aber wir werden zugleich eine gemeinsame Identität als Mitglieder moderner »Regionalstämme« entwickeln, die sich weder national noch ethnisch definieren und sich ihrer Verwobenheit in ein weltweites Netz von Metropolregionen bewusst sind. So werden wir imstande sein, den Kräften der Entmenschlichung zu widerstehen – dem Rückfall in nationalistische Barbarei ebenso wie dem Untergang in einer posthumanen Welt, die von superintelligenten Maschinen beherrscht wird.

Jugend: Die Generation Umbruch

Nie waren die Unterschiede zwischen den Generationen größer als heute. Manche vierzigjährige Frau sieht zwar auf den ersten Blick wie die ältere Schwester ihrer eigenen Tochter aus, und fünfzigjährige Männer tragen bunte Socken, wenn sie dieselben Bars wie ihre Söhne besuchen – das heißt noch lange nicht, dass wir die radikalen Unterschiede zwischen den Generationen verstanden haben: Die Denkweisen, Gefühls- und Lebenswelten der Elterngeneration und der heute Unterzwanzigjährigen unterscheiden sich radikaler als jemals zuvor.

Die Letzten können die Ersten sein

Was ist charakteristisch für die vielleicht letzte Generation, die zumindest teilweise noch in herkömmlichen Familien aufgewachsen ist?

Erstens: Die Generation der Reisenden bleibt nicht lange an einem Ort. Sie wollen nicht in einer festen Beziehung leben, aus Sorge, ihre Selbstverwirklichung, ihr (vermeintliches) Anderssein könnte auf der Strecke bleiben. In der heutigen Arbeitswelt ist Mobilität zwar gefragt, aber diese Notwendigkeit passt zu ihrem Lebensgefühl als »digitale Nomaden«, die sich sowieso nirgendwo niederlassen wollen. Auch materieller Besitz ist ihnen längst nicht so wichtig wie der Generation ihrer Eltern; entsprechend geben sie ihr Geld lieber für Erlebnisse und Erfahrungen als für Luxusobjekte aus.

Zweitens: Die Generation der sexuell Freien trennt zwischen Sex und Liebe. Mit jemandem Sex zu haben und dann zu schauen, ob man ihn oder sie vielleicht liebt, gilt als normal. Denn Sex ist eine simple Sache, Loyalität aber ziemlich schwer. Das kann zu paradoxen Konstellationen führen. Manche haben One-Night-Stands über Monate hinweg. Andere definieren ihre Beziehung von vornherein als »offen«, haben dann aber nur Sex mit ihrem Partner. Singles haben Sex mit Freunden ohne gegenseitige Verpflichtungen oder leidenschaftliche Affären über Monate, aus denen keine feste Beziehung wird. Alles scheint möglich; wirklich wird nur weniges oder nur für kurze Zeit. Vielleicht haben zu viele dieser jungen Menschen miterlebt, in welchen Beziehungskatastrophen ihre Eltern leben, und setzen ihre jugendliche Weisheit ein, um bessere Lösungen zu finden. Möglicherweise ist die letzte halbwegs intakte gesellschaftliche Institution, die Familie, kurz vor dem Fall.

Drittens: Die praktische Generation arbeitet nur noch mit Rationalität und Logik. Sie misstrauen starken Gefühlen. »Amour fou«, das Verrücktsein vor Liebe, kennen sie nur aus Filmen und vielleicht noch aus Erzählungen ihrer Eltern. Um die halbe Erde zu fliegen, nur um jemanden zu sehen, in den man rettungslos verliebt ist, käme ihnen nicht in den Sinn. Eher schon trennen sie sich von ihrem Partner, weil Fernbeziehungen zu kompliziert sind. Von der Trennung sind sie sowieso meist nur einen Schritt entfernt. Denn sie sind so hypersensibel, dass sie schon beim kleinsten Problem an ihrer aktuellen Beziehung zweifeln.

Viertens: Die verängstigte Generation kennt starke Gefühle genauso wie alle Generationen vor ihr, aber sie hat vor ihnen Angst. Angst, durch überschwängliche Liebe die Kontrolle zu verlieren, und Angst, auf das eigene Herz zu hören und sich fallen zu lassen. Sie verschanzen sich hinter selbst erbauten Mauern und leiden dann unter Einsamkeit. Wenn jemand sie wirklich glücklich machen will, bekommen sie das Fürchten. Sie wollen nicht verwundbar sein, daher trauen sie sich nicht, ihr Innerstes zu entblößen. Wenn es jemand wirklich gut mit ihnen meint, sind sie ganz besonders auf der Hut. Da sie ständig auf der Suche nach demjenigen sind, der besser zu ihnen passt, wenden sie sich auch von wundervollen Partnern ab, egal, wie gut die Beziehung ihnen getan hat. So ist es nur folgerichtig, dass in dieser Generation so viele nie wirklich zufrieden sind.

Fünftens: Die Generation der Erwachten stellt Bewusstsein und Vitalenergie über materiellen Konsum. Ihr ist bewusst, dass es nicht darum geht, sich einen Zweit-Ferrari zuzulegen – sie kommt sogar ganz ohne rollendes Statussymbol klar. Vielmehr geht es ihnen darum, sich der eigenen Verantwortung für diese Welt bewusst zu werden – und entsprechend zu handeln.

Diese letzte Generation, die Generation der Erwachten, ist gleichzeitig die Generation des Friedens und der Hoffnung, dass wir die bevorstehenden existenziellen Herausforderungen meistern werden.

Die Generation der Erwachten

Vor einigen Jahren saß ich am Ufer des Sabarmati in Indien, nahe der Millionenstadt Ahmedabad, wo Mahatma Gandhi bis 1930 wohnte – dem Jahr des Salzmarschs, mit dem er und seine Anhänger gewaltlos gegen das Salzmonopol der Briten protestierten. An jenem Tag aber hatte ich es mit einem Marsch anderer Art zu tun: Eine Schulklasse mit vierzig Kindern aus Mumbai, elf bis dreizehn Jahre alt, kam mit ihrer Lehrerin zu der Stelle, wo ich am Ufer saß. Alle Kinder hatten ihre Smartphones in der Hand, »connected« mit der globalen Gesellschaft, aber trotzdem interessiert an dem, was ihre Lehrerin und die lokalen Guides ihnen erzählten. Dieser Schulausflug war für sie das Highlight des Jahres.

Ich bat die Lehrerin, eine halbe Stunde mit den Kindern verbringen zu dürfen. »Was wollen Sie ihnen denn beibringen?«, fragte sie, und ich gab zurück: »Nichts. Ich bin der Schüler, ich will von ihnen lernen.« Sie willigte ein, und dann saßen wir im Ufersand beisammen, und ich stellte Fragen über Fragen: »Was ist für euch wichtig im Leben? Was wollt ihr mal werden? Was sind eure Träume?« Ihre Antworten waren für mich nicht nur wegen ihrer Herkunft interessant: Aus ihnen sprach die neue Generation; sie hatten eine deutlich andere Sichtweise als gleichaltrige Kinder vor zehn oder zwanzig Jahren.

Schließlich wollte ich wissen: »Was ist das größte Problem in der heutigen Gesellschaft?« Die Antwort des zwölfjährigen Imram hat mich besonders beeindruckt. In klassischem Englisch mit indischem Akzent sagte er: »Uncle, the biggest problem in the world today is our ego. **Das größte Problem in der heutigen Welt ist unser Ego.** Ich will nicht reich werden, sondern mithelfen, das Ego-Problem zu lösen, in meiner Familie, in meinem Viertel, in meiner Stadt und schließlich in der ganzen Welt.« Imram war viel reifer als ich als Jugendlicher – ich wollte damals nur möglichst schnell viel Geld verdienen, um konsumieren zu können.

Seit dieser Schulstunde am Ufer des Sabarmati sind fünf Jahre vergangen, und heute sehen wir eine neue Generation in Bewegung. Millionen junger Menschen in der ganzen Welt, die über viel größere Klarheit als irgendeine Generation vor ihnen in diesem Alter verfügen. Sie sind spirituell erwacht und in einer Weise bewusst, wie man es bisher nicht von jungen Erwachsenen um die zwanzig kannte, sondern nur von älteren Mönchen und Gurus.

Im Gespräch mit Angehörigen dieser Generation nehme ich den Bewusstseinswandel immer wieder wahr. »Selbstzweifel?«, bekomme ich zum Beispiel zu hören: »Warum sollte ich Energie auf ein solches Konzept verschwenden?« So viel Selbstvertrauen wird leicht mit Narzissmus verwechselt, aber sie halten sich nicht mit Selbstbespiegelung auf, sondern gehen die Projekte, die ihnen wichtig sind, mit großer, fast naiv wirkender Sicherheit an. Und sie wissen, dass sie nur als Teamplayer erfolgreich sein können.

Natürlich gibt es auch in dieser Generation – gerade bei den jungen Männern – etliche »Verlorene«, aber bei der großen Mehrheit beobachte ich einen starken Wandel: Es sind junge Menschen, die ganz genau wissen, was sie als Nächstes anpacken wollen. Sinnhaftigkeit und Werte stehen für sie im Vordergrund – und nicht die Träume von Luxuskonsum.

Diese Generation versteht, dass Materie und Energie zwei Seiten unserer Wirklichkeit sind. Wie alle Generationen vor ihnen wollen auch sie Anerkennung finden, aber sie wissen, dass sich die nicht nur in einer Rolex oder einem Porsche ausdrücken kann, sondern auch – und viel angemessener – in immateriellen Gütern wie Liebe oder sozialer Geborgenheit. **Die Generation Umbruch ist eine mächtige Triebfeder des ökonomischen Wandels – vom materialistischen Turbokapi-**

talismus zur Quantenwirtschaft, in der der Fokus auf post-materiellen Bedürfnissen und Angeboten liegt.

Frauen: Die Zukunft ist weiblich

Beim Kampf um mehr Frauen in Führungspositionen scheint es in Deutschland und anderswo nicht recht voranzugehen, aber der Schein trügt. Noch immer sind zwar die Stellen im mittleren und höheren Management überwiegend von Männern besetzt, doch in den nächsten zehn Jahren werden sie im Zug der Automatisierung weitgehend entfallen. Die meisten von ihnen sind bereits heute überflüssig.

Die Entwicklung geht eindeutig in Richtung »Gig-Economy«: Freelancer und »Micropreneure« bilden Teams für zeitlich begrenzte Projekte und arbeiten die anstehenden Aufgaben ab. Für Transparenz, Vertrauen und effiziente Steuerung sorgt die Technologie. Der neue Chef ist das Projekt; Manager werden in diesem Modell kaum mehr gebraucht, doch umso dringender werden verantwortungsbewusste Führungskräfte mit Stärken und Fertigkeiten benötigt, die bei Frauen weit häufiger anzutreffen sind als bei ihren männlichen Kollegen. Da trifft es sich gut, dass die Hochschulen voll sind mit gut ausgebildeten jungen Frauen und weibliche Studierende an westlichen Universitäten schon heute in vielen Zukunftsfächern die Mehrheit stellen.

Warum Frauen fast alles besser können

Schon Mahatma Gandhi stellte fest: »Die Frau das schwächere Geschlecht zu nennen ist eine Verleumdung; es ist die Ungerechtigkeit des Mannes gegenüber der Frau. Wenn unter

Stärke brutale Stärke verstanden wird, dann ist die Frau tatsächlich weniger grob als der Mann. **Wenn unter Stärke moralische Kraft verstanden wird, dann ist die Frau unermesslich überlegen.** Hat sie nicht größere Intuition, ist sie nicht aufopfernder, hat sie nicht größere Ausdauer und größeren Mut? Ohne sie könnte der Mann nicht sein. Wenn Gewaltfreiheit das Gesetz unseres Seins ist, ist die Zukunft mit der Frau.«

In seinem Buch *Unleash the Power of the Female Brain* erklärt der amerikanische Psychiater und Prominentenarzt Daniel Amen, inwiefern Frauen für die Erfordernisse der heutigen Welt neurologisch besser verdrahtet sind. Amen führt fünf Stärken von Frauen auf, die sie in besonderer Weise als Führungskräfte qualifizieren: Empathie, Zusammenarbeit, Intuition, Selbstkontrolle und Verantwortungsbewusstsein.

Wieso sind weibliche Gehirne auf diesen Gebieten so viel besser als die Schädelinhalte der Männer? Die Ursachen liegen in den unterschiedlichen Hormonhaushalten der Geschlechter. Die Gehirne von Mädchen werden schon im Mutterleib mit dem weiblichen Sexualhormon Östrogen überschwemmt; die der Jungen dagegen werden mit Testosteron geflutet, dem männlichen Sexualhormon. Nach aktuellem Forschungsstand wird die Entwicklung des Frontallappens oder präfrontalen Kortex durch Östrogen besonders stark stimuliert; daher ist er bei Frauen im Durchschnitt größer und reift schneller als bei Männern.

Diesem evolutionär jüngsten Teil des menschlichen Gehirns werden unter anderem Kognition (Erkenntnis) und Entscheidungsfindung zugeordnet – zwei bedeutende Faktoren, wenn es um unternehmerisches Handeln und allgemein um Führungsstärke in einer Welt geht, die immer komplexer wird und sich immer rascher verändert. Insbesondere der rechte Frontallappen ist mit dem Nachdenken über die Zukunft befasst – eine Fähigkeit, die für vorausschauende Projektsteuerung eminent wichtig ist. Wenig erstaunlich also, dass Mädchen und Frauen sehr viel häufiger als Jungen und Männer aktiv werden, um Arbeiten vorzeitig zu erledigen, sei es in der Schule, auf der Universität oder am Arbeitsplatz.

Bei Männern sind Aggression und sexueller Antrieb testosteronbedingt stärker ausgeprägt. Sie sind im Durchschnitt körperlich kräftiger als Frauen, doch was die im 21. Jahrhundert benötigten Fertigkeiten angeht, sind sie eindeutig das schwächere Geschlecht. Männer können mehr Muskelmasse aufbauen und sich wagemutiger in Auseinandersetzungen stürzen. Auch wenn es darum geht, Aufgaben unter Termindruck zu erledigen, sind sie besser als Frauen, da sie sich bevorzugt durch Stress motivieren: Je größer der Zeitdruck, desto höher die Ausschüttung von Neurotransmittern wie Dopamin und Norepinephrin im männlichen Organismus. Frauen dagegen bleiben auch bei langwierigen Aufgaben typischerweise motiviert. Im weiblichen Organismus sinkt der Stresshormonspiegel, wenn ein Projekt vorzeitig abgeschlossen werden konnte.

Die Gehirnforscher haben auch eine Erklärung dafür gefunden, dass Frauen in brenzligen Situationen eher einen kühlen Kopf bewahren. Die Amygdala, auch bekannt als Mandelkern, ist in weiblichen Gehirnen deutlich kleiner als in männlichen. Dieser archaische Teil des Gehirns ist zuständig für instinktive Verhaltensmuster, für Aggressionen und Wut. Im Fight-or-Flight-Modus schaltet unser Gehirn vom Frontallappen auf den Mandelkern um: Wir verwandeln uns kurzzeitig in primitive Jäger (oder deren Beute auf der Flucht). Die Amygdala ist bei Männern nicht nur größer als bei Frauen; sie besitzt überdies eine große Anzahl von Androgenrezeptoren, wird also bei erhöhter Ausschüttung männlicher Hormone besonders aktiv. Im weiblichen Gehirn dagegen behält der präfrontale Kortex, Sitz des rationalen »Ichs«, auch in heiklen Situationen eher die Kontrolle über die Angriffs- und Panikprogramme der archaischen Hirnareale.

Dass im weiblichen Gehirn nicht so leicht die Sicherungen durchbrennen, hat auch mit dem vorderen cingulären Kortex zu tun. Bei Frauen ist dieser Teil des limbischen Systems, dem die Impulskontrolle zugeordnet wird, deutlich größer als bei Männern. Die Forscher nehmen an, dass der anatomische Unterschied die geringere Risikoneigung von Mädchen und Frauen zumindest teilweise erklärt. Die Kombination aus kleinerer Amygdala und größerem anterioren cingulären Kortex erlaubt ihnen, auch unter hohem Druck ihre Gefühle zu kontrollieren und über bestmögliche Lösungen nachzudenken.

Wichtig ist zudem die unterschiedliche »Verdrahtung«. Männliche Gehirne verfügen über mehr Neuronen, aber die Gehirne von Frauen weisen mehr Verbindungen zwischen den Gehirnhälften auf. Typischerweise nutzen Männer mehr ihre linke Hemisphäre, der Verstand, Logik und Mustererkennung zugeordnet werden. Daher sind sie gut darin, sich auf einzelne Ziele zu fokussieren und Aufgaben systematisch anzugehen. Sie können sich selbst motivieren, neigen aber dazu, mechanistisch und losgelöst von ihrer Umgebung zu agieren.

Frauen dagegen nutzen oftmals eher ihre rechte Gehirnhälfte, die ihnen ermöglicht, sich einzufühlen, mit anderen in Verbindung zu treten, soziale Strukturen zu schaffen und zu erhalten sowie kreative Lösungen zu finden. Darüber hinaus sind sie weit eher als Männer imstande, ihr Gehirn »interhemisphärisch« zu nutzen, also mit beiden Gehirnhälften zugleich zu arbeiten.

Damit nicht genug, ist auch die Insula (Inselrinde, *Cortex insularis*) im weiblichen Gehirn größer als im männlichen. Sie gilt als Sitz der Intuition, des sprichwörtlichen »Bauchgefühls«. Der Insula werden empathische Fähigkeiten zugeordnet, emotionale Bewusstheit und sprachvermitteltes Denken. Daher verfügen Frauen (ebenso wie andere weibliche Primaten) über bessere Kommunikationsfähigkeiten, können Gesichter besser erkennen und Emotionen besser zum Ausdruck bringen als ihre männlichen Gegenstücke. Zudem können sie Gefühle anderer besser interpretieren und Andeutungen entschlüsseln, die Männer oft nicht einmal registrieren.

Frauen haben überdies im Durchschnitt ein besseres Gedächtnis als Männer. Das kommt daher, dass ihr Hippocampus, der Sitz der Erinnerung, größer und aktiver ist als bei Männern. Frauen können daher auch besser lernen und sich Gelerntes länger merken, zumal ihr auditorischer Kortex, zuständig für die Versprachlichung von Erinnertem und Erlerntem, größer ist als bei Männern.[8]

Kurz (und »typisch männlich«) gesagt: **Frauen sind gerade für die Führungspositionen des 21. Jahrhunderts herausragend qualifiziert. Aufgrund ihrer Gehirnstruktur sind sie deutlich besser als Männer imstande, empathisch, teamorientiert und selbstbeherrscht zu führen.** Alles spricht dafür, dass sie in der Quantenwirtschaft einen großen Teil der Führungspositionen übernehmen werden. Fest steht jedenfalls: Wir brauchen viel mehr Menschen mit weiblichen Gehirnen in den Schaltzentralen unserer Wirtschaft und Gesellschaft.

Warum wir uns um die Männer Sorgen machen sollten

Die herkömmliche Familie ist ein Auslaufmodell; selbst die Patchworkfamilie hat schon wieder ausgedient. Auch auf diesem Gebiet ist die Entwicklung eindeutig: weg von dauerhaften Strukturen und hin zur Familie als temporärem Projekt. Wenn junge Menschen heute eine Partnerschaft eingehen, besprechen sie vorab, wie Erziehung und Betreuung der Kinder geregelt werden sollen. Beiden ist bewusst, dass es eine Beziehung auf Zeit sein wird, doch entgegen dem verbreiteten Eindruck scheinen die Frauen mit den neuen Verhältnissen besser klarzukommen als die Männer.

Nach wie vor wachsen Kinder weit überwiegend bei ihren Müttern auf. Die Väter sind abwesend, sei es wegen Trennung der Eltern oder weil er als Workaholic in seinem Beruf »aufgeht«. Das war auch in den Generationen der Eltern und Großeltern nicht viel anders; zumal in Mitteleuropa, wo im und nach dem Zweiten Weltkrieg eine ganze Generation mehr oder weniger vaterlos aufwachsen musste. Als erwachsenes Vorbild stand und steht so meist nur die Mutter zur Verfügung – gut für die Mädchen, die von ihr lernen können, dass Frauen tausend Dinge gleichzeitig zu managen vermögen: Erziehung, Haushalt, Partnerschaft, Beruf und noch viel mehr. Aber wo können Jungen heute noch lernen, was es heißt, ein Mann zu sein? Ob in der Kita, in der Grundschule oder später auf weiterführenden Schulen: keine Männer, keine Vaterfiguren weit und breit. Männliche Erzieher sind die große Ausnahme, und selbst auf dem Gymnasium, einer traditionellen Männerdomäne, ist die Lehrerschaft längst überwiegend weiblich.

Der wichtigste (und einzige) Bezugspunkt heutiger junger Männer scheint die »Mama« zu sein. Die Söhne haben offenbar das Bedürfnis, ihr mit Respekt und Demut zu begegnen, sie als ihr Vorbild anzuerkennen. Aber die traditionelle Mutter, die Haushalt und Familie managt, während der Vater abwesend ist – die gibt es in der westlichen Welt ja eigentlich gar nicht mehr. Die vaterlosen jungen Männer haben sich die Verehrung der traditionellen Mama bei Einwandererkulturen etwa aus dem orientalischen Raum abgeschaut und ahmen sie nach. Respekt vor der Mama, das sieht cool aus und kommt auch bei den jüngeren Frauen gut an. Aber als Vorbild, von dem sie lernen könnten, was es heißt, heute ein Mann zu sein, taugt dieses Mutter-Phantombild wohl kaum.

Nie zuvor gab es so viele entgleiste dreißigjährige »Jungs«, die noch zu Hause wohnen, in ihren Kinderzimmern Pornos schauen und deren Sozialkontakte sich auf eine Handvoll Social-Media-Freunde beschränken. Sie sind voller Wut, daher empfänglich für jede Form des Populismus und leicht zu ködern von Gruppen, die ihnen soziale Anerkennung versprechen. Und nie zuvor gab es so viele zwanzigjährige männliche Sex-Toys, narzisstische Poser mit aufgepumpten Muskeln, die sich wie Machos fühlen und doch nur Bettpüppchen für erfolgreiche junge Frauen sind. Viele von ihnen spielen mit vierzig, fünfzig Jahren immer noch den jungen Hengst, dabei hat das Alter längst seine Spuren hinterlassen. Aber sie wissen einfach nicht, wie man als Mann erwachsen wird, niemand hat es ihnen gezeigt. Und hinter der Fassade des ewigen Jugendlichen stauen sich Verzweiflung, Einsamkeit und Wut.

Diese Männer sind einsamer, als es sich ihre Väter und Vorväter jemals hätten vorstellen können. Sie haben keine Freunde, mit denen sie tiefere Gespräche führen oder vor denen sie sich schwach und verletzlich zeigen könnten. Bei einer aktuellen Umfrage in den USA gaben Männer an, dass sie lediglich einen engen Freund hätten, mit dem sie auch mal über persönliche Probleme reden könnten – vor zehn Jahren waren es noch deren drei.

Das bedeutet nicht, dass diese Männer in ihrer Freizeit immer allein zu Hause sitzen würden – es ist schlimmer: Sie haben Buddys, mit denen sie nach Feierabend einen trinken oder ins Fußballstadion gehen. Aber mit diesen Kumpels führen sie keine tiefgründigen Gespräche, vor ihnen würden sie niemals zugeben, dass sie Angst oder Sehnsucht nach Nähe haben. Sonst würden sie in ihrer Peergroup sofort als Weichei dastehen – schließlich gelten immer noch die alten Alphatier-Spielregeln, auch wenn dieses Modell längst ausgedient hat.

Die Folgen solcher Unfähigkeit, die eigenen Emotionen aus-

zudrücken, sind erschreckend. **Wer nicht gelernt hat, mit Ablehnung, Angst oder Traurigkeit umzugehen, ist auch nicht
imstande, Liebe und Loyalität zu empfinden. An deren Stelle
treten dann die Karikaturen traditioneller männlicher Stärken: Stolz und Eitelkeit, Wut und Hass.** Unfähig, ihre Sehnsucht nach emotionaler Nähe zuzugeben, peitschen sich diese
entgleisten Männer mit (fiktionalen oder auch realen) Gewalt-
exzessen auf und verlieren sich vollends in digitalen Surroga-
ten wirklicher Beziehungen – von Tinder-Fake-Identitäten bis
zur Pornosucht. Diese Abhängigkeit von Pornografie ist eines
der am schnellsten wachsenden Suchtprobleme in der heutigen Gesellschaft. Das tiefere Problem aber ist die Unfähigkeit
zu emotionaler Intimität bei vaterlos aufgewachsenen Männern.

Technologie: Die stille Revolution

Alle reden von disruptiven Technologien und digitaler Transformation, dabei sind wir schon viel weiter. Wir befinden uns
mitten in der größten technologischen Revolution aller Zeiten – und kaum jemand scheint es zu merken. Von künstlicher
Intelligenz hat zwar fast jeder schon einmal gehört, aber
Wucht und Rasanz der bevorstehenden Umwälzungen werden
meist völlig falsch eingeschätzt – oder als Science-Fiction abgetan. Doch dass diese Revolution, anders als der drohende
Klimakollaps, keine adäquate Gefühlsreaktion bei uns auslöst,
ändert nichts daran, dass sie nahezu alles umstürzen wird,
was bis vor Kurzem noch unverrückbar schien.

»It's economy, stupid!«: Nicht zuletzt das smarte Motto seiner
Wahlkampagne trug Bill Clinton 1992 den Sieg gegen Amtsin-
haber George Bush und den Einzug ins Weiße Haus ein. Mit
größerem Recht könnte man allerdings sagen: »It's technology!«

Technologie war und ist die stärkste aller Wirkkräfte in der menschlichen Geschichte – von den ersten Anfängen, der Erfindung des Faustkeils und der Zähmung des Feuers, bis zu den heutigen technologischen Revolutionen. Trotzdem wird jede neue Technologie am Anfang unterschätzt und als wenig brauchbar belächelt.

Auch mit dem Automobil konnte anfangs kaum jemand etwas anfangen. Zunächst wurde es höchstens als gefährlicher Unfug wahrgenommen. Wer brauchte schon eines dieser (ursprünglich noch dampfgetriebenen) Gefährte, die viel störanfälliger als Pferdekutschen waren? In Großbritannien wurde 1865 sogar ein Gesetz verabschiedet, der »Red Flag Act«, demzufolge es in jedem Automobil neben dem Fahrer auch einen Ersatzchauffeur geben musste. Vor dem Fahrzeug, das innerhalb von Ortschaften maximal zwei Meilen pro Stunde fahren durfte, musste ein Fußgänger laufen und eine rote Flagge schwenken, um Passanten zu warnen. Erst 1896 wurde das Gesetz wieder abgeschafft.

Auch der Start des ersten Internetbrowsers sah allenfalls für Technikfreaks wie der Beginn eines neuen Zeitalters aus – die überwiegende Mehrheit nahm den neumodischen Kram kaum zur Kenntnis. Und nicht einmal die weitsichtigsten Zukunftsforscher konnten sich damals vorstellen, dass das Internet innerhalb weniger Jahre jeden Winkel auf diesem Planeten durchdringen würde.

Wie lässt sich erklären, dass wir Technologien regelmäßig unterschätzen, obwohl die Geschichte uns ebenso regelmäßig eines Besseren belehrt? Ganz einfach: Wir können nicht exponentiell denken, aber Technologien entwickeln sich eben exponentiell. Wenn es beispielsweise heute heißt, dass die Wissenschaftler sieben Jahre benötigt haben, um gerade mal 1 Prozent des menschlichen Gehirns digital nachzubauen, dann denkt man sich: »Das dauert ja noch Ewigkeiten, bis die so weit sind.« Bei linearer Entwicklung würden sie tatsächlich noch 693 Jahre brauchen. Googles Unsterblichkeitsforscher Ray Kurzweil könnte sich keinerlei Hoffnung machen, dass die digitale Kopie seines Gehirns rechtzeitig vor Ablauf seiner natürlichen Lebenserwartung fertiggestellt würde. Exponentielles Wachstum bedeutet jedoch, dass sich die Bestandsgröße in jeweils gleichen Zeiträumen immer um denselben Faktor verändert. Bei einer angenommenen Verdoppelung pro Jahr werden die Forscher also nicht einmal weitere sieben Jahre benötigen, um bei 100 Prozent zu sein.

Die sozialen und wirtschaftlichen Veränderungen, die durch technologische Innovationen ausgelöst werden, werden landläufig »Revolutionen« genannt; doch zugleich wird meist übersehen oder zumindest nicht akzeptiert, dass die eigentliche Revolution von der zuvor unterschätzten Technologie ausging. Nur die hierdurch ausgelöste Verlagerung der Autoritäten nehmen Politik und Öffentlichkeit dann als »revolutionär« wahr. So schlug das Herz der US-Industrie noch in den Achtzigern in der Automotive-Metropole Detroit, und Silicon Valley war das belächelte Mekka der Start-up-Szene. Heute ist Detroit eine sterbende Stadt mit Industrieruinen und hoher Arbeitslosigkeit – und Silicon Valley ein Synonym für das Kartell der neuen Oligarchen, das die alten Industriekonzerne weit hinter sich gelassen hat.

Nach dem gleichen fatalen Muster wird nun auch die umwälzende Wirkung der KI-Technologie unterschätzt. In zehn Jahren wird es keine herkömmlichen Fabriken mehr geben, folglich auch keine Arbeitsplätze im mittleren Management oder in der Produktion. Doch die Politiker denken nicht über den nächsten Wahltag hinaus und befassen sich, teilweise wohl auch aus Unwissenheit, lieber mit Mindestlohn und Fachkräftemangel, obwohl »Kollege Roboter« demnächst beide Probleme auf einen Schlag obsolet machen wird.

Genau betrachtet, handelt es sich nicht nur um *eine* Technologie-Revolution, sondern um deren drei: Neben der künstlichen Intelligenz werden Nanotech und Biotech unsere Realität gründlicher verändern als alle technologischen und sozialen Umbrüche seit der Industriellen Revolution.

Designer des Lebens: Biotechnologie

»Biotechnologie« ist ein Sammelbegriff für eine Vielzahl von Forschungsgebieten und Techniken. Nach offizieller Definition der Organisation für Wirtschaftliche Zusammenarbeit (OECD) handelt es sich um »die Anwendung von Wissenschaft und Technik auf lebende Organismen, Teile von ihnen, ihre Produkte oder Modelle von ihnen zwecks Veränderung von lebender oder nichtlebender Materie zur Erweiterung des Wissensstandes, zur Herstellung von Gütern und zur Bereitstellung von Dienstleistungen«. Die »grüne Biotechnologie« beschäftigt sich unter anderem mit Pflanzen, die für die Landwirtschaft modifiziert oder neu entwickelt werden; bei der »roten Biotechnologie« geht es um medizinische Anwendungsmöglichkeiten, vor allem um neue Diagnoseverfahren und Therapien; die »weiße Biotechnologie« befasst sich mit der Optimierung und Neuentwicklung von Industrieprodukten.

Biotechnologie basiert auf der modernen Genomforschung, der 2001 mit der Entzifferung des Humangenoms ein epochaler Durchbruch gelang. **Durch die raschen Fortschritte in der medizinischen Biotechnologie werden die meisten der bisher unheilbaren Krankheiten in naher Zukunft heilbar oder bereits im Vorfeld, durch Genoptimierung, vermeidbar sein.** Auch die ästhetische Medizin steht noch am Anfang ihrer Möglichkeiten; der Verjüngung und »Optimierung« des menschlichen Körpers werden bald kaum mehr Grenzen gesetzt sein.

Während die Partei der Grünen besonders in Deutschland

mit der grünen Biotechnologie auf Kriegsfuß steht, haben Biotech-Wissenschaftler eine revolutionäre Technik entwickelt, die Aufzucht und Schlachtung von Nutztieren bald schon überflüssig machen dürfte: Im Labor ist es bereits möglich, tierfreies Fleisch aus Zellkulturen zu züchten. Huhn, Truthahn und Fisch haben die Forscher schon in vitro produziert, und Tester versichern, dass das gegrillte Biotech-Hähnchenfilet tatsächlich nach Hähnchen schmeckt.

Noch ist es nicht gelungen, die neue Technologie für industrielle Nutzung zu skalieren, doch das ist nur noch eine Frage von ein paar Jahren. Vielleicht wird es auch in einigen Jahrzehnten noch Spezialrestaurants geben, in denen »echtes Schlachttierfleisch« angeboten wird. Aber das wird dann nur noch etwas für Nostalgiker sein, die einmal wie ihre barbarischen Vorfahren tafeln möchten. Sowohl das millionenfache Leid der Zucht- und Schlachttiere als auch die ökologische Belastung von Böden, Grundwasser und Atmosphäre durch Massentierhaltung werden also bald schon Vergangenheit sein. Ein guter Anlass für grüne Politiker, ihren Fundamentalwiderstand gegen die grüne Biotechnologie zu überdenken.

Aus der Perspektive der Informatik lassen sich Genomstrukturen als Algorithmen verstehen, daher werden biotechnische Modifikationen von Organismen und organischen Strukturen auch als »Bio-Hacking« bezeichnet. An der Schnittstelle zwischen Biotech und KI befassen sich interdisziplinäre Forscherteams mit der »Erweiterung« von Organismen durch digitale Applikationen. Theoretisch ist es schon heute möglich, ein menschliches Gehirn mit einer Datenbank zu verbinden, die das gesamte Weltwissen umfasst.

Im Reich der Zwerge: Nanotechnik

»Nánnos« heißt im Altgriechischen »Zwerg«; entsprechend haben es Wissenschaftler und Ingenieure auf diesem Gebiet mit winzigen Teilchen zu tun – vom Einzelatom bis zu einer Größenordnung von 100 Nanometern, also 100 Milliardstel Metern. In diesen mikroskopischen Dimensionen treten bereits quantenphysikalische Effekte auf: Die Teilchen besitzen zugleich Eigenschaften einer physikalischen Welle, ihre Bewegung ist nicht exakt vorhersagbar, durch Beobachtung wird ihr Verhalten beeinflusst et cetera.

Industriell werden nanotechnische Verfahren schon heute zum Beispiel bei der Beschichtung von Oberflächen genutzt. Die Nanoelektronik spielt eine Schlüsselrolle bei der Fertigung immer kleinerer Computerprozessoren – bis hin zur Entwicklung praxistauglicher Quantencomputer, an der in Laboren weltweit mit Hochdruck gearbeitet wird. Mithilfe von Nanotechnik können DNA-Sequenzen für medizinische Zwecke designt und pharmazeutische Wirkstoffe gezielt in Tumore infiltriert werden, um diese von innen heraus zu zerstören.

Beeindruckend sind auch die Fortschritte der Nanoröhrentechnik. Nanoröhrchen sind längliche Hohlkörper, zum Beispiel aus Kohlenstoffen, mit einem Durchmesser von wenigen Nanometern. Die künftigen Einsatzmöglichkeiten etwa von Nanoimplantaten im menschlichen Körper – vom Herzschrittmacher bis zur Gehirnerweiterung – sind nahezu grenzenlos. Eine Aussicht, die allerdings manch einen Kritiker eher an Szenarien aus *Frankenstein*-Filmen erinnert.

Von Netscape zur AKI:
Eine kurze Geschichte der Algorithmen

Das Internetzeitalter begann 1994 mit Netscape 1.0, dem ersten Webbrowser. Seitdem hat das WWW drei Phasen durchlaufen:

Phase null von 1994 bis 1996 nahm sich von außen betrachtet nicht sonderlich spannend aus: Das Design war schlicht, die Übertragung von Daten quälend langsam, und es gab nur eine überschaubare Anzahl von Internetseiten. Doch wenn das Internet jemals demokratisch und dezentral war, dann in diesen ersten drei Jahren.

Die erste Phase begann 1997 und endete 2006. Erinnerst du dich noch an MySpace? 2006 war MySpace größer als Google, und von Facebook war noch keine Rede.

In der zweiten Phase, der Dekade 2007 bis 2016, stieg Facebook zum Internet-Champion auf. In der Ära von »mobile first« und Apps für Tablets und Smartphones verlagerte sich ein großer Teil unseres Lebens in die sozialen Medien. 2016 schien Facebook seine besten Zeiten genauso hinter sich zu haben wie MySpace zehn Jahre zuvor. Doch zwei glückliche oder smarte Übernahmen stoppten den Absturz: WhatsApp ging für 19 Milliarden Euro an den Zuckerberg-Konzern, Instagram – damals ein Unternehmen mit dreizehn Mitarbeitern – für eine Milliarde Euro. Der Skandal um Cambridge Analytica könnte Facebook vollends gerettet haben, denn der PR-GAU um millionenfachen Datenklau zwingt das Unternehmen, sein Geschäftsmodell komplett zu überdenken: die Kapitalisierung einzig über Nutzerdaten, die ausschließliche Belohnung konformer Meinungen, die Manipulation der Nutzer durch Algorithmen, die Posts unserer realen Freunde ausblenden und die unseren Feed stattdessen mit Informationen zupflastern, welche wir unterbewusst vielleicht wirklich gesucht haben.

Im Frühjahr 2018 zeigte WhatsApp-Mitbegründer Brian

Acton öffentlich Reue: »#deletefacebook«, twitterte er und bekannte wenig später in einem Interview, er habe die Privatsphäre seiner Nutzer verkauft, als er und Co-Gründer Jan Koum der Übernahme ihres Unternehmens durch Facebook zustimmten. Der Deal brachte allein Acton 3,6 Milliarden Euro ein. Doch paradoxerweise hat ausgerechnet das Unternehmen, das ihn zu einem der reichsten Männer der Welt machte, seine Lebensvision zerstört. Laut Acton habe ihn Zuckerberg kurz nach der Übernahme gedrängt, den Algorithmus zu ändern, damit man gezielt Anzeigen schalten könne. Acton und wenig später auch Koum kehrten dem Konzern zwar den Rücken, aber sie konnten nicht verhindern, dass WhatsApp dem Monetarisierungsmodell von Facebook angepasst wurde. Die gleiche Erfahrung machten die Instagram-Gründer Kevin Systrom und Mike Krieger wenig später – als wäre es die Neuverfilmung des Romans *The Circle* von Dave Eggers, nur mit mehr Spannung und mehr Handlung, bloß nicht als Fiktion. Oder etwa doch? Wir wissen es nicht?

Die dritte Phase der algorithmenbasierten Technik ist mittlerweile angebrochen: der Ära von allgemeiner künstlicher Intelligenz (AKI) und Quantencomputern, die unter Laborbedingungen bereits funktionieren und in wenigen Jahren serienreif sein werden.

Mit »starker« oder »allgemeiner« KI ausgestattete Maschinen können unter anderem logisch denken, lernen und Entscheidungen treffen – im Unterschied zu Systemen mit der heute schon weitverbreiteten »schwacher« KI, die nur eng begrenzte Aufgaben – zum Beispiel in Kameras oder Navigationsapps – lösen können.

Von der Öffentlichkeit weithin unbemerkt, hat der Wettkampf der Algorithmen neue Dimensionen erreicht. Googles selbstlernendes Programm AlphaZero erreichte Ende 2017 innerhalb weniger Stunden eine übermenschliche Spielstärke im Schach. Das Programm hatte sich einzig anhand der Spielregeln und Siegbedingungen trainiert, indem es hundert Millionen Partien gegen sich selbst spielte. Anschließend trat AlphaZero gegen Stockfish an – und schlug den leistungsfähigsten Schachcomputer der Welt mit achtundzwanzig Siegen, null Niederlagen und zweiundsiebzig Remis. Zwar konnte Stockfish nicht auf seine größte Stärke zurückgreifen, die dreißig Jahre umfassende Endspiel-Datenbank. Sein Zeitsteuerungsmodul kam ebenfalls nicht zum Tragen, da mit einem starren Zeitmodus von einer Minute pro Zug gespielt wurde. Und schließlich waren auch die Hardwareressourcen von AlphaZero deutlich höher als die des Kontrahenten, der zudem mit einer älteren Version antreten musste. Doch trotz dieser Einschränkungen war es der bislang eindrucksvollste Sieg für eine selbstlernende KI-Maschine über einen herkömmlichen Supercomputer, den sogar der norwegische Schachweltmeister Magnus Carlsen als Sparringspartner verwendet.

Aufgrund des exponentiellen Entwicklungstempos ist damit zu rechnen, dass KI-Maschinen in weniger als zehn Jahren den durchschnittlichen menschlichen IQ deutlich übertreffen werden. Wie schon gesagt: Diese Perspektive löst in uns keine emotionale Reaktion aus. Anders als beim drohenden Klimakollaps empfinden wir weder Furcht noch Entsetzen, sondern finden den rasanten Intelligenzzuwachs der Maschinen höchstens spannend. Doch wenn wir die Algorithmen tatsächlich zu einer neuen Gottheit erheben, läuten wir damit womöglich das Ende des Menschenzeitalters ein.

Wie wird unsere Welt morgen aussehen?

Die neue Supertechnologie kann alle unsere derzeitigen Probleme lösen – oder zum unlösbaren letzten Problem der Menschheit werden. Welche Entwicklung ist wahrscheinlicher?

Sicher ist: Die Zukunft wird nicht aussehen wie in den Blockbustern der Achtziger- und Neunzigerjahre, in denen wild gewordene Roboter die Menschheit bedrohen. Und anders als in *Terminator* wird uns auch kein Hollywood-Actionheld vor den feindseligen Maschinen retten. In der Netflix-Serie *Westworld* und einigen neuen Folgen von *Black Mirror* dagegen werden Szenarien einer möglichen nahen Zukunft realitätsnah und fundiert dargestellt.

Sollten wir also optimistisch sein, oder haben wir Grund, uns Sorgen zu machen? Meine Antwort ist klar: beides! Technologie ist immer eine Lösung und zugleich ein Problem. Derzeit verstehen wir die Chancen und Risiken neuer Technologien noch viel zu wenig, um mögliche Entwicklungen plausibel voraussehen zu können – geschweige denn, sie proaktiv zu gestalten.

Daher müssen wir zunächst einmal ausloten, was genau durch diese technische Revolution eigentlich umgestürzt wird – und was an dessen Stelle treten soll. Das bedeutet nicht, dass wir alle KI-Experten werden sollten, im Gegenteil: **Wir dürfen die Entwicklung weder den Megakonzernen noch den »Fachidioten« überlassen, die unsere vielschichtige Welt auf ein mathematisch-physikalisches Modell reduzieren.**

Mach dir klar: Nicht die Technologie ist entscheidend für die Wettbewerbsfähigkeit eines Landes oder einer Region – sondern welche Geschäftsmodelle wir daraus entwickeln. Im gegenwärtigen Turbokapitalismus machen die großen Konzerne das Business unter sich aus. Und während alle Welt immer noch von »Internetkonzernen« oder »Tech-Unternehmen« redet, haben die »Big Five« ihre Nischen längst verlassen. Statt sich auf temporären Monopolstellungen auszuruhen, errichten sie beispielsweise Siedlungen wie Facebook im Silicon Valley oder wie Google ganze »Smart Citys« in Kanada. Wer über die Technologie verfügt und sie richtig zu nutzen versteht, kann jeden Industriezweig auf den Kopf stellen. Da die Börsenkurse ständig durch Wachstumsmeldungen befeuert werden müssen, bleibt den Konzernen keine Wahl, als Branche um Branche zu erobern.

Weltklassequalität ist längst kein Alleinstellungsmerkmal, kein USP (»Unique Selling Proposition«), sondern globaler Standard, genauso wie Real-Time-Marketing durch Logos und personalisierte Werbung. Den Unterschied macht heute nur noch der individuelle Nutzen aus, quasi der ISP (»Individual Selling Proposition«): Ich kaufe etwas, weil ich es für mich brauche. Punkt. Es geht nicht mehr um Zielgruppen, um B2B (»Business to Business«) oder B2C (»Business to Consumer«), sondern um den einzelnen Menschen, und zwar auf beiden Seiten der virtuellen Ladentheke: H2H, »Human to Human«. Als potenzieller Käufer möchte ich alle Informationen vorab bekommen, *bevor* die Situation eintritt, in der ich das Produkt oder den Service brauche: Wenn ich auf der Toilette sitze und die Papierrolle leer ist, ist es zu spät. Mithilfe der Technologie kann man heute genau solche ISP- und Before-Time-Geschäftsmodelle designen und umsetzen.

Wenn du dir mit eigenen Augen ein Bild davon machen willst, wie diese Welt in ein paar Jahrzehnten aussehen wird, empfehle ich dir: Schau dich in Ländern wie China oder Indonesien, Nigeria oder Brasilien um. Dort kannst du die umwälzenden Veränderungen hautnah erleben.

Einige praktische Auswirkungen auf die westlichen Wohlstandsregionen lassen sich heute schon ziemlich klar voraussehen. Selbst nach vorsichtigen Schätzungen werden mindestens 50 Prozent der bisherigen Jobs ersatzlos entfallen – realistisch sind wohl eher, über einen längeren Zeitraum von zwanzig bis dreißig Jahren, 80 bis 90 Prozent. Am schnellsten werden zweifellos die Branchen umgewälzt werden, in denen der Skaleneffekt und damit die Rentabilität der Automatisierung am größten ist. Aber wann genau es welche Branche und welche gesellschaftlichen Bereiche treffen wird, kann heute niemand seriös voraussagen.

5 Die Wissensgesellschaft

Die Welt ist niemals statisch, die Verhältnisse ändern sich ständig. Manchmal vollziehen sich Veränderungen längere Zeit unter der Oberfläche, um dann plötzlich sichtbar zu werden und vieles, was unverrückbar schien, umzuwerfen und aus den Trümmern etwas Neues zu formen. So wird es auch mit der fatalen Informationsgesellschaft geschehen, und zwar bereits in wenigen Jahren: Die Unzufriedenheit mit dem gegenwärtigen Chaos und die neuen technologischen Möglichkeiten werden das alte System zum Einsturz bringen und durch ein neues ersetzen, das ich die Wissensgesellschaft nenne.

Die Wissensgesellschaft wird uns helfen, viele »einfache« Probleme zu lösen, aber das allein reicht nicht, um unsere humanistische Basis zu erhalten und die Menschheit vor der technologischen Singularität zu schützen. Wir brauchen eine echte Aufklärung, und diese muss von den Menschen ausgehen. Was wir in Zukunft dringend benötigen, ist ein höheres Verständnis für unsere Welt. **Die Wissensgesellschaft kann nur ein Übergangsstadium zwischen der fatalen Informationsgesellschaft und einer quantopischen Gesellschaft des Verstands sein – in der nicht Algorithmen, sondern Menschen, nicht künstliche, sondern natürliche Intelligenz, nicht maschinell generiertes Wissen, sondern unser menschlicher Verstand die höchste Bewertungsinstanz sind.**

Sicher lässt sich nicht vollständig ausschließen, dass die menschliche Geschichte mit der Wissensgesellschaft enden wird. Doch das würde sich nur kurzfristig gut anfühlen: Wir würden das Weiterbestehen der Menschheit riskieren, indem wir uns der Herrschaft der Algorithmen überlassen. Wir würden zu reinen Reaktionswesen werden und uns selbst eigentlich schon überflüssig machen.

Vermutlich wird aber auch auf die technische Revolution namens Blockchain eine gesellschaftliche Reaktion erfolgen. Wie schon gesagt: Die Reaktionszeiten werden immer kürzer, diesmal wird es wohl nur noch maximal zehn Jahre dauern – während zwischen der Erfindung des Buchdrucks und dem Sturm auf die Bastille noch dreihundert Jahre lagen. Die gesellschaftliche Reaktion wird auch diesmal dadurch ausgelöst werden, dass Gruppen Zugang zu Bildung, Informationen und damit zu höherer Intelligenz bekommen, die ihnen vorher unzugänglich waren. Wie diese Reaktion im Einzelnen aussehen wird, lässt sich derzeit noch nicht seriös voraussagen.

Der kommende Aufstand

Immer mehr Menschen empfinden die permanenten Datenmanipulationen und die kommunikative Konfusion als nicht länger hinnehmbar. Der Aufstand gegen das unaufhörliche Bombardement mit Lügen, Verdrehungen, Fake News hat bereits begonnen und wird zu einem Bündnis gesellschaftlicher Kräfte führen, das auch von Teilen der Medien mitgetragen wird. Freiheit und Sicherheit werden ständig neu austariert. Wenn die Meinungs- und Informationsfreiheit massenhaft und technikgestützt missbraucht wird, neigt sich die Waage früher oder später zugunsten der Sicherheit, der Validierbarkeit und

Transparenz – auch wenn die Freiheit, Halbwahrheiten und Verschwörungstheorien zu verbreiten, dadurch minimiert wird. Unsicherheit und Chaos werden uns dazu verleiten, blindlings neuen Technologien, etwa Blockchains, zu vertrauen. Diese werden die Basis einer Wissensgesellschaft bilden, in der die Maschinen uns von den Grundübeln der fatalen Informationsgesellschaft erlösen – allerdings zu einem wiederum katastrophal hohen Preis.

Gegen die lügnerische Behauptung, dass zwei und zwei fünf ergäben, konnten sich die Menschen in George Orwells *1984* nicht wehren, da die Lügen vom übermächtigen Staatsapparat verbreitet wurden. Wir aber, hier und heute in den demokratischen Wohlstandsregionen der westlichen Hemisphäre, können und müssen die Fragen stellen, die es wieder erlauben werden, plausible Aussagen von Lügen und Verdrehungen zu unterscheiden. Im Grunde sind es ganz einfache Fragen: Wer hat die Behauptung aufgestellt, in welchem Zusammenhang und mit welcher Begründung? Wer auf diese Fragen keine zufriedenstellenden Antworten geben kann, wird in der Wissensgesellschaft des kommenden Jahrzehnts als Betrüger oder naiver Nachschwätzer von Lügen und Verdrehungen zu erkennen sein. Wie ich diese Zuversicht begründe? Meine Antwort besteht aus drei Teilen.

Erstens: Wenn Konfusion und Desinformationen einen bestimmten Grad überschreiten, wird es auch gleichmütigen Zeitgenossen zu viel. Es gehört schlicht und einfach zur menschlichen Grundausstattung, dass wir spätestens dann beginnen, nach Wahrheit und Plausibilität zu suchen, wenn unsere Welt in einem Morast aus Lügen und abstrusen Verdrehungen zu versinken droht.

Zweitens: Es muss alles erst noch schlimmer werden, bevor es wieder besser werden kann, besagt eine Redensart. Je deutlicher Missstände hervortreten, desto leichter fällt es uns, sie zu erkennen und dagegen vorzugehen. Allerdings verfällt man dann meist ins entgegengesetzte Extrem.

Auf dieser Wechselwirkung der zugespitzten Gegensätze basiert auch das dialektische Modell des deutschen Philosophen Georg Wilhelm Friedrich Hegel (1770–1831). Die These schlägt in die Antithese um, die dialektische Synthese hebt die Widersprüche zwischen den beiden Gegensätzen in einer neuen Ordnung höheren Grades auf. Das hört sich kompliziert an, ist aber im Grunde recht einfach. Nehmen wir als Beispiel zwei extreme Spielarten des kapitalistischen Wirtschaftssystems: **Totale Liberalisierung der Märkte (These) und totale Regulierung (Antithese) werden im Modell der sozialen Marktwirtschaft (Synthese) aufgehoben – jedenfalls in der Theorie. In der Praxis ist das Äquilibrium antagonistischer Kräfte selten von langer Dauer.**

Wenden wir nun die Hegelsche Dialektik auf unsere Thematik an: Die totale Freiheit in der fatalen Informationsgesellschaft, unüberprüfbare, unplausible Behauptungen ungesicherter Herkunft massenhaft zu verbreiten (These), ruft das Streben nach gesicherten Informationen hervor, also nach Transparenz und Validierbarkeit der verbreiteten Daten. Die so entstehende Wissensgesellschaft, die Antithese zur fatalen Informationsgesellschaft, ist zwar, um die oben zitierte Redensart aufzugreifen, »besser« als die vorherigen »schlimmen« Verhältnisse. Aber sie ist, wie alles Extreme, gleichfalls problembehaftet, da die totale Sicherheit der Daten zulasten der Freiheit geht. Entsprechend der Hegelschen Dialektik ist also zu erwarten, dass der Wandel auch hier weiter voranschreitet: zu einer Synthese, die die Gegensätze in sich aufhebt. Diese Synthese nenne ich »**Quantopia**«, **die Verstandesgesellschaft der Zukunft, zu der die hier beschriebene Quantenwirtschaft hinführt und gehört.**

Drittens: Durch Technologie haben wir uns den gegenwärtigen

Desinformationsschlamassel eingebrockt, und durch Technologie werden wir uns auch wieder daraus befreien. Mitte der Sechzigerjahre sagte der US-Ingenieur und Intel-Mitbegründer Gordon Moore voraus, dass sich die Computerchipleistung alle zwei Jahre verdoppeln werde. Diese Prophezeiung hat sich in den zurückliegenden fünfzig Jahren regelmäßig (über-)erfüllt. Bei der Weiterentwicklung von Mikrochips auf Siliziumbasis stößt das sogenannte Mooresche Gesetz der exponentiellen Beschleunigung zwar mittlerweile an physikalische Grenzen, aber in den Laboren wird emsig an neuen Trägermaterialien geforscht. Wie eine willkommene PR-Kampagne für »Made in Germany« mutet es an, dass ausgerechnet die Substanz Germanium als heißer Kandidat für die Silizium-Nachfolge gehandelt wird. »Germanium Hill« statt Silicon Valley: Vielleicht ist das die Chance, bei einer Aufholjagd den Rückstand Europas auf die digitalen Supermächte USA und China zu verkürzen. Welche Materialien auch immer das Rennen machen werden, ob in den Computern demnächst Herzen aus Graphen, Germanium oder Gallium schlagen werden – fest steht, dass sich die Technologie weiterhin exponentiell entwickeln wird.

Blockchains und Cryptonomics

Die künftig weiterhin sprunghaft steigende Rechnerleistung und lernende, also sich selbst optimierende Algorithmen sind zwei wesentliche Bausteine der nächsten technischen Revolution. Der dritte trägt einen Namen, der seit dem kometenhaften Aufstieg der Kryptowährungen Bitcoin, Ethereum, Ripple und Co. in aller Munde ist: Blockchain. Allerdings stelle ich in Gesprächen immer wieder fest, dass kaum jemand diese Technologie wirklich versteht. Was also hat es mit der Blockchain auf sich? Handelt es sich um die Basis des »nächsten Internets«, wie einige Enthusiasten behaupten? Und was qualifiziert Blockchains als Technologie einer Wissensgesellschaft, die uns von den gravierenden Mängeln der gegenwärtigen (Des-)Informationsgesellschaft befreien wird – und dafür in neue Probleme stürzen?

Die Attribute, mit denen uns Blockchains als das »nächste Internet« angepriesen werden, erinnern mich sehr an die Hoffnungen, die wir zu Mitte der Neunzigerjahre mit dem Ur-Internet verbanden. »Das Internet bietet die Möglichkeit, Daten sicher zu übertragen«, so habe ich es seinerzeit jedem, der es hören wollte, mit jugendlicher Begeisterung erklärt. »Die Daten werden in Pakete aufgeteilt und am Ziel wieder zusammengesetzt. Das erlaubt zum ersten Mal in der Geschichte dezentrale und demokratische Kommunikation.«

Mit den gleichen Lobpreisungen wird nun die Blockchain überhäuft: dezentral, demokratisch, skalierbar ... Wie damals wird in diversen Szenarien beschworen, was sich durch die neue Technik angeblich alles verändern wird. Und es stimmt ja: **Blockchains haben enormes Potenzial – aber auch diesmal kommt es darauf an, was wir daraus machen.** Ein Passepartout in eine perfekte Welt ist diese Technologie so wenig wie irgendeine andere, die Menschen erfunden haben und noch erfinden werden. Das gilt genauso für die Kryptowährungen, die durch Blockchains generiert werden.

Bitcoin, Ethereum, Ripple und Co.

Mit Bitcoin, der ersten Kryptowährung, fand deren – bis heute nicht identifizierter – Begründer eine Anwendungsmöglichkeit, an welche die Blockchain-Erfinder wohl kaum gedacht hatten. Dank Bitcoin und mittlerweile weiterer Cryptonomics können Geldbeträge direkt vom Sender zum Empfänger geschickt werden – ohne Zentralstelle, Bank oder Clearinghaus, die bei herkömmlichen Finanztransaktionen benötigt werden.

Sind Bitcoin und Co. also die basisdemokratischen Währungen einer besseren Welt, in der wir alle am Wohlstand teilhaben werden? Ich brauche keine prophetischen Kräfte, um vorauszusagen: **Solange die neue Technologie in den Händen einiger weniger ist, wird auch sie nichts sehr viel Besseres hervorbringen als noch mehr »The winner takes it all« und Wettkampf der Algorithmen.**

Der wichtigste Teil auch dieser Technologie sind weder Algorithmen noch Cloudserver oder Benutzeroberflächen, sondern wir, die Menschen, und die Art, wie wir damit umgehen. Beim Thema »Blockchain« herrscht inzwischen beträchtliche Verwirrung. Das kommt hauptsächlich daher, dass es sich nicht um ein einheitliches Phänomen handelt, das man pauschal befürworten oder ablehnen könnte.

Da ist zum einen die bunte Vielfalt der Cryptonomics. Bitcoin war die erste und ist noch immer die bekannteste Kryptowährung, aber am Ende wird sich vermutlich eine andere der mittlerweile weit über tausend Kryptovarianten durchsetzen, deren »Mining« – die dem Goldschürfen nachempfundene Kreation von Währungseinheiten – weniger Ressourcen verschlingt. Über kurz oder lang werden auch die virtuellen Währungen vermutlich reguliert werden; trotzdem lässt sich heute schon sagen: **Kryptogeld ist kein vorübergehendes Phänomen. Denn die zugrunde liegende Idee, Finanzwerte in einem egalitären Netzwerk sicher zu übertragen, ist logisch und eine natürliche Weiterentwicklung des bisherigen Systems.**

Die Diskussion um »Cyber-Assets« hat gerade erst begonnen, wird aber sicherlich zu Standardverfahren für die Bewertung virtueller Währungen und ihre Integration in handelbare Werte führen. Ebenso gewiss ist, dass der Aufstieg der Kryptowährungen wie jede technische Revolution eine Verlagerung der Autoritäten nach sich ziehen wird: Das herkömmliche Währungs- und Bankensystem wird an Einfluss verlieren.

Noch sind allerdings einige technische Herausforderungen zu meistern. Blockchains sind Ressourcenfresser, deren Energieappetit gezügelt werden muss. Das »Schürfen« virtueller Währungseinheiten verschlingt enorme Strommengen. Allein das Generieren von Bitcoins verbraucht so viel Elektrizität wie zwei Millionen US-Haushalte. Im Jahr 2018 hat das Bitcoin-Netz mehr Strom konsumiert als ganz Tschechien – das entspricht fast einem Fünftel des jährlichen Energiebedarfs in Deutschland. Damit zusammenhängend bereitet auch die Kühlung der Blockchain-Rechner den Ingenieuren noch Kopfzerbrechen.

Doch ich bin sicher, dass diese Probleme innerhalb weniger Jahre gelöst sein werden. Silizium wird durch Graphen, Germanium oder welche Substanz auch immer abgelöst werden, skalierbare Modelle werden entstehen. Der Drang zur Befreiung der Menschen von staatlichen und sonstigen Zwängen und zu weitergehender Demokratisierung wird die technologische Entwicklung vorantreiben. **Wie nach jeder technischen Revolution wird sich am Ende zeigen, dass sich die Autoritäten und Machtverhältnisse zwar verlagert haben, aber wiederum keine perfekte, vollkommen freie und gleiche Welt entstanden ist.**

Das Versprechen der Dezentralisierung durch Blockchains wird sich wohl nicht erfüllen. Den Zentralbanken wird nichts anderes übrig bleiben, als auch Dollar, Euro oder Schweizer Franken auf Blockchains umzustellen. Nur so können sie die neuen Standards hinsichtlich Sicherheit und Transparenz erfüllen. Aber das bedeutet zugleich: Blockchains werden stark reguliert werden.

Schon heute zeichnen sich bei den Cryptonomics neue Monopolbildungen ab. Der geheimnisvolle Bitcoin-Gründer, von dem nur das Pseudonym »Satoshi Nakamoto« bekannt ist, besitzt mindestens eine Million Bitcoins. Sollte entgegen meinen Erwartungen der Kurs auf 100.000 Euro pro Bitcoin hochschießen – bei 20.000 waren wir schon einmal –, dann wäre »Mr Bitcoin« der erste Trilliardär auf Erden – und quasi der Herrscher dieser Welt. Völlige Deregulierung würde also auch hier nicht zur Dezentralisierung führen, sondern zu einer Vermögens- und Machtballung, die sogar die Macht der jetzigen Oligarchen überträfe.

Datenblöcke für ein besseres Internet

Wie der Name schon vermuten lässt, handelt es sich bei einer Blockchain um eine Kette von Datenblöcken. Diese sind durch Verschlüsselungsverfahren miteinander verknüpft; die Kette aus Datensätzen lässt sich kontinuierlich erweitern. In jedem Block sind ein verschlüsselter Hash (Streuwert) des vorhergehenden Blocks, Übermittlungsdaten und ein Zeitstempel enthalten. Bei jeder Transaktion wird der übermittelte Block auf sämtlichen Computern eines dezentralen Peer-to-Peer-Netzes gespeichert.

Da sich die Herkunft jeder Information lückenlos zurückverfolgen lässt und Hacking-Attacken dank dezentraler Speicherung wirkungslos sind, lassen sich mit Blockchains in der Tat fundamentale Mängel des aktuellen Internets beheben. Für die Erfinder stand allerdings etwas ganz anderes im Vordergrund: Sie waren fasziniert von der Idee, ein perfektes System für verschlüsselte Transaktionen zu erschaffen, die niemand außerhalb des Netzwerks nachverfolgen oder zensieren kann. **Blockchains waren zunächst nur die Lösung eines Problems, das kaum jemandem auf den Nägeln zu brennen schien. In Diktaturen mochten sie ein Segen für Menschen sein, die staatliche Verfolgung fürchten mussten, in den demokratischen Wohlstandsregionen aber träumten**

höchstens ein paar Tausend Anarcho-Libertäre von einer solchen Lösung.

Die Triebfeder dieser technischen Revolution war also wie so häufig in der Historie die Faszination der Tüftler und Nerds. Sie träumten wie beim frühen Internet von einer durch perfekte Technik optimierten Welt. Jedoch sollte sich auch in diesem Fall bald schon herausstellen, dass Menschen unvollkommene Wesen sind, die nur unvollkommene Dinge kreieren können.

Fake-Filter

Unabhängig von Kryptowährungen bilden Blockchains ein Netzwerk, das einen kollektiven Konsens über Vertrauensgrenzen hinweg ermöglicht. Während es bei den Cryptonomics darum geht, die Vertrauenswürdigkeit der Transaktion in der kleinstmöglichen Dimension – zwischen Sender und Empfänger – transparent zu machen, geht es beim Blockchain-Netz um die Erweiterung des Vertrauens im Großen.

Zumindest eine wesentliche Verbesserung dürfen wir erwarten: **Blockchains machen es möglich, Falschinformationen aus dem Datenstrom herauszufiltern und die Herkunft jeder Information lückenlos und unfälschbar zu dokumentieren.** Denn dank Blockchains lässt sich jede Behauptung, die ein Politiker bei einer Pressekonferenz oder in einer Talkshow aufstellt, mit entsprechender Rechnerleistung sofort überprüfen und bewerten. Auf einem Splitscreen kann der Algorithmus zeitgleich mit der Live-Übertragung einer Rede beispielsweise kommentieren:»Das widerspricht der Aussage von Präsident Trump vor acht Tagen« – verbunden mit Empfehlungen, die per Link bereitgestellten Texte oder Videos einzusehen. Aus Big Data, dem Ozean unüberprüfbarer Informationen, würde so »Smart Data«, ein gefilterter Strom, der ausschließlich aus geprüften und validierten Daten besteht.

Diese Verbesserung lässt sich kurzfristig mit relativ geringem Aufwand realisieren. Neben verbesserten Algorithmen werden lediglich Kriterien benötigt, mit denen wir definieren, was als plausible, validierte Aussage gilt – und was nicht. Sobald wir die Hauptquellen für Wissen und Wahrheit definiert haben, können wir den Lügnern und Rattenfängern, die mit Fake News und Hate Speech derzeit noch Verwirrung stiften und gesellschaftliche Gruppen gegeneinander aufhetzen, bekämpfen.

Die optimierten Algorithmen, kombiniert mit Blockchains, werden das Beste sein, was Menschen in der nahen Zukunft kreieren können. Damit werden wir imstande sein, lückenlos jedes Szenario aus der Vergangenheit nachzubilden. Wenn alle erforderlichen Informationen unfälschbar dokumentiert sind, kann es keinen Streit mehr darüber geben, wer für ein Ereignis die Verantwortung trägt, basierend auf unseren definierten Kriterien – sei es eine politische Entscheidung, ein Autounfall oder was auch immer.

Doch vollständig und perfekt sind die smarten Daten, das gezähmte Wissen in der Wissensgesellschaft, nur im Hinblick auf die Vergangenheit. Dank Blockchains und optimierten Algorithmen können wir lückenlos nachvollziehen, was sich wie entwickelt hat. Aber was die Algorithmen uns nicht abnehmen können, ist die Interpretation all der validierten Daten: Wie hängen sie miteinander zusammen, was bedeuten sie, wie könnten sich die Dinge in der Zukunft entwickeln? Wie sollten wir handeln, um ein bestimmtes Ziel zu erreichen? Auf all diese Fragen können uns die Algorithmen keine befriedigenden Antworten liefern. Dafür wird weit mehr als nur validierte Informationen benötigt, etwas, das keine noch so intelligente Maschine je besitzen wird: menschlichen Verstand. Verständnis für die »conditio humana«, die menschliche Natur, die Bedingungen und Notwendigkeiten einer menschenwürdigen Welt.

Den unbestreitbaren Vorteilen der Wissensgesellschaft –

hundertprozentige Transparenz und maschinengenerierte Vertrauenswürdigkeit der Daten – stehen beträchtliche Nachteile entgegen. Aber wie gesagt: Als miserabel empfundene Verhältnisse kippen oftmals in ihr antithetisches Gegenteil um, doch dem entgegengesetzten Extrem ist ebenso wenig Dauer beschieden. Dafür sorgt in unserem Fall wiederum die stärkste Wirkkraft des Wandels, die Technologie.

Während die Entwickler noch mit den Kinderkrankheiten von Blockchains ringen, steht bereits die nächste technologische Revolution bevor: Die in spätestens zehn Jahren seriell einsetzbaren Quantencomputer werden imstande sein, auch Blockchains zu entschlüsseln und zu hacken. Damit wird die maschinengenerierte Vertrauenswürdigkeit und Transparenz der Wissensgesellschaft bald schon wieder Geschichte sein.

Das wirklich neue Web

In seiner Garagenfirma in Boston tüftelt WWW-Erfinder Tim Berners-Lee seit Jahren am Neustart eines erweiterten und verbesserten World Wide Web. Er glaubt noch immer an ein digitales Utopia, auch wenn das ursprünglich dezentrale Internet längst in den Händen einiger weniger Konzerne zentralisiert ist. Berners-Lee hat das Stehvermögen eines Boxers, der penibel sein Comeback vorbereitet. Passenderweise befindet sich sein Unternehmen nicht wirklich in einer Garage, sondern über einer Boxhalle.

Seine Vision: eine wahrhaft dezentrale Plattform, die nicht wieder von turbokapitalistischen Freibeutern übernommen werden kann. Berners-Lee und andere Internetaktivisten haben nie aufgehört, von einem digitalen Utopia zu träumen, in dem jeder von uns seine eigenen Daten kontrolliert und das Internet für alle frei und offen bleibt. Allem Anschein nach ist die Zeit reif für Berners-Lees neues Web: Ende 2018 hat er die Plattform

Inrupt gestartet, um Entwickler auf der ganzen Welt für ein dezentrales neues Internet zu gewinnen und die Profiteure der Zentralisierung zurückzudrängen.

Dezentrale Netze könnten in der Tat die nächste Ära des Internets prägen, und zwar aus dem gleichen Grund, aus dem sie die erste Phase bestimmt haben: weil sie die Herzen und Köpfe von Unternehmern und Entwicklern gewinnen werden, die sich mit den Monopolen der Algorithmokraten nicht länger abfinden wollen. Seine virtuelle Welt nennt Berners-Lee »Solid«, und gegenwärtig fühlt sie sich noch ein wenig wie Netscape 1.0 an. Aber durch ihre Struktur ist »Solid« imstande, alle Apps und Funktionen, alle bisherigen Arbeits- und Kommunikationsweisen des Internets grundlegend zu verändern. Seine Hoffnung ruht auf den rebellischen Entwicklern – einem eigensinnigen Menschenschlag, der nicht für die großen Konzerne arbeiten und nicht dabei helfen will, die Zentralisierung noch weiter voranzutreiben. Falls Berners-Lee es schafft, sie massenhaft zu mobilisieren, könnte sein Projekt der Keim eines neuen Webs sein.

Solide dezentrale Strukturen brauchen wir nicht nur für das nächste Internet, sondern für die quantopische Zukunftsgesellschaft insgesamt. **Dezentralisierung ist der sicherste Schutz gegen zentralistischen Machtmissbrauch.** Angesichts der unwägbaren Risiken eines Posthumanismus heißt das vor allem anderen: Wir brauchen wirksame Instrumente, um die Zentralisierung der Algorithmen zu verhindern. Denn im KI-Zeitalter kommt eine solche Zusammenschaltung der technologischen Singularität gleich – oder der »Transzendenz«, wie es in *Transcendence* heißt.

In dem keineswegs unrealistischen Science-Fiction-Film aus dem Jahr 2014 wird der Gehirninhalt des KI-Forschers Will Caster (Johnny Depp) in einen Quantencomputer hochgeladen. Der virtuelle Will geht weltweit online und erlangt in kürzester

Zeit die Kontrolle über die Schlüsseltechnologien. Am Ende kann die Singularität durch ein Computervirus rückgängig gemacht werden, das allerdings global die Stromversorgung und sämtliche elektronisch gesteuerten Maschinen lahmlegt. In diesem Punkt ist der Film jedoch unrealistisch: Nach erfolgter Zusammenschaltung der Algorithmen wäre die künstliche Superintelligenz durch menschliche Eingriffe nicht mehr zu beeinflussen.

Lass uns zusammen dafür arbeiten, dass es nicht dazu kommt!

Potenziale und Risiken der neuen Technologien

»Herr, die Not ist groß!«, ruft der Zauberlehrling in Goethes gleichnamiger Ballade aus. »Die ich rief, die Geister, werd ich nun nicht los!« Werden uns die drei großen technischen Revolutionen in ähnliche Nöte stürzen – oder sogar in schlimmeren Schlamassel? Bei Goethe gibt es immerhin noch einen Zaubermeister, der dem Spuk mit dem passenden magischen Spruch ein Ende setzt. Auf einen solchen Erlöser werden wir aber vergeblich hoffen, wenn die künstliche Superintelligenz erst einmal entfesselt ist. Diesen Geist kann niemand in die Flasche zurückzwingen.

Soweit es sich heute absehen lässt, werden zumindest von Nano- und Biotechnologie keine apokalyptischen Gefahren für die Menschheit ausgehen. Wie jedes Mal in der Geschichte, wenn neue Technologien umgesetzt wurden, wird es auch hier zu Fehlschlägen oder gar Katastrophen kommen. Aber weder Bio- noch Nanotech haben für sich genommen das Potenzial, die menschliche Spezies zu unterjochen oder auszulöschen – eher im Gegenteil. Dagegen lässt sich derzeit kaum prognostizieren, ob wir die Zähmung der Dritten im Bunde der technologischen Revolutionen hinbekommen werden. Das wird nicht zuletzt davon abhängen, ob es uns als Gesellschaft gelingt, die Entwicklung zu steuern – oder ob die KI wie bisher von einem Kartell egomaner Oligarchen kontrolliert wird.

Wie weit wollen wir gehen? Wollen wir wirklich auch unsere Gehirne digitalisieren, also in binäre Daten transformieren? Können wir sicher sein, dass diese Daten unser gesamtes Ich umfassen – einschließlich unseres Bewusstseins? Solange nicht einmal Einigkeit darüber besteht, was Bewusstsein eigentlich ist, sollte man sich vor »Transformationen« hüten, die nicht mehr zurückzunehmen wären: Wenn unser Gehirninhalt erst einmal in einen – künstlichen oder optimierten – Körper heruntergeladen worden ist und sich dann herausstellen sollte, dass das Bewusstsein unterwegs verloren gegangen ist, lässt sich dieser Fehler nicht mehr ausmerzen.

Die Geschwindigkeit des technologischen Fortschritts stellt uns vor ganz neue Herausforderungen. Bisher konnte man immer ein paar Jahre oder Jahrzehnte forschen, um dann auf Basis der Erkenntnisse eventuelle Fehlentwicklungen zu korrigieren. Dafür bleibt heute keine Zeit mehr: **Die Welt ist ein einziges, riesiges Versuchslabor geworden, und wir alle sind die Laborratten.** Woran liegt das? Ist die Technologie daran schuld? Bleibt uns keine andere Wahl, als dem rasenden Fortschritt atemlos hinterherzuhecheln – auch wenn das Risiko genauso rasend wächst, dass wir als Zauberlehrlinge eine Kraft entfesseln, die wir nicht zu kontrollieren vermögen?

Zwischen Weltherrschaft und Kontrollverlust

Noch in den Neunzigerjahren hörte sich das gänzlich anders an: Das Silicon Valley wurde als Utopia des beginnenden Internetzeitalters gepriesen, das uns alle mit mehr Demokratie und Teilhabe, Dezentralisierung und Nähe beglücken werde.

Doch was ist seitdem schiefgegangen? Warum hat sich die Welt nicht in das versprochene Hippie-Paradies verwandelt, sondern in eine Arena für den globalen Wettkampf der Algorithmen unter dem Motto »The winner takes it all«? Heißt das, dass sich die eingeschlagene Richtung schon jetzt nicht mehr korrigieren lässt? Wird die »starke KI« unweigerlich realisiert werden – eine »Superintelligenz«, entfesselt von einer Handvoll profitgieriger, größenwahnsinniger Billionäre, die das Ende der menschlichen Herrschaft – oder sogar der menschlichen Rasse – auf diesem Planeten heraufbeschwören?

Meine Antwort besteht aus zwei Teilen: Doch, wir können die Entwicklung noch immer unter Kontrolle bekommen. Und nein: **Die Risiken gehen nicht von der Technologie aus, sondern von jedem, der zulässt, dass sie ohne vorherige Risikoabwägung, ohne bewusste, verantwortungsvolle Entscheidung implementiert wird.** *Von jedem*, das heißt: von denjenigen, in deren Laboren die KI-Entwicklung vorangetrieben wird, aber auch von jedem einzelnen Menschen, der tatenlos mit ansieht, wie ein halbes Dutzend superreicher Soziopathen unser aller Zukunft verzockt. Und andere haben zwar gute Absichten und meinen es vielleicht sogar gut, unterschätzen aber völlig die Tragweite ihres Handelns.

Selbst steuern oder autonom fahren?

Auch die KI-Revolution ist allerdings kein autonomer Supersportwagen, der, einmal in Fahrt gekommen, nicht mehr gesteuert oder gestoppt werden kann. Vielmehr liegt es an uns, Streckenverlauf und Tempo zu bestimmen – jedenfalls im Prinzip und innerhalb eines Zeitfensters von einigen Jahren. Neue Technik bricht nicht wie eine Naturgewalt über uns herein; sie wird nur dann von einer Möglichkeit zur Realität, wenn wir uns dafür entscheiden.

Um zu verhindern, dass maschinelle Superintelligenzen die Macht übernehmen, genügt es jedoch nicht, dass wir uns bei einer Wahl oder Volksabstimmung pro oder kontra entscheiden. Dafür sind sehr viel tiefgreifendere Maßnahmen erforderlich: **Das Kartell der algorithmenbasierten Konzerne muss zerschlagen, freier und fairer Wettbewerb zwischen starken, aber nicht marktbeherrschenden Unternehmen muss wiederhergestellt werden.** Wir alle müssen uns unserer gesellschaftlichen Verantwortung bewusst werden und entsprechend handeln. Dafür brauchen wir verantwortungsbewusste Politiker, die durch entsprechende Gesetze sicherstellen, dass neue Technologien erst dann zur industriellen Nutzung freigegeben werden, wenn Risiken und Chancen ausgelotet und validiert worden sind.

Fehlentwicklungen und unerwünschte Nebenwirkungen wird es trotzdem geben – wie bisher bei jeder Neuerung. Aber gerade deshalb, weil Menschen unvollkommene Wesen sind, die immer nur unvollkommene Lösungen finden und in kleinen Schritten nachbessern können, dürfen wir nicht zulassen, dass die Oligarchen in ihren Konzernzentralen mit einer Wischgeste auf dem Touchscreen ein neues Evolutionskapitel aufschlagen: die posthumane Welt.

Geht das humanistische Zeitalter zu Ende?

In der Welt von morgen wird es neue Gewinner der KI-Revolution geben – und einige der Champions von gestern werden sich auf der Verliererstraße wiederfinden. Aus heutiger Sicht liegt die Vermutung nahe, dass sich Macht und Einfluss stark nach China verlagern, obwohl sich die algorithmenbasierten US-Konzerne erbittert verteidigen werden. Die Herausforderung liegt jedoch bei den unvorhersehbaren Konsequenzen dieses Wettrennens.

Selbst bei der militärischen Nutzung der Kernkraft waren noch Korrektur und Umkehr möglich, als der Weltgemeinschaft das apokalyptische Potenzial dieser Technik bewusst wurde. Bei der künstlichen Intelligenz hätten wir diese Chance zum Nachjustieren aller Wahrscheinlichkeit nicht. Für die Korrektur einmal eingetretener Entwicklungen könnte es unwiderruflich zu spät sein, wenn wir Entscheidungen und Aktionen der KI-Maschinen nicht mehr begreifen und beeinflussen können – oder auch, wenn wir ihnen erlauben, unsere Gefühle umfassend zu manipulieren.

Gefühlsalgorithmen und Nanobots

Die Algorithmen von Amazon oder Facebook wissen schon heute besser als du selbst, was du eigentlich willst. Sie beobachten, was du anklickst, wie lange du auf einer Seite bleibst, was du kaufst, welche Schlagworte und Bilder dich ansprechen, und bieten dir mehr davon an. Während du ein E-Book liest, wertet der E-Reader dein Leseverhalten aus: wie lange du für das Buch gebraucht hast, wo du hängen geblieben oder ausgestiegen bist.

Denken wir das nur einen Schritt weiter: Angenommen, du trägst einen Oura-Ring und hast die Kamera an deinem Smartphone oder Notebook nicht wie Mark Zuckerberg abgedeckt, dann kann der Algorithmus alle nötigen Daten einsammeln, um dich und deine Gefühle zu scannen. Der smarte Ring trackt deine physiologischen Daten:[9] wann sich dein Herz- oder Pulsschlag beschleunigt hat, wann dir der Schweiß ausgebrochen ist und so weiter; die Gesichtserkennungssoftware analysiert, an welcher Stelle du gelacht hast, schockiert warst oder einen genervten Gesichtsausdruck hattest. Und während du das

Buch vielleicht bald wieder vergessen hast, merkt sich der Algorithmus alles, was er über dich gelernt hat, und speichert es in deinem Profil. Um dir beim nächsten Mal noch genauer das anzubieten, was du eigentlich willst – auch wenn es dir selbst gar nicht bewusst ist. Freie Produktwahl? Von wegen! Noch ein paar Schritte weitergedacht: In wenigen Jahren schon wird es keine große Sache mehr sein, beispielsweise psychische Störungen durch Umprogrammierung unserer Bioalgorithmen zu beseitigen. Auf dem Weltbewusstseinskongress 2018 in Barcelona konnte ich mit führenden Wissenschaftlern sprechen, die interdisziplinär in den Bereichen KI, Bio- und Nanotech forschen.

Auch mit Teemu Arina, einem der weltweit führenden Bio-Hacker, tausche ich mich regelmäßig aus. In seinem *Biohacker's Handbook* zeigt er das Potenzial des Zusammenspiels zwischen Technik, Natur und Selbstentwicklung. Gleichzeitig weist Teemu auf die bereits vorhandenen Möglichkeiten für weitgehende Eingriffe in die menschliche Gefühlswelt hin. Der finnische Vordenker erklärte mir: »Mit Technologien wie Neuro-Feedback können wir den Standardzustand des Gehirns bereits dauerhaft neu programmieren. Mit Arzneimitteln und Nootropika können wir die Gehirnaktivität modulieren, um die Emotionen und die geistige Leistungsfähigkeit zu beeinflussen. Mit der transkraniellen Elektrostimulation (TDCS) können wir auf Knopfdruck depressive Gedanken abschalten. In ähnlicher Weise ist der emotionale Zustand in der Zukunft eher eine Frage der Wahl als der Umstände. Dies führt zu einem Wettbewerb, der auf kognitiver Verbesserung beruht. Nicht alle Auswirkungen werden positiv sein.«

Aufgrund der exponentiellen Entwicklung von Rechenleistung und Speicherkapazität der KI-Maschinen und der gleichfalls sprunghaft angewachsenen Einsichten in die Biochemie des menschlichen Körpers können also heute bereits komplexe Algorithmen – beispielsweise ein menschlicher Organismus mitsamt seinem emotionalen Innenleben – nicht nur entschlüsselt, sondern auch zielgenau manipuliert werden. Nanobots sind winzige Roboter auf Molekularbasis; werden sie in einen Organismus eingeschleust, lassen sich künftig per Mausklick Algorithmen in unserem Innern aktivieren oder umprogrammieren – mit unabsehbaren Folgen für unsere Freiheit als Individuen und als Spezies.

Dezentralisierung oder digitale Diktatur

Nicht nur in den Laboren hat die Bio-Hacker- und Nanobot-Ära bereits begonnen. Doch gerade wegen der offenkundigen Vorteile der neuen Technologien besteht die Gefahr, dass wir die Macht über unser Leben und unsere Selbstbestimmung an die superintelligenten Maschinen abgeben, ohne uns der Konsequenzen bewusst zu sein: Wenn sie dich hacken können, um deine Depression wegzuklicken, können sie deine Gefühle auch so umprogrammieren, dass du bestimmte Produkte kaufst und bestimmte Politiker oder Parteien wählst – und nicht mal im Traum bemerkst, dass nicht *du* diese Entscheidungen getroffen hast. Sondern ein wenige Nanometer kleiner, mit unmenschlicher Intelligenz ausgestatteter Roboter in deinen Proteinstrukturen.

Adieu Humanismus, adieu freie Marktwirtschaft und Demokratie! **Wollen wir die Erfüllung des uralten Menschheitstraums von Unsterblichkeit, Gottähnlichkeit und Glückseligkeit?** Wollen wir, dass wir wie Marionetten zur Musik der Steuerungseinheiten tanzen oder in dem Takt zucken, auf den wir zum Wohl neuer Machteliten programmiert worden sind? Das wäre nichts anderes als eine digitale Diktatur. In der Vergangenheit sind Diktaturen über kurz oder lang immer daran gescheitert, dass der Staatsapparat die Flut an Informationen

nicht kontrollieren konnte. Mithilfe der neuen Technologien
wäre das kein Problem mehr.

Mach dir immer wieder bewusst: Es liegt an uns, an dir und
mir, wohin die Reise geht. Um zu verhindern, dass eine neue
Machtelite uns alle mit der digitalen Knute in die Knie zwingen
kann, müssen wir dafür sorgen, dass sich die Hoffnung endlich
erfüllt, die wir damals mit Netscape 1.0 verbanden: Das nächste
Internet muss dezentral sein, damit die Datenströme nicht von
einer Zentralstelle aus kontrolliert und manipuliert werden können.

Bewusstseinsrevolution: Der Mensch wacht auf

Entweder wir schlittern in einen weltweiten zivilisatorischen
Zusammenbruch mit Ökokollaps, ungesteuerter Roboterisierung, hundertmillionenfachen Jobverlusten, Rückfall ganzer
Weltregionen in Armut, rückwärtsgewandten Konzepten populistischer Vereinfacher – oder wir werden uns endlich der
Lage bewusst und entscheiden uns dafür, die unvermeidliche
große Korrektur so umsichtig und verantwortungsvoll zu gestalten, wie es überhaupt möglich ist. Noch ist es nicht zu
spät, doch uns bleiben nur wenige Jahre.

Wir müssen uns *jetzt* für die Rettung der Menschheit entscheiden – du, ich, jeder Einzelne, egal, in welchem Land und
in welcher Position er oder sie sich befinden. Wir brauchen
eine Bewusstseinsrevolution, eine neue Aufklärung. Wir müssen uns endlich damit beschäftigen, wer wir sind, was unsere
menschliche Natur ausmacht und wie eine menschengerechte
Welt beschaffen sein müsste.

Wir müssen und können nicht alles wissen, aber wir müssen unsere Handlungen reflektieren, also bewusst Entscheidungen treffen, anstatt reaktiv und bewusstlos zu agieren. Wir

müssen versuchen, zumindest in unserer eigenen Umgebung nach subjektiven, plausiblen, validen Kriterien zu entscheiden. Dafür brauchen wir die Fähigkeit zu philosophischer Kontemplation. Schon unsere Kinder müssen lernen, die Dinge nicht einfach als scheinbar naturgegeben hinzunehmen, sondern kritisch zu hinterfragen. Das betrifft sogar unser eigenes Gedächtnis.

Warum unsere Erinnerung lügt

Es gibt Lügen und Lügen. »Findest du, dass ich in der weißen Hose dick aussehe?« Du schaust nur kurz hin und antwortest: »Nein, gar nicht. Die steht dir gut.« Still für dich denkst du: »Ein paar Pfund weniger könnten nicht schaden. Und weiß muss eigentlich gar nicht sein.« Aber ist das der richtige Moment, um mit Ehrlichkeit zu glänzen? Schließlich gibt es Wichtigeres als zu eng sitzende Hosen – zum Beispiel eure Beziehung und der gemeinsame Ausflug, für den das weiße Textil eigens angeschafft worden ist.

Kleine Lügen wie diese erleichtern das Zusammenleben, werden von fast allen akzeptiert und ab und zu eingesetzt. Anders sieht es bei eigensüchtigen Lügen aus, mit denen man sich einen massiven Vorteil verschaffen oder einen groben Regelverstoß vertuschen will – beispielsweise, wenn ein Politiker Einkünfte auf Nummernkonten verschiebt, um Steuern zu hinterziehen. Solche Lügen können wir als Einzelne wie auch als Gesellschaft nicht einfach hinnehmen, denn sie untergraben das Vertrauen und zerstören den sozialen Zusammenhalt.

In unserer heutigen Stress- und Ablenkungsgesellschaft gehören aber nicht nur die kleinen, diplomatischen Unwahrheiten, sondern auch grobe, offenkundig betrügerische Lügen zunehmend zur Normalität. Die schamlosesten Lügner und Betrüger sind meist unsere führenden Politiker – und fast immer kommen sie mit ihren dreisten Verdrehungen durch. Wir empören uns über US-Präsident Trump, der uns dreimal täglich schamlos ins Gesicht lügt. Wir erregen uns über den russischen Präsidenten Putin, der trotz klarer Beweise leugnet, für Hackerangriffe und Giftanschläge verantwortlich zu sein. Wir sind erzürnt über den türkischen Präsidenten Erdoğan, der einen dilettantischen, wenn nicht selbst inszenierten Putsch für maßlose Säuberungsaktionen ausnutzt. Aber wir ziehen keine Konsequenzen aus unserer Empörung; als hätten wir insgeheim Verständnis für Lügner und Betrüger, nehmen wir ihren manipulativen Umgang mit der Wahrheit schulterzuckend hin. Wie lässt sich das erklären?

Tatsächlich gehen wir alle ständig mehr oder minder manipulativ mit Wirklichkeit und Wahrheit um. Polizisten und Richter können ein Lied davon singen: Jeder Augenzeuge eines Verbrechens wartet mit seiner eigenen Schilderung von Tathergang und Täter auf. Kaum jemand von ihnen sagt absichtlich die Unwahrheit: Wir erinnern Dinge eben so, wie sie zu unserer Persönlichkeit, unseren Glaubenssätzen oder einfach zu den Gedanken passen, die uns im betreffenden Augenblick gerade durch den Kopf gehen. Dadurch verändern wir permanent die Realität und weichen von der Wahrheit ab. Das ist unvermeidlich, denn wir Menschen sind fantasiebegabte, träumerische, auch lügnerische Wesen. »Die Wahrheit und nichts als die Wahrheit« auszusagen, wie es das Gesetz von vereidigten Zeugen fordert, ist ein unerreichbares Ideal, wie alle erfahrenen Richter wissen.

Aber das allein erklärt noch nicht, warum wir nicht entschiedener gegen die lügnerischen Despoten auf den Präsidentensesseln vorgehen; wieso wir uns immer mehr mit ihren Manipulationen abfinden; weshalb immer mehr Menschen der fatalen Faszination dieser tyrannischen Fake-Artisten erliegen. Der bereits erwähnte Wirtschaftsnobelpreisträger Daniel Kahneman, einer der bedeutendsten Psychologen unserer Zeit, hat die Widersprüchlichkeit der menschlichen Wahrnehmungsweise untersucht – mit verblüffenden Ergebnissen: **Wir alle denken und sprechen mit geteilter Zunge; wir alle kennen, erleben und erinnern zwei unterschiedliche Wirklichkeiten nebeneinander.**

Sind wir also mal Lügner, mal ehrlich? Ganz so einfach ist es nicht. In umfangreichen Untersuchungen hat Kahneman nachgewiesen, dass jeder von uns aus zwei Teilen besteht: dem »erlebenden Selbst« und dem »erinnernden Selbst«. Beide fühlen sich für uns wie ein und dasselbe Ich an, und doch haben sie höchst unterschiedliche Eigenschaften und Interessen. Um uns selbst auf die Schliche zu kommen, nicht immer wieder in die gleichen Fallen zu tappen, müssen wir lernen, zwischen diesen beiden Selbst-Hälften zu unterscheiden.

– *Das erlebende Selbst* lebt im Grunde nur in der Gegenwart, die es als Abfolge einzelner Momente erfährt. Je intensiver ein solcher Moment mit positiven Impulsen aufgeladen ist, desto besser – unser erlebendes Selbst will einfach nur mehr davon.

– *Das erinnernde Selbst* dagegen ist ein Geschichtenerzähler. Alles, was wir an Erinnerungen aufbewahren, sind Storys, die stets nach demselben Muster aufgebaut sind. Das erinnernde Selbst merkt sich die entscheidenden Situationen und vor allem das Ende jeder Episode und speichert sie so ab, dass sie für uns Sinn ergeben. Die weit überwiegende Mehrzahl der Momente aber, die zur Story nichts beitragen, wird gelöscht.

Ausgerechnet das, worauf es dem erlebenden Selbst ankommt, wird also in unserem Gedächtnis nicht aufbewahrt. Wie jeder gute Storyteller ordnet das erinnernde Selbst die bedeutsamen Szenen so an, dass sie den gewünschten Effekt erzielen. Wie der zeitliche Ablauf tatsächlich war und was es zwischendurch noch alles an nebensächlichen oder sich wiederholenden Ereignissen gab, spielt keine Rolle.

In vielen Disziplinen der Wissenschaft ist die Frage in den Fokus gerückt, wie wir Entscheidungen treffen und interagieren. Psychologen und Soziologen untersuchen, wie wenig rational wir als wirtschaftliche Akteure handeln. »Verhaltensökonomie«, der Shootingstar unter den wissenschaftlichen Disziplinen, ist ein Teilgebiet der Wirtschaftswissenschaften, das sich mit menschlichem Verhalten in ökonomischen Zusammenhängen beschäftigt, beim Kauf von Konsumgütern beispielsweise oder generell beim Umgang mit Geld. Dabei zeigt sich immer klarer, dass die klassische Modellannahme des Homo oeconomicus, des rationalen Nutzenmaximierers, mit der Realität nicht vereinbar ist.

Das erinnernde Selbst allein trifft nach Kahnemans Erkenntnissen in unserer inneren, psychischen Informationsgesellschaft alle Entscheidungen. Wie ein Tyrann schleppt es das erlebende Selbst zu Erlebnissen, die dieses eigentlich gar nicht haben will. Denn wenn wir Entscheidungen treffen, wählen wir nicht zwischen Erlebnissen, sondern zwischen Erinnerungen an Erlebnisse – und diese Erinnerungen sind im Grunde nichts anderes als Fake-Versionen des tatsächlich Erlebten. Willkürlich so gestutzt und zurechtgebogen, dass die Story zu unserem Selbstbild und unseren Plänen passt.

Ausgerechnet der Archivar und Entscheider in uns nimmt es also mit der Wahrheit nicht so genau. Die erfolgreichen Massenmanipulatoren wissen das – und verbünden sich still und leise mit diesen »Tyrannen« in uns allen, die sich in den Fake-Artisten (bewusst oder nicht) durchaus wiedererkennen.

Sind wir also alle ein bisschen Trump? Ja! Eben deshalb ist es so wichtig, dass du dich selbst durchschaust. Nicht nur Lügen-Jongleure wie Trump oder Erdoğan, auch die Designer der sozialen Medien wissen ganz genau, wie sie dich fesseln können – durch Sensationsstorys mit dem immergleichen Muster, die genau so aufgebaut sind, wie dein innerer Archivar es mag. Das erinnernde Selbst ist der bewusstlose Entscheider auf deiner Kommandobrücke; daher tuckerst du brav in Trumps und Zuckerbergs Schlepptau – bis du erkannt hast, dass du frei bist, deinen Verstand für bewusste Entscheidungen einzusetzen.

Die Welt ist im Kern nicht erklärbar

Das Höhlengleichnis des griechischen Philosophen Platon ist heute so gültig und aktuell wie vor zweieinhalbtausend Jahren. Wie die angeketteten Gefangenen in der unterirdischen Höhle können wir die Welt nicht unmittelbar, sondern nur einen schattenhaften Widerschein wahrnehmen, der uns durch unsere Sinnesorgane vermittelt wird. Daher können wir zwar beispielsweise durch Meditation unsere Wahrnehmung schärfen und unsere Achtsamkeit verbessern, aber wir werden nie mit Sicherheit wissen, ob das, was wir wahrnehmen, Traum ist, Fiktion oder Realität. Vielleicht sind wir alle in der *Matrix*, wie Neo und Trinity in der gleichnamigen Filmtrilogie, und was wir als real erleben, ist nichts als Simulation; vielleicht gibt es Parallelrealitäten, auch das können wir weder wissen noch ausschließen …

Das hindert uns offensichtlich keineswegs daran, immer bessere Modelle, Hypothesen und Prognosen zu entwickeln. Wir müssen und werden weiterhin erforschen, was sich rational, mit einem evolutionären Ansatz, analysieren lässt; aber wir müssen uns immer wieder klarmachen: **Die Welt ist in ihrem Kern nicht rational und kalkulierbar, sondern merkwürdig und irrational.** Was den Big Bang ausgelöst hat, werden wir auf diese Weise nie erklären können. Oder wie aus

Steinen Leben werden konnte, eine Erdbevölkerung von derzeit knapp acht Milliarden Menschen.

Bauchgehirn und intuitiver Kurzschluss

Die Zukunft entwickelt sich niemals linear aus den historischen Daten und Strukturen, sondern immer sprunghaft, durch Zerstörung und Schöpfung von etwas Neuem. Deshalb brauchen wir neben der rein datenbasierten, rational-wissenschaftlichen Methodik auch philosophische Herangehensweisen: Reflexion, Skepsis und »Kurzschluss«-Verknüpfungen von Bereichen, die bei rationaler Betrachtung unvereinbar scheinen.

Wir müssen lernen, nicht nur den Erkenntnissen unseres Logikgehirns zu glauben, sondern auch auf die intuitiven Einsichten unseres Bauchgehirns zu achten. Denn wir kennen nicht einmal die Fragen zu den Themen, mit denen wir uns beschäftigen – geschweige denn Antworten. Wir versuchen ständig, neue Fragen zu entwickeln und plausible Modelle zu konstruieren, mit denen sich Teilbereiche interpretieren lassen. Aber die Frage nach dem Warum (Warum ist hier etwas und nicht nichts?) ist philosophischer Natur; sie lässt sich rein wissenschaftlich-rational nicht stellen und erst recht nicht beantworten.

Deshalb rate ich dir: Lerne in der Wissensgesellschaft, auch auf deine Intuition zu achten und dein Urteilsvermögen zu schulen – nur so ist echte Aufklärung möglich. Wir alle kennen solche typischen Szenarien aus unserer gegenwärtigen Informationsgesellschaft: Du wirst durch manipulative Faktoren von außen zu etwas hingeleitet. Obwohl du dabei eigentlich kein gutes Gefühl hast, lässt du dich bewusst oder unbewusst ködern. Mach dir klar, was in diesem Moment passiert ist: Du hast genau die innere Instanz ignoriert, die du jeder KI-

Maschine voraushast: deine intuitive Intelligenz, dein Bauch-
gehirn, das zum »gesunden Menschenverstand« gehört.

Es gibt noch einen zweiten Bereich, in dem wir unser Bauch-
gehirn einsetzen müssen. Weiter oben habe ich es schon er-
wähnt: Um etwas wirklich Neues zu kreieren, musst du eine
Kurzschlussverbindung zwischen zwei Bereichen oder Themen herstellen, die bisher nicht zusammen gesehen wurden
und rein logisch betrachtet auch nicht zusammengehören. Es
geht hier also nicht um die Verschmelzung zweier Faktoren
wie bei Innovationen, sondern um die Schöpfung von etwas
vollkommen Neuem durch Zerstörung der beiden Dinge, die
zusammengebracht worden sind. Oder wie bei der oben gleichfalls schon erwähnten dialektischen Synthese: Auch sie entsteht, indem zwei Gegensätze – These und Antithese – in einem
höheren Ganzen aufgehen, das sehr viel mehr als nur die
Verschmelzung der beiden vorherigen Zustände ist.

Wie in der Quantenphysik können wir auch bei der Entwicklung der Quantenwirtschaft und der quantopischen Zukunftsgesellschaft nur weiterkommen, indem wir scheinbar inkompa-
tible Konzepte zusammenbringen. Experten, die bloß innerhalb
ihrer einer Disziplin forschen, sind dazu nicht imstande. **Gebraucht werden Kreuz- und Querdenker, die Ökonomie mit
Psychologie und Philosophie oder Naturwissenschaft mit
philosophisch reflektierter Psychoanalyse kurzschließen
können.**

Mitgefühl statt Empathie

Alle reden heute von Empathie, aber was wir in der Quantenwirtschaft brauchen, ist Mitgefühl.[10] Wenn du in der Fußgän-
gerzone einen zerlumpten Obdachlosen siehst und dir unwill-
kürlich vorstellst, wie du dich an seiner Stelle fühlen würdest,
reagierst du empathisch. Vielleicht schenkst du ihm ein paar
Euro und fühlst dich anschließend besser, schließlich hast du

eine gute Tat vollbracht. Aber der Empathie-Modus, die Aktivierung der Spiegelneuronen in unserem Gehirn, funktioniert nur in solchen Eins-zu-eins-Situationen. Bereits auf eine kleine Gruppe von drei oder vier Menschen in Not reagieren wir nicht empathisch, weil wir uns nicht in mehrere Personen gleichzeitig einfühlen können.

Empathie ist das Einfühlungsvermögen, in die Fußstapfen eines anderen treten und einen Teil des Schmerzes, den die andere Person möglicherweise erlebt, selbst zu erfahren. Wir können das in drei Dimensionen betrachten: Nächstenliebe, Empathie und Mitgefühl – diese sind miteinander verbunden. In der altruistischen Liebe manifestiert sich Empathie, wenn man mit dem Leid von Lebewesen konfrontiert wird – und diese Konfrontation generiert das Mitgefühl, nämlich den Wunsch, dieses Leid und dessen Ursachen zu beenden. So wirkt Empathie wie ein Prisma und verwandelt altruistische Liebe in Mitgefühl. Empathie kann sich abnutzen, sodass die Fähigkeit nachlässt, den Schmerz mitzuspüren, Mitgefühl jedoch unterliegt keiner Abnutzung und ist sozusagen »Liebe in Aktion«.

In seiner Streitschrift *Against Empathy. The Case for Rational Compassion* führt der amerikanische Psychologieprofessor Paul Bloom aus, warum Mitgefühl der Empathie vorzuziehen ist: Empathie ist irrational, Mitgefühl dagegen ist eine emotionale Reaktion, die unseren Verstand mobilisiert, also Reflexionen und Handlungen auslöst.

Ein Beispiel: In den USA riefen seriöse Hilfsorganisationen zu einer Spendenaktion auf, bei der man durch kleine Geldbeträge Menschenleben in Afrika retten konnte. Gleichzeitig wurde von einer anderen Organisation dafür getrommelt, zwölf unheilbar krebskranken Kindern »einen Tag mit Batman oder Robin« zu ermöglichen. Für diese kostspielige Aktion warben die Veranstalter mit hochemotionalen Filmsequenzen von sterbenden Kindern, die vor ihrem Tod noch einmal glücklich lächelten. Gespendet wurden Millionen, obwohl damit kein einziges Menschenleben gerettet wurde. Mit dem gleichen Betrag wären bei der anderen Initiative Hunderttausende Afrikaner vor dem Hunger- oder Seuchentod bewahrt worden. **Empathie ist etwas Gutes, wenn sie Mitgefühl auslöst – aber im Grunde ist sie eine egoistische Reaktion.** Ich fühle mich gut, weil ich mich in den anderen hineinversetzt habe; doch wenn ich nicht entsprechend handele, hat er nichts davon. Wenn wir im Empathie-Modus sind, interessieren wir uns nicht für harte Fakten. Das gelingt nur, wenn unsere emotionale Reaktion strukturiertes Denken und Erkennen in Gang setzt, also durch rationales Mitgefühl.

Bewusstsein, Philosophie und Leadership

Damit die Bewusstseinsrevolution gelingt, müssen die Verantwortlichen in Wirtschaft und Politik ebenso wie die Meinungsmacher in den Medien philosophisch geschult werden. Damit meine ich nicht, dass sie auf die Universität gehen und acht Semester Philosophie studieren sollten. **Es geht darum, Verantwortungsträgern die besten Methoden und Tools aus dreitausend Jahren westlicher und östlicher Philosophie an die Hand zu geben.** Sie müssen möglichst umgehend lernen, ihr Handeln zu reflektieren und nach Plausibilitätskriterien zu entscheiden.

Entsprechend trainierte Unternehmenslenker etwa müssten ökologische Nachhaltigkeitskriterien ebenso wie die Potenziale der künstlichen Intelligenz in ihre Entscheidungen einbeziehen. Dafür genügt es allerdings nicht, dass sie sich an kurzfristigen Gewinnprognosen orientieren – sie müssen lernen, auch die Zeichen der Zeit zu lesen. Wie es in *Belsatzar* heißt, der Ballade des deutschen Dichters Heinrich Heine über den König von Babylon: »Die Magier kamen, doch keiner verstand zu deuten die Flammenschrift an der Wand. Belsatzar ward aber in selbiger Nacht von seinen Knechten umgebracht.« Ersetze Belsatzar durch einen beliebigen Konzernlenker oder Spitzenpolitiker, die Magier durch seine Berater, die Knechte durch das Killerduo namens Klimakollaps und unkontrollierte KI – dann hast du ziemlich klar vor Augen, was in unserer Wirtschaft (und Politik) gerade katastrophal schiefläuft.

Aber was sollen sie denn machen? Schließlich bekommen Vorstandssprecher meist nur Fünfjahresverträge, und Politiker werden oft nur für vier Jahre gewählt. Bleibt ihnen etwas anderes übrig, als ihr Handeln an kurzfristig erreichbaren Zielen auszurichten? Das ist in der Tat ein weiterer Systemfehler – und ein Grund mehr, unsere dysfunktionale Pseudodemokratie möglichst umgehend durch ein zukunftstaugliches System zu ersetzen – ein System, in dem wir überhaupt noch eine Zukunft haben.

Ich bin überzeugt davon, dass Menschen grundsätzlich Gutes, Gemeinschaftsdienliches tun wollen und meist auch tun werden, wenn ihnen die Fakten vorliegen, die sie für ihre Entscheidung benötigen. Deshalb setze ich auf mutige und klarsichtige Unternehmenslenker und Politiker und rufe ihnen zu: Wacht auf! Handelt so, wie es euer Verstand und euer Gewissen von euch verlangen – tragt dazu bei, uns allen eine menschenwürdige Zukunft auf diesem Planeten zu sichern!

Teil III

Auf dem Weg nach Quantopia

»Ich weiß, dass ich nichts weiß.«
(Albert Einstein, 1955, kurz vor seinem Tod)

Die Initialzündung erfolgte mit der Wiederentdeckung der griechischen Philosophie und Künste in der Renaissance des 16. Jahrhunderts, die großen physikalischen Entdeckungen durch Isaac Newton, René Descartes, Galileo Galilei und weitere Wissenschaftler im Verlauf des 17. Jahrhunderts und das Engagement der »Aufklärer« für Bildung, Vernunft und Menschenrechte ab 1650.

Die bedeutenden Physikpioniere des 16. und 17. Jahrhunderts erforschten die Gesetzmäßigkeiten der, rückblickend sogenannten, »klassischen« Physik, die Newton in den nach ihm benannten »Grundgesetzen der Bewegung« zusammenfasste. Der Raum ist in der Newton'schen Lehre stets dreidimensional, die Zeit vergeht unabhängig von räumlichen Gegebenheiten, Position und Bewegung jedes physikalischen Körpers – ob auf der Erde oder im Weltraum – lassen sich stets exakt bestimmen: **Für Newton und Descartes ist das Universum ein gigantisches Uhrwerk, in dem sich das Verhalten jedes einzelnen Objekts präzise vorhersagen lässt, sofern alle erforderlichen Informationen vorliegen.** Ihre Erkenntnisse auf den Gebieten der Mechanik, Elektro- und Thermodynamik werden bis heute an den Universitäten gelehrt und in Forschung und Praxis angewendet. Ob Aufzug, Achterbahn oder Mondrakete – alle diese Technologien basieren auf Newton und Co.

Jedoch stellte sich aufgrund neuer Erkenntnisse etwa seit 1900 heraus, dass die Gesetze der »klassischen« Physik in atomar und subatomar kleinen und astronomisch großen Dimensionen keine Gültigkeit haben. Dem genialen deutschen Physiker Albert Einstein verdanken wir bahnbrechende Einsichten, die er 1905 und 1915 in seinen beiden Relativitätstheorien darlegte. Demnach verschmelzen Raum und Zeit in astronomischen Größenordnungen und bei nahezu lichtschnellen Geschwindigkeiten zur vierdimensionalen Raumzeit, deren Verzerrungen und Krümmungen mit Newtons Gravitationslehre unvereinbar sind.

6 Die bizarre Quantenrealität

Neben den deutschen Physikern Werner Heisenberg, Erwin Schrödinger und Max Born gelten der schweizerisch-amerikanische Physiker Wolfgang Pauli und der ungarisch-amerikanische Mathematiker und Informatikbegründer John von Neumann als bedeutende Pioniere der Quantenmechanik. Durch seine Forschungen zum Thema künstliches Leben, insbesondere zur Selbstreproduktion von Maschinen, war Neumann seiner Zeit weit voraus. Einsteins revolutionäre Einsichten in die Struktur von Raum und Zeit und die ebenso umwälzenden Konzepte der Quantenphysiker werden heute als »moderne« Physik von der »klassischen« abgegrenzt.

Newtons Lehrgebäude wird durch die Quantenphysik nicht etwa widerlegt; wir verstehen nur bislang noch nicht, wie sie miteinander zusammenhängen. Möglicherweise fehlen auch innerhalb der klassischen Physik noch einige Bausteine, von denen aus sich Brücken zur modernen Physik schlagen lassen. Die entscheidenden Erkenntnisfortschritte der nahen Zukunft sind jedenfalls von den vermeintlich leeren Zwischenräumen, den weißen Flecken zwischen den bereits erforschten Gebieten zu erwarten.

Klassische und moderne Physik

Subatomare Teilchen verhalten sich keineswegs so, wie es die Newtonschen Gesetze (und der gesunde Menschenverstand) erwarten ließen – ganz im Gegenteil: Sie legen ein bizarres Verhalten an den Tag, das der deutsche Physiker Werner Heisenberg erstmals 1925 als Gesetze der Quantenmechanik formuliert hat:

- *Nichtlokalität:* Partikel können gleichzeitig an zwei verschiedenen, beliebig weit voneinander entfernten Orten sein.
- *Teilchen und Welle:* Die Partikel sind auch nicht darauf festgelegt, Materie *oder* Energie zu sein, sondern können zugleich die Eigenschaften von klassischen Teilchen *und* von klassischen Wellen haben. Im Experiment »entscheiden« sie sich erst dann für eines von beidem, wenn sie durch einen Beobachter dazu »gezwungen« werden.
- *Kohärenz:* Die kohärenten (zusammenhängenden) Zustände von Teilchen in einem Quantensystem ähneln der klassischen (beispielsweise elektromagnetischen) Welle. Im dekohärenten Zustand verlieren sie ihre Quanteneigenschaften.
- *Überlagerung (Superposition):* In einem Quantensystem können sich Einzelzustände so überlagern, dass sich der Gesamtzustand als Summe der Einzelzustände beschreiben lässt. Ein Beispiel hierfür ist die Wellenfunktion eines Teilchens, das in diesem Überlagerungszustand zugleich lokalisierbar und nicht lokalisierbar ist.
- *Wahrscheinlichkeit statt Exaktheit:* Anders als in der klassischen Physik erhält man beim Messen eines Quantensystems nicht jedes Mal das gleiche Ergebnis, sondern ein Resultat innerhalb eines bestimmten Wahrscheinlichkeitsspektrums.
- *Unschärfe:* Die »Heisenbergsche Unschärferelation«, die der spätere Nobelpreisträger 1927 formulierte, besagt, dass wir

über zwei komplementäre Eigenschaften eines Teilchens nicht beliebig viel wissen können. Das gilt beispielsweise für Ort und Impuls (Bewegungszustand) eines Atoms oder Moleküls: Je mehr wir über diesen wissen, desto weniger über jenen.

– *Verschränkung:* Wenn bei einem von zwei (oder mehr) »verschränkten« Teilchen eine Zustandsänderung herbeigeführt wird, tritt diese auch bei dem (oder den) anderen Teilchen genau gleichzeitig ein, egal, wie weit sie voneinander entfernt sind. Das ist weder mit der klassischen Physik vereinbar, nach der Wirkungen durch ein Medium übertragen werden müssen, also nur verzögert eintreten können, noch passt es zu Einsteins Raum-Zeit-Theorie: Bei Quantenverschränkung tritt die gleichzeitige Zustandsveränderung selbst dann ein, wenn der verändernde Impuls mit mehr als Lichtgeschwindigkeit übertragen werden müsste – was zufolge der Relativitätstheorie unmöglich ist.

Schwirrt dir jetzt der Kopf, wenn du das liest? Keine Sorge, mit dem »gesunden Menschenverstand« ist das alles nicht zu verstehen. Dennoch hatten die »klassischen« Physiker recht: Die physische Welt und alle darin enthaltenen Objekte lassen sich als Mechanismen beschreiben und mathematisch berechnen. Das gilt auch für den menschlichen Körper einschließlich unseres Gehirns. Aber im Namen der modernen Quantenphysik müssen wir hinzufügen: Diese Beschreibung ist unvollständig. **In der subatomaren Dimension gelten ganz und gar andere Gesetze.**

Einstein meets Sokrates

Wie wenig diese mit den Newtonschen Gesetzen kompatibel sind, hat der Physiker Erwin Schrödinger 1935 durch ein Gedankenexperiment illustriert. Wäre unsere makroskopische Realität dem quantenmechanischen Überlagerungsprinzip unterworfen, könnten wir beispielsweise eine Katze von ihrer Umwelt isolieren und so in einen Zustand versetzen, in dem sie gleichzeitig lebendig *und* tot wäre. Erst wenn die Isolierung aufgehoben würde, müsste sich die Katze »entscheiden«, lebendig *oder* tot zu sein.

Solche »Katzenzustände« (»cat states«), wie sie analog zu Schrödingers Experiment genannt werden, sind aus dem Blickwinkel der klassischen Naturwissenschaften verwirrend, ja skandalös. Albert Einstein verwandte die letzten zwanzig Jahre seines Lebens darauf, die bizarren Resultate der Quantenphysik zu ergründen. Er war überzeugt davon, dass er einen grundlegenden Fehler finden oder weitere Gesetze entdecken würde, die einen Brückenschlag erlauben würden. Schließlich glaubte er wie Newton und Co. im Prinzip nach wie vor an die Berechenbarkeit der Welt.

Insbesondere die Quantenverschränkung bereitete dem vielleicht klügsten Mann der Welt Kopfzerbrechen. Er bezeichnete sie als »spukhafte Fernwirkung« und wandte sein ganzes Genie auf, um den Fehler oder die fehlende Variable zu finden. Zusammen mit den Wissenschaftlern Boris Podolsky und Nathan Rosen publizierte er 1935 einen Aufsatz über ein Gedankenexperiment, das als »Einstein-Podolsky-Rosen-Experiment« oder kurz »EPR-Experiment« berühmt geworden ist.

Darin werden Ort und Impuls zweier verschränkter Teilchen (T1, T2) in einem Quantensystem betrachtet. Da es sich um komplementäre Eigenschaften handelt, können sie laut Heisenbergscher Unschärferelation nicht beide exakt gemessen werden. Wenn man nun den Impuls von T1 misst, argumentieren Einstein und seine Mitautoren, ändert sich der Zustand auch des verschränkten zweiten Teilchens so, dass der Impuls von T2 mit dem gleichen Ergebnis gemessen werden kann. Gleiches gilt, wenn man stattdessen den Ort von T1 und anschließend den von T2 bestimmt. Einstein, Podolsky und Rosen folgerten daraus, dass die Quantenmechanik »unvollständig« sei, da sie den Anforderungen einer klassischen Theorie nicht entspreche. In einer vollständigen Theorie müsse jede physikalische Größe enthalten sein, deren Wert exakt vorhersehbar sei und sich messen lasse, ohne das System zu stören.

Zwanzig Jahre lang, bis zu seinem Tod 1955, suchte Einstein nach dem vermeintlich fehlenden Baustein der Quantenmechanik. Doch seine Suche blieb vergebens. Am Ende war er selbst zum Philosophen geworden und musste wie Sokrates, der Stammvater der abendländischen Philosophie, bekennen: **»Ich weiß, dass ich nichts weiß.«**

Erst 1982 gelang in empirischen Experimenten der Nachweis, dass nicht die quantenmechanische Theorie, sondern das EPR-Experiment fehlerhaft ist. Die Nichtlokalität der Teilchen in einem Quantensystem ist real. Durch seine hartnäckige Forschung hat Einstein entgegen seiner Absicht zum Erkenntnisfortschritt des neuen Wissenschaftszweigs beigetragen. Allerdings hat sich gezeigt, dass trotz EPR-Effekt keine Informationen in Überlichtgeschwindigkeit übertragen werden können; dieses Axiom der Relativitätstheorie gilt also auch in der Quantenwelt. Denn bei zwei verschränkten Teilchen ändert sich der Zustand des zweiten Teilchens zwar unmittelbar, wenn bei dem ersten eine Messung durchgeführt wird. Erst wenn die Korrelation auch bei dem Zweiten tatsächlich gemessen und – auf klassische Weise, also unterhalb der Lichtgeschwindigkeit – kommuniziert worden ist, lässt sie sich jedoch technisch nutzen.

Davon unabhängig hatte Einstein unrecht: Die Welt ist viel merkwürdiger, als er es wahrhaben wollte. Dennoch muss es eine Verbindung, ein gemeinsames Drittes geben, das die derzeit unüberwindlich scheinenden Widersprüche zwischen klassischer Physik und Quantenphysik in sich aufhebt. Schließlich ist die für das bloße Auge unsichtbare Quantenwelt mit ihren bizarren Effekten in jedem Atom eines jeden sichtbaren Objekts enthalten – in dem Stuhl, auf dem du sitzt, in deinem Körper und in jedem Krümel Sternenstaub in den Weiten des Alls.

Ist das nicht trotzdem ein eher akademisches Problem? Meine Antwort ist ein klares Nein, und zwar aus zwei Gründen.

Erstens: Quanteneffekte lassen sich unter Laborbedingungen mittlerweile fast schon im sichtbaren Bereich nachbilden. Umgekehrt werden dank Nanotech in diversen Industrien Materialien in einer Größenordnung von wenigen Nanometern verwendet, zum Beispiel bei Mikroprozessoren oder zur Oberflächenbeschichtung. In dieser Dimension aber treten bereits Quanteneffekte auf, die sich in theoretisch ungeklärter, eigentlich »unmöglicher« Art und Weise mit den wohlbekannten »klassischen« Effekten vermischen.

Zweitens: Die KI-Wissenschaft wird von den Fortschritten der Quantenforscher zwar massiv profitieren, sobald sie auf Quantencomputer mit ihrer millionenfach höheren Rechenleistung zurückgreifen kann. Doch in den KI-Modellen der tonangebenden Forscher kommt die bizarre Quantenrealität mit ihren »unlogischen« Effekten nicht vor. In ihren Konzepten ist Denken nichts anderes als binäres Rechnen, eine sture Abfolge von Wenn-dann-Algorithmen. Und sie sind kurz davor, Maschinen zu erschaffen, die zwar unendlich viel schneller denken können als die klügsten Menschen; doch die Intelligenz dieser Apparaturen wird eindimensional, kalt-logisch und somit unmenschlich sein.

Und er würfelt doch

Die Vordenker der klassischen Aufklärung waren davon überzeugt, dass sich unsere Welt restlos rational erklären und mit mathematischen Formeln beschreiben lässt. Ob unendlich groß oder unendlich klein, fern oder nah, belebt oder unbelebt – alles und jeder war für sie den gleichen »Naturgesetzen« unterworfen, dem logischen Bauplan eines mechanischen Universums. Subjektivität, Emotion, Ahnung, Vision, Intuition – all diese menschlichen Erfahrungsdimensionen, die in »vorwissenschaftlichen« Zeitaltern als wichtige Erkenntnismedien galten, wurden von den Aufklärern als Quellen von Irrtum, Vorurteil und Aberglaube abgetan.

Wie sich durch die Erkenntnisse der Quantenphysiker herausgestellt hat, ist unsere Welt im Kern eben nicht rational, sondern folgt bizarren, »quantastischen« Gesetzen, die wir bislang nicht annähernd verstanden haben. Entsprechend müssen wir uns von der Idee der klassischen Aufklärer verabschieden, dass wir allein durch rationale Logik diese Welt vollständig verstehen – und technologisch nachbilden – können. Denn es ist genau dieser Irrtum, der uns an die Schwelle der Menschendämmerung geführt hat, des drohenden Anbruchs einer transhumanen Ära, die von monströsen Ausgeburten rationalistischer Logik beherrscht würde. Höchste Zeit also für eine neue, moderne Aufklärung, welche die klassische ebenso erweitert, wie die moderne Physik zur klassischen hinzugekommen ist.

Wir leben in einer Quantenrealität. Nur: Was bedeutet das eigentlich? Partikel können gleichzeitig Wellen sein, schön und gut. Aber was genau stellst du dir darunter vor? Schließlich haben wir alle gelernt, dass unsere Welt aus Atomen besteht, aus materieller Substanz. Tatsächlich aber macht die Leere zwischen den Partikeln den weitaus größten Teil des gesamten Raums aus – draußen im Weltall genauso wie innerhalb der

Atome. Also besteht unsere Welt und bestehen auch wir selbst in Wirklichkeit nicht aus Materie, sondern weitestgehend aus nichts, aus leeren Zwischenräumen? Und wenn das zutrifft: Haben dann unsere klassischen Wissenschaften überhaupt noch irgendwelche Relevanz?

Diese Fragen werden von den klügsten Köpfen hitzig diskutiert, seit Albert Einstein mit seinem Versuch gescheitert ist, die »spukhafte« Quantenmechanik zu widerlegen. Sosehr er sich auch mühte, er konnte keine Variable entdecken, die ihm erlaubt hätte, Zufall und Wahrscheinlichkeit in die Schranken zu weisen. »Gott würfelt nicht«, hielt er Niels Bohr bereits 1920 entgegen. »Hör auf, Gott vorzuschreiben, wie er die Welt regieren soll«, erwiderte der Quantenforscher ungerührt.

Zweiundzwanzig Jahre später haderte Einstein noch immer mit den Spukeffekten der Quantenwelt. »Es scheint hart, dem Herrgott in die Karten zu gucken«, schrieb er in einem Brief an den ungarischen Mathematiker und Physiker Cornelius Lanczos. »Aber dass er würfelt und sich telepathischer Mittel bedient (wie es ihm von der gegenwärtigen Quantentheorie zugemutet wird), kann ich keinen Augenblick glauben.« Doch nach allem, was wir heute wissen: **Das Prinzip, das uns und unsere Welt im Innersten zusammenhält, ähnelt am ehesten einer Lotterie.**

7 Willkommen in der Quantenwelt

Auf den ersten Blick scheinen die Regeln der Quantenrealität nicht nur den Gesetzen der klassischen Physik, sondern auch unserer Alltagserfahrung Hohn zu sprechen: Schließlich sind Lebewesen entweder lebendig oder tot, etwas ist entweder Materie oder Energie, ein Objekt ist entweder an diesem oder an jenem Ort ... Schaut man aber genauer hin, so passen Quanteneffekte wie Überlagerung und Nichtlokalität durchaus zu unserer typisch menschlichen Erfahrungsweise: Wir selbst sind Materie und Geist; als Körper den Newtonschen Gesetzen unterworfen, aber kraft unserer geistig-seelischen Fähigkeiten können wir mühelos an mehreren Orten zugleich sein: in Gedanken, Erinnerungen, Visionen ...

Auch das Grundmuster der Heisenbergschen Unschärferelation ist aus vielerlei alltäglichen Zusammenhängen vertraut. Zum Beispiel aus der Wirtschaft: Je mehr wir den Fokus auf die Finanzanalyse lenken, je genauer die Berechnungen, je besser die verwendeten Algorithmen, desto weniger wissen wir über die Märkte – und desto wahrscheinlicher wird eine von den Märkten ausgehende Korrektur. Das ist sozusagen die »ökonomische Unschärferelation«, und sie basiert auf der Interaktion zwischen Materie und Energie, physikalischer und mentaler Dimension, die unsere tagtägliche Realität in vielfacher Weise prägt. **Das Fundament der Quantenmechanik wie auch** der Ökonomie ist die Unvorhersehbarkeit. **Entsprechend wird es in der Quantenwirtschaft mehr denn je auf die Fähigkeit ankommen, Unerwartetes zu erwarten.**

Quantenforschung ist wie Expeditionen in eine merkwürdige andere Welt – eine Parallelwelt direkt unter der Oberfläche unserer sichtbaren Wirklichkeit. Je weiter die Forscher vordringen, desto bizarrer sind die von ihnen beobachteten Effekte. Oder verhält es sich so, dass sich die wahrgenommene Realität ändert, weil wir sie auf der Quantenebene so intensiv beobachten? Zu den seltsamen Quanteneffekten gehört ja auch, dass Teilchen erst durch einen bewussten Beobachter dazu »gezwungen« werden, sich auf einen Zustand oder eine Eigenschaft festzulegen. Wie ist das zu erklären? Und was bedeutet es für das Konzept einer »objektiv« erkennbaren und messbaren Realität, auf dem die klassische Naturwissenschaft beruht? Senden wir durch Gedanken, durch bewusste Beobachtung und Reflexion, möglicherweise Energieimpulse aus, die unsere Realität auf der Quantenebene verändern?

Für klassische Naturwissenschaftler ist das eine beunruhigende Vorstellung. **Die Philosophen dagegen lehren seit jeher, dass jeder Mensch durch sein Denken, Sprechen und Handeln die eigene Realität viel stärker beeinflussen kann, als wir gemeinhin glauben.** Phänomenologen wie der österreichisch-deutsche Philosoph und Mathematiker Edmund Husserl (1859–1938) oder der französische Philosoph Maurice Merlau-Ponty (1908–1961) gehen davon aus, dass jede unserer Wahrnehmungen durch die »Intentionalität« (Husserl) unseres Bewusstseins mitgeformt wird: Im Prinzip nicht anders als in der Quantenforschung »verhält« sich ein Objekt je nach unseren Absichten und Erwartungen, wenn wir uns darauf fokussieren. Anhand von typischen Täuschungen und Vexierbildern erläutert Husserl, dass wir Objekte niemals »pur« wahrnehmen können, sondern immer nur im Filter unserer Subjektivität.

Mittlerweile werden die Erkenntnisse der Quantenforschung auch von der Öffentlichkeit zumindest kursorisch zur Kenntnis genommen. In Gesprächen mit Führungskräften und jungen Menschen nehme ich immer häufiger eine neue Sichtweise unserer Wirklichkeit wahr, die von der Quantenmechanik inspiriert ist und zugleich an alte spirituelle und Weisheitslehren anknüpft. Immer mehr Menschen fragen sich nicht mehr, ob, sondern auf welche Weise unsere Gedanken, unser Bewusstsein, die Art, wie wir uns auf unsere Umgebung beziehen, Einfluss auf die Welt nehmen. Sie sind offen dafür, durch Dialog und Austausch Neues zu schaffen. Und sie suchen nach Wegen, ihr Bewusstsein noch gezielter und achtsamer auszurichten, um zu einer guten, konstruktiven Entwicklung beizutragen – und gemeinsam unsere Quantenrealität zu formen.

Von Faden-, Blasen- und Multiwelten

In welcher Welt leben wir eigentlich? In Newtons und Descartes' stabilem Weltgebäude aus solider Materie jedenfalls nicht. Wie viele Dimensionen hat unser Universum? Besteht es wirklich aus Teilchen – oder vielleicht (auch) aus Strings? Bereits 1957 hat der amerikanische Physiker Hugh Everett III. die »Viele-Welten-Interpretation« (»Many Worlds Interpretation«, kurz MWI) vorgestellt. Darin behauptet er, dass jedes mögliche Messresultat eines Quantensystems in einer eigenen Welt Realität geworden sei. Das Ergebnis wäre ein Multiversum mit unvorstellbar vielen Parallelwelten. Demnach würden wir in einem Universum der Potenzialität leben. Ist die Viele-Welten-Interpretation einfach nur eine verrückte Theorie – oder eine logische Erklärung für die »spukhafte« Zufälligkeit der Quantenereignisse, die Einstein fast zur Verzweiflung trieb?

Diese Frage stellt sich erst recht, wenn man sich mit den Stringtheorien beschäftigt, die seit 1970 entwickelt werden. Sie gehen auf die Beobachtung der Teilchenforscher zurück, dass die »starke Kraft« so wirkt, als wären Quarks beziehungsweise Hadronen (Teilchen aus Quarks und Gluonen) durch elastische Fäden oder Saiten (Strings) miteinander verbunden. Nach Ansicht der Stringtheoretiker sind Hadronen keine punktförmigen Partikel, sondern »eindimensionale Fäden«. Ihre Theorien haben den Vorteil, die Widersprüche zwischen Quantenmechanik und Einsteins Allgemeiner Relativitätstheorie aufzulösen. Laut der M-Theorie, einer Art »Best-of« der diversen Stringtheorien, leben wir in einem fünfdimensionalen Universum, dessen fünfte Dimension wir allerdings nicht wahrnehmen können.

Schauen wir uns weitere mögliche Nachfolger der klassischen Physik an. Der russische Kosmologe Andrei Dmitrijewitsch Linde entwickelte das Modell der »Blasenuniversen«. Demnach bildeten sich zu Anbeginn der Zeit an verschiedenen Stellen des Raums nach dem quantenmechanischen Zufallsprinzip »Keime«, aus denen durch Urknall jeweils ein eigenes Universum hervorging, von einer Blase umschlossen und so vom restlichen Raum abgetrennt.

Jede dieser Theorien hat ihre Vorzüge und Anhänger in der Fachwelt, doch ob eine von ihnen mehr ist als eine originelle oder verrückte Idee, lässt sich derzeit nicht sagen. **Fest steht nur, dass die Zeiten, in denen wir dem Anschein physischer Realität blindlings vertrauen konnten, unwiderruflich vorbei sind.** Was sich nach solider Substanz anfühlt, besteht fast ausschließlich aus Zwischenräumen, die je nach Blickwinkel leer sind oder gefüllt mit einer gegenwärtig nicht erklär- und messbaren Energie.

Die Reise der Menschheit ist so merkwürdig wie spannend, und je mehr wir unterwegs erforschen, desto weniger können wir erkennen, wohin sie uns führen wird. Sicher ist lediglich, dass wir von der sichtbaren Oberfläche immer tiefer ins Innere vordringen – in kleine, kleinste, allerkleinste Dimensionen.

Auf der Suche nach dem Gottespartikel

Als die Wissenschaftler herausfanden, dass Organismen aus Zellen bestehen, hieß es: »Das sind die kleinsten Einheiten des Lebens.« Immerhin besteht ein menschlicher Körper aus etwa 37,2 Billionen Zellen. Dann kam die revolutionäre Entdeckung der Atome: Jede einzelne Zelle besteht aus hundert Billionen Atomen – kleiner ging es doch wirklich nicht? Ging es doch: Jedes Atom hat einen Nukleus als Kern. Nun begann die Erforschung der subatomaren Welt der Partikel, Neutronen und Protonen.

Wie sich bald darauf zeigte, hatte man noch immer nicht die kleinsten Einheiten gefunden: Protonen bestehen aus Quarks. Damit war man in der Quantenwelt angekommen, in der Partikel gleichzeitig Wellen sind. Aber wie der britische Physiker Peter Higgs bereits in den Sechzigerjahren darlegte, war das Bild noch immer unvollständig. Alle Elementarteilchen erhalten ihre Masse erst aus der Wechselwirkung mit den Schwingungen des allgegenwärtigen »Higgs-Felds« – außer einem ominösen Partikel, das theoretisch vorhanden sein muss, aber ein halbes Jahrhundert lang nicht empirisch nachgewiesen werden konnte: das »Higgs-Boson« oder »Higgs-Teilchen«. Seit Jahren geistert es durch die Medien, dort meist als »Teilchen Gottes« oder »Gottespartikel« bezeichnet. Um es experimentell nachweisen zu können, benötigten die Forscher einen Teilchenbeschleuniger mit genügend Energie. So gelang erst im Jahr 2012 im europäischen Beschleunigungszentrum CERN Nachweis und Messung eines Higgs-Teilchens.

Die Messdaten werden seither von den Forschern ausgewertet. Handelt es sich bei dem entdeckten Partikel tatsächlich um das »Teilchen Gottes«, den Schlüssel zu den tiefsten Geheimnissen unserer Welt? Wie schwer ist das Partikel? Wie klein? **Wird sich am Ende wiederum zeigen, dass wir noch tiefer vordringen können, in noch winzigere Dimensionen?**

Mehr Power für die Verrückten!

Heute stehen wir an einem Punkt, an dem die Debatte von schrillen Persönlichkeiten und steilen Thesen geprägt wird. Hat sich die materielle Welt als bloße Illusion herausgestellt, wie es die Weisheitslehren in Ost und West seit Jahrtausenden erklären? Ist letzten Endes alles Energie? Die theoretische Physik nähert sich spirituellen Weltmodellen – und die spirituellen Vordenker ihrerseits zeigen lebhaftes Interesse an den Erkenntnissen und Spekulationen der Quantenforscher.

Der Schweizer Selfmade-Physiker Nassim Haramein hat eine hochumstrittene Feldtheorie entwickelt, die Spiritualität und Wissenschaft miteinander verbinden soll. Der Raum ist in seinem Ansatz nicht leer, sondern durch ein strukturiertes »Vakuumfeld« aus purer Energie gefüllt, dem Ursprung von allem, was existiert. Für ihn geht es nicht darum, die Zusammensetzung materieller Strukturen zu erforschen, sondern um ein tieferes Verständnis des Energiefeldes. Seine Aussage, dass die Welt zu 99,99999 Prozent aus (vermeintlicher) Leere bestehe, liefert einen übergreifenden Erklärungsansatz für Schwarze Löcher und für Quantenereignisse, also für Phänomene im ganz Großen wie im ganz Kleinen.

Haramein wird von der Fachwelt belächelt, weil sein Modell nicht genügend in die Tiefe gehe, aber vielleicht weist er dennoch einen zukunftsträchtigen Weg: Sein Ansatz knüpft unter anderem an die Metaphysik des deutschen Philosophen Martin Heidegger und dessen berühmtes Diktum an: »Das Nichts nichtet.« Zumindest sorgt er für frischen Wind in den mitunter recht festgefahrenen Debatten.

Wie Haramein bin auch ich davon überzeugt, dass wir auf philosophische Konzepte zurückgreifen müssen, um dringend benötigte Verbindungen zwischen wissenschaftlichen und spirituellen Ansätzen zu schaffen. **Bei manchen Themen wissen wir derzeit nicht einmal, wie wir darüber sprechen können; schon deshalb sollten wir auch Querdenker mit unkonventionellen Theorien ermutigen, indem wir ihnen Aufmerksamkeit schenken und die nötigen Ressourcen für ihre Forschungsprojekte zur Verfügung stellen.** Schließlich lehrt uns die Geschichte, dass von den vermeintlich Verrückten oftmals bahnbrechende Impulse ausgegangen sind. Nur sehr wenige der kühnen Ansätze werden sich am Ende als weiterführend herausstellen – aber auf welche das zutrifft, können wir eben nicht im Voraus wissen. Dafür ist unser Wissen über die Welt schlichtweg zu dürftig und lückenhaft.

Die Expedition ins Unbekannte geht also weiter. An einem endgültigen Ziel werden wir vermutlich niemals ankommen. Entscheidend ist allerdings, dass wir immer besser erkennen, wie in unserer Quantenwelt der Interdependenzen alles miteinander verbunden ist – sei es durch ein kosmisches Energiefeld, ein kollektives Bewusstsein oder durch ein spirituelles Konzept.

Durch »Quantenhoheit« zur Weltherrschaft?

Ein bedeutender Pionier der Quantenphysik ist der amerikanische Mathematiker und Nobelpreisträger des Jahres 1965, Richard Phillips Feynman. 1981 behandelte er in einem Vortrag die Frage: Kann Quantenphysik wirksam von klassischen Computern simuliert werden? Feynman kam zu dem Schluss, dass Quantencomputer diese Aufgabe am besten lösen könnten. Damit ist er einer der Ersten, die ein Quantencomputer-Modell entwarfen. Im selben Jahr trafen fünfzig führende Computerwissenschaftler und Physiker am Massachusetts Institute of Technology (MIT) zu einer Konferenz zusammen, um die Entwicklung des Quantencomputers voranzutreiben. Der Initiator war auch hier Richard Feynman.

Die Funktionsweise von Quantencomputern basiert nicht auf den Gesetzen der klassischen Physik, sondern auf quantenmechanischen Prinzipien, insbesondere auf Verschränkung und auf der Überlagerung von Eigenschaften in einem Quantensystem. Herkömmliche Computer speichern Informationen in Bits entweder als 1 oder als 0; aufgrund des Überlagerungseffekts befinden sich Quantenbits (Qubits) jedoch in beiden Zuständen gleichzeitig – und können daher doppelt so viele Informationen pro Zeiteinheit verarbeiten.

Der Ende 2018 leistungsfähigste Quantencomputer heißt Bristlecone und steht in einem Google-Labor. Der Chip bringt es auf 72 Qubits, eine auf den ersten Blick bescheidene Zahl; doch sehr viel mehr braucht es nicht, um selbst die besten der herkömmlichen Rechner zu schlagen, wenn er stabil läuft. Nur 50 Qubits können 10.000.000.000.000.000 Zahlen darstellen. Ein klassischer Computer würde einen Speicher im Petabyte-Maßstab benötigen, um diese Zahl zu speichern. Eine Möglichkeit zur Erlangung der Quantenvorherrschaft besteht also darin, ein System zu schaffen, das 49 Qubits in einer

Überlagerung von Zuständen unterstützt (Superposition). Angeblich will Google bereits in allernächster Zukunft »Quantenüberlegenheit« erreichen. Damit ist der Punkt gemeint, ab dem Quantencomputer Berechnungen anstellen können, die nicht einmal mit den leistungsfähigsten herkömmlichen Supercomputern durchgeführt werden können.

Der Siegeszug der Quantencomputer steht also nahe bevor – und er wird unsere Welt ebenso dramatisch verändern wie Gutenbergs Erfindung vor einem halben Jahrtausend. Nur wird es diesmal nicht dreihundert Jahre dauern, bis die technologische Revolution entsprechende gesellschaftliche Umwälzungen auslöst, sondern nur wenige Jahre oder sogar Monate. Noch müssen die Wissenschaftler einige hohe technische Hürden meistern, ehe die neue Technik einsatzbereit ist. So ist die Fehlerrate der Quantencomputer bisher noch zu hoch für den breitflächigen Einsatz. Schon minimale Temperaturschwankungen können die Kohärenz von Qubits zerstören, also ihre Fähigkeit, sich in zwei Quantenzuständen zugleich zu befinden. Die Fehlerrate durch plötzlich eintretende Inkohärenz steigt mit der Anzahl der Qubits. Gegenwärtig suchen die Forscher fieberhaft nach effizienten Wegen, um die Kohärenzdauer zu steigern und die Fehlerrate zu drücken. Auch mit dem Energieverbrauch gibt es noch Probleme.

Im Grunde weiß aber heute noch niemand wirklich, wie genau Quantencomputer für die kommerzielle Nutzung aussehen und funktionieren werden. IBM hat dazu auch eine »Q Quantum Experience« aufgesetzt, eine offene Plattform in der Cloud, in die sich jeder einloggen kann. Auf diese Weise können die Ingenieure testen, wie die Quantentechnologie im Dauereinsatz funktioniert. Damit sie stabil läuft, hat man sich allerdings für einen Kompromiss entschieden: Online-Nutzer können dem Rechner Fragen stellen, aber die Programmierung kann nicht individuell angepasst werden. Das Stadium, in dem externe Forscher mit allen Knöpfen spielen können, um die Technik zu optimieren, ist also noch nicht erreicht. Anfang 2019 präsentiert IBM das »Q System One« als ersten kommerziellen Quantencomputer – ein hübscher 9 Meter hoher Glasbehälter, der erste Quantencomputer, der außerhalb des Forschungslabors verwendet werden kann. Dieses »Q System One« umfasst 20 Qubits.

Auch als die ersten herkömmlichen Computer gebaut wurden, glaubte man, dass diese Technik nur etwas für Wissenschaftler sei. Das hat sich als grandioser Irrtum herausgestellt – und bei Quantencomputern wird es eine analoge Entwicklung geben. Anfangs wird die Technik so teuer und unhandlich sein, dass sie nur in Laboren und Cloudservern zum Einsatz kommt; aber mit zunehmender Skalierung und Optimierung werden die Kosten sinken und die Geräte auch für Endkunden erschwinglich werden.

Der Wettbewerb hat sich 2018 nochmals intensiviert. Wenn du diese Zeilen liest, wird auch Googles 72-Qubit-Rekord schon wieder Geschichte sein. The battle is on. 2019 und 2020 sind die Schlüsseljahre für die weitere Entwicklung. Neben Alphabet (Google) und IBM setzen auch andere US-Tech-Giganten wie Microsoft und Intel auf die mit Abstand wichtigste neue Technologie.

Der Kampf wird längst nicht mehr nur zwischen den Silicon-Valley-Oligarchen ausgefochten. Auch der chinesische Megakonzern Alibaba steigt in die Entwicklung von Quantenprozessoren ein; andere Länder wie zum Beispiel Australien investieren gleichfalls. Im September 2018 hat die US-Regierung einen Gesetzentwurf zur »Beschleunigung von Bildung, Forschung und Entwicklung« vorgelegt, den National Quantum Initiative Act. In der Folge werden die Aufmerksamkeit für und Investitionen in die neue Technologie explosiv steigen, was zu mehr Akzeptanz, Wachstum und Fortschritt führen wird, allerdings auch zu mehr Verwirrung. In Deutschland meldet VW Anfang 2019 eine Premiere – es sei erstmals gelungen, mittels eines Programms zur Verkehrssteuerung auf einem Quantencomputer Prognosen des Verkehrsaufkommens durch präzise Berechnungen zu ersetzen.[11]

Die Quantenkommunikation, also die abhörsichere Verschlüsselung von Informationen durch angewandte Quantenphysik, gilt als Eckpfeiler der »zweiten Quantenrevolution«. Hier ist der Durchbruch bereits geglückt; für die praktische Umsetzung müssen allerdings noch kompakte und kosteneffiziente Module entwickelt werden. Um dieses Ziel zu erreichen, wurde das Leuchtturmprojekt UNIQORN (Affordable Quantum Communication for Everyone: Revolutionizing the Quantum Ecosystem from Fabrication to Application) ins Leben gerufen, eine der ehrgeizigsten Forschungsinitiativen der Europäischen Union. Es verfügt über ein Budget von einer Milliarde Euro und soll Forschungseinrichtungen, Hochschulen, Unternehmen und politische Entscheidungsträger zusammenführen. Ziel des Projekts ist es, die europäische Führungsposition in diesem Bereich auszubauen und die Erkenntnisse der Quantenforschung in kommerzielle Anwendungen und innovative Technologien umzusetzen.

Auch wenn es für dich wie eine Mischung aus Fantasy und Science-Fiction klingen mag: Eines nicht allzu fernen Tages werden wir imstande sein, direkt miteinander zu kommunizieren – nicht via Skype oder Smartphone, sondern durch technisch gestützte Gedankenübertragung. Die Frage ist längst nicht mehr, ob, sondern wann auch hier der Durchbruch gelingen wird – und wie wir mit den heiklen ethischen und Sicherheitsaspekten umgehen werden.

Die Risiken liegen auf der Hand: Wenn unsere Gedanken dank Quantentechnologie gehackt werden können, ist es mit der menschlichen Freiheit wohl endgültig vorbei. »Gedankenverbrecher«, in Orwells *1984* noch finstere Fiktion, könnten dann in der Realität verfolgt und für ihre »verbotenen Gedanken« bestraft werden. Entsprechend ist bei der Ausgestaltung der Mensch-Maschine-Schnittstellen höchste Vorsicht geboten, falls wir uns als Gesellschaft für Gedankenkommunikation entscheiden.

Es geht um nichts Geringeres als die »Quantenhoheit«, die technologische Überlegenheit. Wann genau es gelingen wird, die Rechenleistung und damit die Problemlösungsfähigkeit der klassischen Supercomputer zu übertreffen, lässt sich nicht präzise abschätzen. Aber dieser Punkt könnte schon bis Ende 2020 erreicht sein, und wer als Erstes über diese Technologie verfügt, hat damit die »Weltherrschaft« errungen – jedenfalls in der Theorie. Sechs Monate Vorsprung auf diesem Feld seien so viel wie bislang zehntausend Jahre im Schneckentempo der Evolution, behaupten zumindest einige Quantengurus.

Bei der gemeinsamen Improvisation und Kreation unserer zukünftigen Quantenwelt wären marktbeherrschende Unternehmen ohnehin nur hinderlich. Vielmehr müssen wir das neue Wissen zusammen testen, weiterentwickeln und Fortschritte miteinander teilen. So wie herkömmliche Computer zur wichtigsten Technologie des 20. Jahrhunderts wurden, weil unzählige Mitglieder des klassischen Ökosystems gemeinsam daran arbeiteten, wird auch ein neues, vielfältiges Ökosystem Quantencomputer zur wichtigsten Technologie des 21. Jahrhunderts machen – mit dem Unterschied allerdings, dass das neue Ökosystem »interconnected« sein wird. Das Spiel wird also nicht nach dem alten, falschen Motto »The winner takes it all« funktionieren. Zumindest theoretisch haben wir vielmehr alle die Chance, zu gewinnen. Die grenzenlose Erweiterung der Rechenkapazität kann in der Tat neue Wege zur Heilung von Krankheiten wie Krebs und Alzheimer eröffnen, zur Entwicklung neuer Materialien mit ungeahnten Eigenschaften und zur weiteren Erforschung oder sogar zu einem neuen Verständnis des Universums.

Das hört sich vielleicht an wie Zauberei«, aber Quantenphysik hat mit Magie nichts zu tun. Trotzdem müssen wir aufpassen, damit wir am Ende nicht wie Goethes oben zitierter Zauberlehrling dastehen: unfähig, die Mächte zu kontrollieren, die wir entfesselt haben.

Wenn die ersten Quantencomputer von IBM, Google oder Alibaba demnächst zum Test ihrer Leistungsfähigkeit antreten, wird sich ein unlösbares neues Problem stellen: Wie kann der Qubit-Rechner seine »Quantenüberlegenheit« beweisen, wenn man seine Berechnungen definitionsgemäß nicht mehr überprüfen kann? Theoretisch kann er eine inakzeptabel große Fehlermenge produzieren – nur könnte das leider niemand mehr feststellen, geschweige denn, die Fehler beheben.

Dieses Problem ist nur ein Vorgeschmack auf die Herausforderungen durch »übermenschlich« intelligente Maschinen: Wenn wir den Algorithmen die Steuerung von immer mehr Lebensbereichen überlassen und sich irgendwann unerwünschte Effekte abzeichnen, könnte es für eine Korrektur zu spät sein.

8 Was (künstliche) Intelligenz bedeutet

Am Massachusetts Institute of Technology in Cambridge wurden nicht nur in den Achtzigern die ersten Quantencomputer-Modelle entworfen – das MIT ist auch bei der Erforschung der künstlichen Intelligenz ganz vorne mit dabei. Dank einer 350-Millionen-Dollar-Spende von Stephen Schwarzman, dem Gründer und CEO der US-Investmentgesellschaft Blackstone, kann derzeit das Signature New Building auf dem MIT-Campus errichtet werden. Es ist Teil des größten Investments in der Geschichte der Eliteuniversität, das eine Milliarde US-Dollar umfasst und ganz im Zeichen der KI-Forschung steht.

Dieses Engagement hat Tradition in Cambridge: 1956 begründete der in Boston geborene Logiker und Informatiker John McCarthy am MIT den Forschungsbereich »Künstliche Intelligenz« als Zweig der Informatik. Bereits einige Jahre zuvor schrieb der britische Logiker und Mathematiker Alan Turing an der Universität Manchester die erste Software für einen Computer und befasste sich mit dem Problem der künstlichen Intelligenz.

Der nach ihm benannte Turing-Test, erstmals 1950 veröffentlicht, wird bis heute verwendet, um die Denkfähigkeit von Maschinen zu messen: Stell dir vor, du chattest mit zwei Gesprächsteilnehmern. Einer von ihnen ist ein Mensch, der andere eine Maschine. Wenn du beide intensiv befragst und trotzdem nicht herausfinden kannst, wer von ihnen eine Maschine ist, hat diese laut Turing den Test bestanden und besitzt ein »dem Menschen ebenbürtiges Denkvermögen«.

Kritiker des Turing-Tests und seiner diversen Weiterentwicklungen wenden ein, dass dadurch nicht die intellektuellen Fähigkeiten der Maschine, sondern vor allem die Leichtgläubigkeit des menschlichen Fragestellers getestet werde. Auf jeden Fall erlaubt das Verfahren nicht, zu entscheiden, ob die Antworten der »intelligenten« Maschine auf selbstständige Denkprozesse und Entscheidungen zurückgehen – oder einfach aus einem Pool möglicher Antworten stammen, der täuschend echte Simulation »menschenartigen« Verhaltens ermöglicht.

Das Problem ist bis heute ungelöst: **Was meinen wir eigentlich, wenn wir von »Denkprozessen« sprechen?** Darüber haben sich schon viele Denker vergeblich den Kopf zerbrochen: Der Denkvorgang lässt sich nicht formalisieren, also mathematisch abbilden. Der Turing-Test ist daher nach wie vor die entscheidende Messlatte, auch wenn er nur das reaktive Verhalten der Maschine gegenüber einem menschlichen Gegenüber misst. Auf welche Weise die Maschine in die Lage versetzt wurde, »intelligent« zu antworten, wird durch den Test nicht überprüft. Das ist wenig erstaunlich: Bis heute gibt es auch keine befriedigende und allgemein akzeptierte Definition von Intelligenz.

Schwache und starke KI

Die Frage, wodurch sich künstliche von menschlicher (oder natürlicher) Intelligenz unterscheidet, schien lediglich von akademischem Interesse zu sein, solange sich die technologischen Fortschritte auf »schwache KI« beschränkten. Doch mittlerweile steht auch bei der »starken KI« der Durchbruch kurz bevor beziehungsweise ist in Teilbereichen bereits gelungen.

»Schwache KI« sind Programme zur Lösung konkreter Anwendungsprobleme, also beispielsweise Gesichtserkennungs- oder Navigationssysteme. »Starke KI« dagegen verfügt über »allgemeine Intelligenz«, die der menschlichen ebenbürtig oder sogar überlegen ist. **Eine mit allgemeiner künstlicher Intelligenz (AKI) ausgestattete Maschine wäre imstande, logisch zu denken, Pläne zu entwerfen, aus Fehlern zu lernen, Entscheidungen zu treffen, in natürlichen Sprachen zu kommunizieren und all diese Fähigkeiten koordiniert einzusetzen, um ihre Ziele zu erreichen.**

Eine AKI-Maschine mit einem Intelligenzniveau, das deutlich über menschlichen Möglichkeiten liegt, wird »Superintelligenz« genannt. Als »Singularität« bezeichnen KI-Forscher den Zeitpunkt, von dem an sich die Algorithmen selbstständig so rasant weiterentwickeln, dass die Zukunft der Menschheit nicht mehr prognostiziert werden kann. Anders gesagt: Es ist der Moment, in dem die Herrschaft der Menschen endet und die Autorität auf die Maschinen übergeht.

Wann dieser Zeitpunkt erreicht sein wird, ist unter den Wissenschaftlern umstritten. Einig ist man sich aber darin, dass die Singularität höchstwahrscheinlich überraschend eintreten wird und selbst von denjenigen, die die entscheidenden letzten Verbesserungen hinzufügen, nicht vorausgesehen werden kann. Unklar ist auch, ob in der dann beginnenden »posthumanen« oder »transhumanen« Ära die menschliche Lebenserwartung sprunghaft steigen wird, wie einige enthusiastische Experten annehmen – oder ob die Superintelligenz beschließen wird, die menschliche Spezies als entbehrlichen Störfaktor auszulöschen.

Noch ist es glücklicherweise nicht so weit, und etliche Wissenschaftler bezweifeln, dass die Singularität jemals eintreten wird. Tatsache ist jedoch, dass weltweit zahlreiche Forscher an der Schaffung einer allgemeinen oder starken KI arbeiten. Schwache KI kann schon heute jeden Menschen auf ihrem sehr spezifischen Aufgabengebiet übertreffen – sei es beim Schachspiel, beim Navigieren oder beim Lösen mathematischer Gleichungen. Starke KI jedoch wäre imstande, uns bei nahezu jeder kognitiven Aufgabe zu schlagen.

Die Schläue der Algorithmen

Der humanoide Roboter Sophia, ein Geschöpf des Hongkonger Unternehmens Hanson Robotics, absolvierte am 11. Oktober 2017 einen Besuch bei den Vereinten Nationen. Sophia führte ein Gespräch mit der Vize-Generalsekretärin der UN und beeindruckte durch ihr menschliches Aussehen und Verhalten. Sie kann Gesichter erkennen, menschliche Gesten und Gesichtsausdrücke imitieren.

Am 25. Oktober 2017 wurde ihr in einer feierlichen Zeremonie die Staatsbürgerschaft von Saudi-Arabien verliehen. Was wollten die mächtigen Männer des Wüstenreichs der Weltgemeinschaft damit zum Ausdruck bringen? Dass sie sich die Frauen in ihrem Land weiterhin als fügsame Roboter wünschen? Oder dass sie der weiblichen Bevölkerungshälfte demnächst zumindest so viele Rechte zugestehen werden, wie Sophia heute schon besitzt? Immerhin trat die Roboterdame im Frühstücksfernsehen auf, wo sie Witze erzählte und die Zuschauer mit ihrer Lebhaftigkeit und Fröhlichkeit begeisterte.

Ein menschenähnlicher Roboter, scheinbar einem Science-Fiction-Film entstiegen – sieht so die Zukunft der realen künstlichen Intelligenz aus? In dem Spielfilm *Ex Machina* von 2015 erhält der junge Programmierer Caleb den Auftrag, die androide Ava einem Turing-Test zu unterziehen, den die Roboterfrau grandios besteht – mit fatalen Folgen für die Menschen, die Ava mit kalter Berechnung manipuliert und hintergeht. Zu einem solchen Ausbruch wäre Sophia zwar gewiss nicht in der Lage, aber der Abstand zwischen Science-Fiction-Fantasien und der Realität war vielleicht noch niemals kleiner – zumal sich Sophias Intelligenz rasant weiterentwickelt und in den Laboren weltweit diverse weitere Maschinen mit (scheinbar) menschenähnlichem Denkvermögen heranreifen.

Können Maschinen »denken«?

Was spielt sich im Innern einer KI-Maschine mit einem uns Menschen vergleichbaren IQ ab? Kann AlphaZero »denken«?

Starke KI basiert auf »Deep Learning« – künstlichen neuronalen Netzen, in denen Teilbereiche des menschlichen Gehirns nachgebildet sind. Die Technologie profitiert also von den rapiden Fortschritten der Neurowissenschaft, die es mittlerweile möglich machen, Tausende Neuronen nachzubauen und zu vernetzen. Verglichen mit dem menschlichen Gehirn, das aus rund 86 Milliarden Neuronen besteht, sind das noch bescheidene Dimensionen; aber im Zusammenspiel von Automatisierung, optimierten Algorithmen und einem gigantischen Informationspool erzielen die fortschrittlichsten KI-Maschinen beachtliche Ergebnisse. Wie genau sie das anstellen, können selbst ihre Schöpfer oftmals nicht mehr verstehen. Um Denkprozesse handelt es sich bei diesen Operationen aber keineswegs – auch wenn mir etliche Wissenschaftler in diesem Punkt widersprechen würden. Gerade wenn es um humanoide Roboter oder tierähnliche künstliche Kreaturen wie die Roboterhunde von Sony geht, identifizieren wir uns allzu schnell mit ihnen und projizieren menschliche Fähigkeiten und Verhaltensweisen in sie hinein.

Gegenwärtig ist es eher zweifelhaft, ob wir jemals imstande sein werden, Maschinen mit menschenähnlicher Intelligenz zu erschaffen, die diesen Namen verdient. Unzweifelhaft ist dagegen, dass wir mit genügend Automatisierung und hinreichender Dummheit Systeme entwerfen können, die gruselige bis katastrophale Ergebnisse erzielen. Die Herausforderungen liegen also womöglich weniger in der künstlichen Intelligenz als in der natürlichen Dummheit.

Bei aller Faszination für die Technik und ihre hilfreichen Potenziale ist es gerade zum gegenwärtigen Zeitpunkt essenziell, dass wir uns mit dem Thema ganzheitlich auseinandersetzen. Es kann nicht darum gehen, alles umzusetzen, was an Anwendungsmöglichkeiten in der KI-Technologie steckt – vielmehr müssen wir immer das Ziel im Auge behalten: Wir Menschen und die Menschheit insgesamt bilden den Mittelpunkt. **Die Entwicklung von KI-Maschinen, die unsere Lebensverhältnisse verschlechtern oder gar das Fortbestehen der menschlichen Zivilisation gefährden würden, kann keinesfalls in unserem Interesse sein und muss daher unter allen Umständen verhindert werden.** Denn wie schon mehrfach gesagt: Eine nachträgliche Korrektur eventueller Fehlentwicklungen wird nur sehr schwer möglich sein.

9 Können Maschinen träumen?

Jahrzehntelang interessierten sich nur Grundlagenforscher und Science-Fiction-Freaks für die Überlegungen und Erkenntnisse der Bewusstseinsforschung. Doch durch den rasanten Fortschritt der AKI-Technologie gewinnt die Frage, was Bewusstsein ist, wie es entsteht und funktioniert, rasant an Plausibilität. **Kann es sein, dass Maschinen irgendwann ein Bewusstsein entwickeln?** Wenn ja, wann und unter welchen Voraussetzungen? Wenn sie über (mindestens) menschliche Intelligenz verfügen werden, wie es die AKI-Forschung anstrebt?

Bereits 1995 hat der australische Philosoph David Chalmers auf ein grundlegendes Problem der Gehirn- und Bewusstseinsforschung hingewiesen. Bislang beschäftigten sich die Wissenschaftler, so Chalmers, nur mit den »einfachen Problemen des Bewusstseins«. Jedoch könnten sie keine echten Fortschritte erzielen, solange das »schwierige Problem des Bewusstseins« nicht gelöst sei. Für dieses »Hard Problem of Consciousness«, fügte er hinzu, gebe es derzeit keine Lösung, und möglicherweise sei es überhaupt unlösbar.

Was für ein »hartes Problem« soll das denn sein? Das ist nicht ganz leicht zu erklären, aber ich will es versuchen. Genauso wie Chalmers bin ich überzeugt, dass dieses »schwierige Problem« der Schlüssel zu einer etwaigen Bewusstwerdung der

Maschinen ist. Ein Schlüssel, den zu schmieden uns vielleicht nie gelingen wird – und das ist höchstwahrscheinlich auch gut so.

Warum gibt es Bewusstsein?

Viele Forscher sind keineswegs erfreut darüber, dass der philosophische Provokateur, Direktor des Center for Consciousness an der Nationaluniversität in Canberra, ihre Aufgabenfelder als »einfache Probleme des Bewusstseins« bezeichnet. Tatsächlich stellen sie die Wissenschaftler noch immer vor erhebliche Herausforderungen; doch anders als bei dem »schwierigen Problem« handelt es sich um Aufgaben, die sich im Rahmen der wissenschaftlichen Standardparadigmen beschreiben und lösen lassen. Gemeint sind kognitive Gehirnfunktionen wie Lernen, Erinnern, Integration von Wahrnehmungen, Mustererkennung oder verbale Berichterstattung. All das lässt sich im Prinzip »einfach« erklären und nachbauen, weil es nach den bekannten Gesetzen von Physik und Chemie funktioniert.

Um eine dieser Funktionen nachbilden zu können, müssen die Forscher und Entwickler einen geeigneten neuronalen Mechanismus oder mathematischen Algorithmus finden, der genau diese Funktion ausführt. Daher ist es zwar im Detail oft mühsam, einer Maschine beizubringen, aus Fehlern zu lernen, diverse Einzelinformationen zu komplexeren Mustern zusammenzufügen und diese dann auch wiederzuerkennen. Aber da wir im Prinzip wissen (und durch die Erkenntnisse der Kognitionswissenschaft immer besser verstehen), wie diese Prozesse funktionieren, stellen sich hier keine unlösbaren Probleme. Im Gegenteil: Auf allen diesen Feldern wurden und werden beeindruckende Fortschritte erzielt.

Bei dem »schwierigen Problem« dagegen sind die Wissenschaftler keinen Schritt weitergekommen, seit David Chalmers sie 1995 damit konfrontiert hat: Auf welche Weise rufen physikalische Prozesse im Gehirn subjektive Erfahrungen hervor? Warum sind Verhaltensfunktionen wie Lernen oder integrierte Wahrnehmung überhaupt von Bewusstsein begleitet? Wenn ein System so eingerichtet ist, dass es diese Aufgaben objektiv ausführen kann – warum gibt es bei uns Menschen zusätzlich so etwas wie ein subjektives Bewusstsein dessen, wie es ist, dieses System zu sein?

Mit diesen Fragen zielt Chalmers auf die Lücke zwischen den (objektiven) neurobiologischen Eigenschaften unseres Gehirns und der (subjektiven) inneren Welt, die durch Gehirnaktivität erzeugt wird. Chalmers ist überzeugt davon, dass es Computer- und Neurowissenschaftlern nicht gelingen wird, Maschinen mit »starker« oder »allgemeiner« KI zu kreieren, bevor sie dieses »schwierige Problem des Bewusstseins« gelöst haben. Und er glaubt, dass es vielleicht nie eine Lösung dafür geben wird, weil von den naturwissenschaftlichen Formeln und objektiven Fakten kein Weg zu subjektiven Erfahrungen führt.

So kann ich Wasser beispielsweise auf die Formel H_2O reduzieren, weil alle Eigenschaften von Wasser aus den Eigenschaften der H_2O-Moleküle abzuleiten sind. Aber: **Die Eigenschaft des Menschen, subjektive Erlebnisse und Wahrnehmungen zu kreieren, lässt sich nicht aus seinen biologischen Eigenschaften herleiten.** Deshalb können die rein materialistisch orientierten Naturwissenschaften für dieses Problem logischerweise keine Lösung finden.

Aktuelle Bewusstseinstheorien

Was wir dringend brauchen, sind radikal neue Sichtweisen unserer Welt. Dabei sollten wir uns weniger vor Verrücktheiten und Irrtümern fürchten als vor Dogmatismus und Fachidiotentum. Denn die hindern uns daran, die ausgetretenen Pfade zu verlassen. Vielleicht ebnen aber gerade Verrücktheiten und Irrtümer den Weg zur Schaffung einer neuen wissenschaftlichen Disziplin.

Wir alle sind den Partikeln und Wellen der Quantenwelt ähnlicher, als es uns meist bewusst ist. **Menschsein heißt eben, rational *und* irrational, materialistisch *und* spirituell, logisch *und* intuitiv zu sein.** In Traum und Fantasie können wir sogar Tote auferstehen lassen, und genau das versprechen die Religionen ihren Anhängern seit Jahrtausenden: dass wir sterben, aber weiterleben werden; dass wir aus Materie bestehen, aber zugleich Seelen sind, unsterbliche Energie.

Das mögen wir glauben oder nicht, allerdings können wir auch nicht ausschließen, dass es stimmt. Denn unsere Welt ist eben im Kern »quantastisch«, nicht erklärbar, nicht kalkulierbar. Die typisch menschliche Erfahrungsweise wird nicht durch das Newton'sche Entweder-oder bestimmt, sondern wie in der Quantenwelt durch ein vielfältiges Sowohl-als-auch.

Was aber füllt die Lücke, was ist die Brücke zwischen unserem Gehirn und unserem subjektiven Erleben? »Das Bewusstsein, die Psyche«, lautet die Antwort der Weisen seit Platons Zeiten. Doch »Bewusstsein« und »Psyche« sind wiederum nur Namen für etwas, das wir nicht erklären, nicht annähernd vollständig beschreiben können.

Derzeit konzentriert sich die technologische Forschung auf Versuche, »phänomenales Bewusstsein von Systemen« zu beschreiben und mathematisch zu modellieren. Das »System« kann hierbei ein natürlicher Organismus sein oder auch eine

Maschine. Es verfügt über phänomenales Bewusstsein, wenn es Sinnesreize nicht nur aufnimmt, sondern auch bewusst erlebt. Wenn du beispielsweise frierst, Schmerzen hast oder dich fürchtest, hast du phänomenales Bewusstsein. Auch Tiere mit komplexeren Hirnstrukturen verfügen vermutlich darüber. Die spannende Frage ist nun, ob wir ein technologisches System konstruieren können, das ein phänomenales Bewusstsein entwickelt, eine gefühlte Ich-Identität aufgrund seiner Wahrnehmung, eben dieses »System« mit seinen speziellen Fähigkeiten zu sein.

Die Integrierte Informationstheorie (IIT) erfreut sich wachsender Zustimmung in den Wissenschaften. Sie wurde am Wisconsin Institute for Sleep and Consciousness der Universität Wisconsin-Madison von Dr. Giulio Tononi und seinem Team entwickelt. Dieser Theorie zufolge verfügt nicht nur jeder Organismus, sondern ausnahmslos jedes physische Objekt über ein gewisses Maß an Bewusstsein. Also nicht nur kluge Köpfe wie du und ich, sondern auch die Bäume am Straßenrand, die Fruchtfliege auf deinem Obstteller und sogar dieser Teller selbst, einfach alles. Natürlich haben Steine und Einzeller nach dieser Theorie nur ein sehr geringes Bewusstsein, aber einige Verfechter der IIT behaupten, den Bewusstseinsgrad jedes physischen Objekts mathematisch exakt messen zu können.

Für die Integrierte Informationstheorie spielt es keine Rolle, ob es sich bei den jeweiligen Systemen um Gehirne handelt oder nicht. In dieser Sichtweise können auch natürliche Ökosysteme über Bewusstsein verfügen. Ein Wald beispielsweise wäre ein solches System, das Pflanzen und Tiere integriert, wenn auch nicht auf sehr hohem Niveau: Die meisten Interaktionen der Pflanzen und Tiere in diesem System gehen nicht auf übergeordnete Regeln zurück, sondern sind durch Kausalität oder Zufall bestimmt.

Das Internet dagegen ist ein von Menschen geschaffenes

System mit einem hohen Komplexitäts- und Integrationsgrad. Es enthält mehr einzelne Transistoren, als es Synapsen im menschlichen Gehirn gibt. Und ähnlich wie dieses verwendet auch das Internet immer nur die Verbindungen, die zu einer bestimmten Zeit und für spezielle Aktionen benötigt werden. Verfügt das Internet also über Bewusstsein? Nach der Logik der IIT wäre diese Frage eindeutig zu bejahen.

Um die Theorie zu testen, müsste man auf identischen, leistungsstarken Computern zwei Systeme modellieren, die sich nur hinsichtlich ihrer internen Verbindungen unterscheiden. Wenn die Theorie stimmt, müsste das System mit der komplexeren inneren Verdrahtung einen höheren Grad an Bewusstsein aufweisen als das andere System. Das wäre ein ziemlich aufwendiges Experiment – und falls die Einwände gegen die IIT zutreffen, können sich die Wissenschaftler die Mühe auch gleich sparen.

Die Integrierte Informationstheorie besagt, dass das System selbst (ob Gehirn, Wald oder Computernetz) durch seine Komplexität Bewusstsein erzeugt. Der Ansatz basiert auf der Beobachtung, dass sowohl die verschiedenen Komponenten des Gehirns als auch die Verbindungen zwischen den Gehirnregionen unterschiedliche Komplexitätsgrade aufweisen. Je höher Integration und Komplexität – so die Theorie –, desto höher das hierdurch hervorgerufene Bewusstsein. Folglich müsste man das Bewusstsein eines Lebewesens effektiv anhand der Komplexität seines Gehirns messen können.

Die Theorie hat den Vorteil, dass sie – anders als die meisten anderen Ansätze – in ein mathematisches Modell umgesetzt werden kann. Einige Forscher haben nun aber die Implikationen gründlich untersucht und sind zu einem ernüchternden Schluss gekommen: Das Modell menschlicher Hirnprozesse, das die Theorie beschreibt, wird durch keine Computersimulation bestätigt, egal, wie leistungsstark der verwendete Rechner ist.

Wenn wir verschiedene Arten von Erfahrungen kombinieren, um unseren Eindruck von einer für uns neuen Erfahrung zu beschreiben, komprimieren wir die herangezogenen Informationen; dabei werden alle als irrelevant erachtete Daten weggelassen.

Die Wissenschaftler versuchten sich an der mathematischen Beschreibung eines Systems, das erstens Informationen auf diese Weise neu zusammenfügen kann und zweitens die hierbei weggelassenen Daten trotzdem weiter aufbewahrt. Im menschlichen Denken entspräche erstens einem aktuellen bewussten Denkakt und zweitens unseren Erinnerungen, in denen die einzelnen ursprünglichen Erfahrungen gespeichert sind. Die Forscher kamen zu dem Schluss, dass entweder alle früheren Vorstellungen von integriertem Bewusstsein falsch sind oder Bewusstsein ein Prozess ist, der nicht rechnerisch modelliert werden kann.

Die »Global Workspace Theory« (GWT), die seit den Achtzigerjahren von dem Neurobiologen Bernhard Baars entwickelt wurde, verfolgt einen anderen Ansatz: In einem vereinfachten Kognitionsmodell, das dem menschlichen Arbeitsgedächtnis (Working Memory) nachgebildet ist, berücksichtigt sie eine Vielzahl von Wahrnehmungs- und Denkprozessen, die jeweils aus einem unbewussten und einem bewussten Teil bestehen. Auf diese Weise verarbeiten wir die aktuell subjektiv erlebten Ereignisse in jenen Gehirnarealen, in denen wir das Narrativ unseres Lebens weiterspinnen. Baars spricht vom »Theater des Bewusstseins«, einer »Bühne«, die von »Schlaglichtern selektiver Aufmerksamkeit« erhellt wird. Die unbewussten Aktivitäten hinter den Kulissen bleiben dem Bewusstsein verborgen, und die Spotlights auf der Bühne leuchten immer nur für wenige Sekunden auf: Nur in diesen kurzen Momenten nehmen wir – der GWT zufolge – einen winzigen Bruchteil unserer Denkprozesse bewusst wahr.

Die »Time Slice Theory« (Zeitscheibentheorie) *geht ebenfalls davon aus,* dass unsere bewusste Wahrnehmung nicht kontinuierlich wie strömendes Wasser verläuft. Die Schweizer Neurobiologen Michael Herzog und Frank Scharnowski haben mit einer Studie nachgewiesen, dass wir sensorische Informationen zunächst unbewusst verarbeiten, bevor wir sie bewusst wahrnehmen. Die unbewussten »Zeitscheiben« sind mit einer Dauer von maximal 400 Millisekunden unfassbar klein. Auf dieser Stufe verarbeiten wir unsere Umgebung grob, bevor in der zweiten, bewussten Phase der Input konsolidiert wird. Unser Gefühl kontinuierlichen Bewusstseins wäre demnach eine Illusion: Tatsächlich nehmen wir – so jedenfalls die Forscher – eine zerhackte Abfolge von Momentaufnahmen wahr, die wir erst bei der Weiterverarbeitung zu einem fließenden Ganzen zusammenfügen.

Die Theorie der neuronalen Synchronizität (TNS) beschäftigt sich weniger mit dem Bewusstsein selbst als mit den neuronalen Prozessen im Hintergrund. Erst wenn im Gehirn zahlreiche Informationen über ein Objekt verarbeitet worden sind, kann es bewusst wahrgenommen werden. Wie groß ist das Objekt, welche Farbe hat es, was ist darüber schon bekannt, kann es rennen, fliegen, schwimmen, ist es gefährlich oder nicht und so weiter – für jede dieser Fragen ist ein anderes hoch spezialisiertes Gehirnareal zuständig. Nach der TNS werden alle diese Informationen im neuronalen Netz unseres Gehirns synchron verarbeitet.

Seit 2007 haben mehrere Studien gezeigt, dass viele Gehirnbereiche sowohl bei der unbewussten Reizverarbeitung als auch bei der bewussten Wahrnehmung von Reizen aktiv sind. Die Forscher wollten wissen, ob es eine »neuronale Signatur« gibt, durch die sich bewusste von unbewussten Prozessen unterscheiden lassen. Sie stellten fest, dass bei der unbewussten Verarbeitung von Reizen lediglich in begrenzten Hirnregionen Informationen koordiniert werden; bei der bewussten Verarbeitung dagegen findet eine »globale Synchronisation« voneinander unabhängiger Hirnareale statt. Ihre Messungen haben ergeben, dass diese umfassende Koordination nur achtzig Millisekunden nach dem ersten Stimulus einsetzt. Nach Ansicht der Forscher handelt es sich um eine echte »neuronale Signatur des Bewusstseins«.

Die Theorie der neuronalen Synchronizität sucht nach Antworten auf das »Bindungsproblem« des Bewusstseins, auf die Frage also, wie unser Gehirn die vielfältigen Sinneseindrücke zu einheitlichen Wahrnehmungen zusammenfügt. Mit diesem Problem beschäftigt sich auch der deutsche Physiker und Neurobiologe Christoph von der Malsburg, mit dem ich im Herbst 2018 in Frankfurt zusammentraf. Von der Malsburg hält Theorien der neuronalen Netze wie die TNS für Irrwege, auf denen das Bindungsproblem nicht gelöst werden könne.

Wie sonst werden aber die vielen Sinnesreize, die wir zunächst unbewusst aufnehmen, in unserem Bewusstsein zu einer zusammenhängenden Wahrnehmung verbunden? Von der Malsburg ist ein überzeugter Anhänger der *Einzel-Neuronen-Theorie*. Er geht davon aus, dass jedes Neuron nicht nur eine selbstständige Einheit darstellt, sondern auch eine eigene Bewusstseinsebene hat. Ähnlich wie Menschen wären demnach auch Neuronen in der Lage, Informationen bewusst zu empfangen und zu senden. Jedoch vermögen sie Informationen nicht zu bündeln; daher kommunizieren sie miteinander, um aus den diversen Einzelinformationen ein größeres Ganzes zu fügen. Wie Neuronen miteinander kommunizieren, ist bis heute nicht annähernd geklärt. Der deutsche Forscher hält es für möglich, dass Neuronen ohne physikalische Mittel verbunden sein könnten – ähnlich wie verschränkte Quantenteilchen, die sich unmittelbar miteinander synchronisieren, auch wenn sie voneinander getrennt sind.

Mit der »Passive Frame Theory« (Passiver-Rahmen-Theorie) schlug Psychologieprofessor Ezequiel Morsella 2015 eine neue Sichtweise des Bewusstseins vor: Es sei nur ein »Dolmetscher«, der Informationen präsentiere, die nicht von ihm selbst produziert worden seien. Was wir in unserem Bewusstsein wahrnehmen, erklärt Morsella, wird weder durch bewusste Prozesse erzeugt noch von bewussten Prozessen beeinflusst. Die Vorstellung, dass unsere Gedanken, Gefühle und Handlungen von unserem Bewusstsein diktiert oder kontrolliert würden, ist nach dieser Theorie eine Illusion. Für Morsella ist Bewusstsein gewissermaßen wie das Internet: vielseitig verwendbar, aber ohne eigenen Willen und abhängig von dem Benutzer, der es einsetzt, um verschiedene Aufgaben auszuführen.

Einen anderen Ansatz verfolgt die »Conscious Electromagnetic Information Theory« (Theorie der bewussten elektromagnetischen Information): Ihr zufolge könnte Bewusstsein auf der Dynamik des EM-Felds unseres Gehirns basieren. Das bedeutet nicht, dass das elektromagnetische Feld mit dem Bewusstsein identisch wäre; das Bewusstsein würde vielmehr auf das EM-Feld zugreifen, um die Aktivitäten von Neuronen zu regulieren und Informationen zu übertragen. Der menschliche »freie Wille« hätte sich demnach evolutionär als Eigenschaft des Gehirns entwickelt, um das EM-Feld bewusst zu steuern. Kritiker der Theorie wenden ein, dass das Konzept des freien Willens durch die neueren Erkenntnisse der Gehirnforschung überholt sei. Diese legen nahe, dass das menschliche Gehirn ein geschlossenes System ist, das wenig Raum für Zufälle und damit auch für einen freien Willen lässt.

Die »Many Minds Interpretation« (MMI) ist eine Erweiterung der »Many Worlds Interpretation« (MWI) der Quantenmechanik. Die MWI geht davon aus, dass jedes Ereignis seine eigene unabhängige Realität erzeugt, die von unserer Realität getrennt ist. Die MMI untersucht diese Vervielfältigung der Welten auf der Ebene eines bewussten Beobachters. Demnach würde sich durch neue Ereignisse nicht das Multiversum selbst, sondern meine Perspektive ändern. Alle denkbaren Ergebnisse einer Handlung existieren bereits in irgendeiner Verzweigung des Multiversums; mit jedem neuen Ereignis verschiebt beziehungsweise erweitert sich meine Wahrnehmung. Ich selbst existiere in Millionen Kopien in Millionen alternativer Universen, die alle gleichermaßen physisch real sind. Nach der MMI folgt daraus, dass mein Gehirn mit den Millionen Köpfen meiner multiversen Alternativ-Ichs verbunden sein muss – und dass mein Bewusstsein nicht nur räumlich, sondern auch zeitlich unendlich ist.

Die Quantenbewusstseinstheorie von Stuart Hammeroff und Roger Penrose ist in Fachkreisen hoch umstritten. Der amerikanische emeritierte Medizinprofessor Hammeroff und der britische Physiker und Mathematiker Penrose versuchen, das Bewusstsein durch quantenmechanische Effekte zu erklären, die von »Mikrotubuli« ausgehen sollen, röhrenförmigen Proteinstrukturen im Zellskelett und an der Schnittstelle mit den Neuronen im Nervensystem und im Gehirn.

Penrose ist ein hochgeachteter Quantenforscher und Kosmologe, doch seine und Hammeroffs Theorie der »orchestrierten objektiven Reduktion« (»Orch OR«) wurde von Neurowissenschaftlern und Physikern gleichermaßen verrissen. Sie läuft darauf hinaus, dass das Gehirn mithilfe der Mikrotubuli Informationen auf die gleiche Weise verarbeite wie ein Quantencomputer. Kritiker hielten dagegen, das Gehirn sei »zu warm, nass und laut«, um die heiklen Quantenprozesse zu ermöglichen. Doch zwanzig Jahre nachdem Penrose und Hammeroff ihre Theorie erstmals präsentiert hatten, gelang einem japanischen Forscherteam der Nachweis von Temperatur-Quantenschwingungen in Mikrotubuli im Innern von Gehirnneuronen. Allerdings gibt es bis heute keine physikalischen

Anhaltspunkte dafür, dass Quantenzustände bei der Informationsverarbeitung im Gehirn eine Rolle spielen.

Trotz aller Rückschläge und Ungewissheiten müssen wir auf solchen scheinbar abseitigen Wegen weiterforschen: indem wir »Kurzschlussverbindungen« zwischen scheinbar unvereinbaren Bereichen suchen und ausprobieren. **Physik und Philosophie, Natur- und Geisteswissenschaften nähern sich einander immer mehr an.** Ich glaube allerdings nicht, dass sie miteinander verschmelzen werden. Wenn doch, wäre die Aufklärung vollendet und das Spiel für uns Menschen damit aus. Wir hätten alles erreicht und nichts mehr zu entdecken. Die ganze Welt ließe sich restlos als Algorithmus abbilden und reproduzieren. Kein Rätsel mehr, kein Geheimnis, nirgends. Ich glaube und hoffe, dass es dahin nicht kommen wird. Und solange kein belastbarer Brückenschlag zwischen Geistes- und Naturwissenschaften, Physik und Metaphysik gelungen ist, werden Theorien aus quantenähnlichen Parallelwelten von der schulwissenschaftlichen Fachwelt verrissen und von spirituell offeneren Zeitgenossen gefeiert werden.

Intelligenz und Bewusstsein

Setzt Intelligenz Bewusstsein voraus? Verfügen auch Schimpansen, die immerhin Schriftzeichen unterscheiden und Rechenaufgaben lösen können, über Bewusstsein? Unseren haarigen Vettern würden wir das notfalls noch zugestehen – aber wie sieht es bei Raben aus, die Werkzeuge herstellen und neue »Erfindungen« von Artgenossen in kürzester Zeit adaptieren können? Verfügen Raben über ein Bewusstsein? Diese Frage lässt sich gleichfalls nicht beantworten, denn auch die Bedeutung des Begriffs »Bewusstsein« ist unklar.

Angenommen, wir wären demnächst imstande, ein menschliches Gehirn und einen menschlichen Körper zu 100 Prozent nachzubilden. Wäre diese künstliche Kreatur ein Mensch? Würde sie verstehen, wer sie ist und was sie macht? Von Menschen wäre sie kaum mehr unterscheidbar, ähnlich den »Hosts« in der Netflix-Serie *Westworld*. Hätte sie aber ein Bewusstsein? Und wie ließe sich das überhaupt überprüfen?

Während die Entwicklung der KI in rasantem Tempo weitergeht, werden die Gefahren mit teilweise seltsamer Begründung heruntergespielt. Maschinen könnten keine Ziele verfolgen, heißt es dann beispielsweise, also könnten sie auch nicht aus eigenem Antrieb etwas unternehmen, das uns möglicherweise schadet. Das ist aber schlichtweg falsch: Natürlich kann man KI-Maschinen konkrete Ziele einprogrammieren, und dank kombinierter (selbstlernender) Algorithmen können sie auch eigene abstraktere Ziele entwickeln.

Doch genau darin liegt das Problem: Wir sind im Begriff, Maschinen mit einem weit übermenschlichen Intelligenzlevel zu erschaffen. Selbst wenn sie über menschenähnliches Bewusstsein verfügen würden, könnten sie ihre eigenen Denkprozesse nicht bewusst verarbeiten, denn ihre Intelligenz würde ihr Bewusstsein meilenweit übersteigen. Vielleicht würde sich ja ihr Bewusstsein analog zu ihrer Intelligenz zu einem übermenschlichen Hyperbewusstsein entwickeln. Aber das ist reine Spekulation, denn in puncto künstliches Bewusstsein ist die Wissenschaft seit Turings Zeiten kaum vorangekommen. Kurz gesagt: Wir wissen nicht, was Bewusstsein ist. Und was künstliches Bewusstsein sein könnte, wissen wir erst recht nicht.

Vor diesem Hintergrund ist es eine gute Nachricht, dass noch einige Jahrzehnte vergehen werden, bis die Wissenschaftler imstande sein werden, eine »Superintelligenz« zu bauen. Vielleicht wird es auch nie gelingen, das lässt sich aus heutiger Sicht nicht voraussagen. Auf jeden Fall aber wird es mindestens genauso lang dauern, die Technologie so zu designen, dass sie beherrschbar bleibt und uns hilft, die Erde in einen menschenwürdigen Ort zu verwandeln. Also packen wir es endlich an!

Gibt es Intelligenz ohne Bewusstsein?

Vielleicht werden wir niemals einen Konsens darüber erzielen, was Intelligenz eigentlich ist. Da wir menschliche Intelligenz nicht definieren können, gelingt das bei allgemeiner künstlicher Intelligenz ebenso wenig. Verfügt ein System, das auf das gesamte Weltwissen zugreifen kann, über Superintelligenz? Oder ist es trotzdem in gewisser Weise dumm, weil es kein Bewusstsein besitzt und nicht versteht, wie wir Menschen zu Wahrnehmungen und Entscheidungen gelangen? »Gesunder Menschenverstand« ist jedem (gesunden) Menschen intuitiv verfügbar – und anders als durch die Brille der Intentionalität, der bewussten oder halbbewussten Erwartungen, können wir unsere Umgebung gar nicht wahrnehmen. Aber nichts davon lässt sich wissenschaftlich erklären, geschweige denn technisch nachbilden.

Deshalb halte ich auch jeden Versuch für aussichtslos, das »schwierige Problem des Bewusstseins« durch künstliche Intelligenz zu lösen. Egal, wie komplex die neuronalen Netze oder Algorithmen sein werden, die ihnen als Gehirnersatz dienen – die Maschinen werden niemals imstande sein, wie Menschen zu träumen oder über tiefsinnige philosophische Fragen nachzudenken. Wozu sollte das auch gut sein? **Warum sollten wir den Maschinen erlauben, die Mysterien und Rätsel zu zerstören, die unser menschliches Leben interessant und wertvoll machen?**

Stattdessen müssen wir definieren, welche Aufgaben KI zum Wohl der Menschheit erfüllen kann und soll. Entsprechend müssen wir die Maschinen dann so designen, dass sie diese (und nur diese) Ziele erreichen können. Und genau darin liegt die Schwierigkeit.

Superintelligente Systeme werden in wenigen Jahrzehnten Realität sein – Maschinen mit einem weit über menschliche Möglichkeiten hinausgehenden Wissen und Rechenvermögen, das sich auf einer IQ-Skala abbilden lässt, auch wenn es sich um unmenschliche, unbewusste Intelligenz handeln wird. Dass diese Maschinen imstande sein werden, Erfahrungen zu machen und neue Lösungen auszuprobieren, bedeutet keineswegs, dass sie automatisch in allem besser sein werden als wir. Fest steht nur, dass wir nicht voraussehen können, welche Auswirkungen eine solche »Intelligenzexplosion« haben wird. Bei uns Menschen sind Intelligenz und Bewusstsein aneinandergekoppelt. **Mit den hyperintelligenten Maschinen würden wir Intelligenz weit über das Bewusstsein hinaus schaffen, und das, ohne erklären zu können, was Bewusstsein überhaupt ist.**

Philosophen und spirituell Erleuchtete im Osten wie im Westen beschäftigen sich seit mehr als zweitausend Jahren mit dieser Frage. Die vergleichsweise jungen materialistischen Naturwissenschaften dürfen sich dem Dialog mit ihnen nicht länger verschließen. Sie allein werden die Antworten nicht finden – und aus ihrem ureigenen Gebiet beginnt sich mit der Quantenphysik bereits so etwas wie eine Brücke zwischen Physik und Metaphysik herauszubilden. Hundert Jahre nachdem Max Planck, einer der Begründer der Quantenmechanik, den Nobelpreis für Physik erhalten hat, ist es an der Zeit, diesen Brückenschlag von beiden Seiten kreativ und mutig anzugehen.

»Ich betrachte Bewusstsein als fundamental«, erklärte Max Planck. »Ich betrachte Materie als Ableitung vom Bewusstsein. Wir können nicht hinter das Bewusstsein kommen.« Was bedeutet das konkret? Was den Brückenschlag angeht, äußerte sich Max Planck bereits 1926 optimistisch:[12] »Es hat Zeiten gegeben, in denen sich Philosophie und Naturwissenschaft fremd und unfreundlich gegenüberstanden. Diese Zeiten sind längst vorüber. Die Philosophen haben eingesehen, dass es nicht angängig ist, den Naturforschern Vorschriften zu machen, nach welchen Methoden und zu welchen Zielen hin sie arbeiten sollen, und die Naturforscher sind sich klar darüber geworden, dass der Ausgangspunkt ihrer Forschungen nicht in den Sinneswahrnehmungen allein gelegen ist und dass auch die Naturwissenschaft ohne eine gewisse Dosis Metaphysik nicht auskommen kann.«

Auch wenn die Einsicht auf beiden Seiten mittlerweile gewachsen sein mag, gibt es nach wie vor kein gemeinsames theoretisches oder auch nur terminologisches Fundament. Quantenphysiker, Philosophen und Gurus scheinen sich bei der Interpretation der Beziehung zwischen Bewusstsein und Materie immer mehr anzunähern; aber ein wirklicher Dialog mit dem Willen, gemeinsam weiterzukommen, findet nach wie vor zu selten statt.

Die Merkwürdigkeiten der Quantenwelt, die weltweite Bewusstseinsrevolution, die gleichfalls global wachsende spirituelle Bewegung, die rasanten Entwicklungen in Technologie und Wissenschaft und die Betrachtungen der Psychoanalytiker in der Tradition von Sigmund Freud, Carl Gustav Jung und Jacques Lacan sowie der panpsychistischen Philosophen weisen alle in die gleiche Richtung. Panpsychismus ist ein philosophisches Konzept, demzufolge alle physischen Objekte auch geistige Eigenschaften besitzen. Wenn aber Geist, Psyche und Bewusstsein universelle und ursprüngliche Merkmale aller Dinge sind, können wir weitere Erkenntnisfortschritte nur durch interdisziplinäre Forschung erzielen, die Interdependenz anerkennt und Neuro- und Computerwissenschaftler, klassische und Quantenphysiker ebenso wie Philosophen, Psychoanalytiker und spirituelle Denker einbezieht.

Roboter werden schon in naher Zukunft nicht nur über mehr Wissen, sondern auch über mehr Erfahrung verfügen als wir. Doch ich bin überzeugt davon, dass sie niemals Bauchgefühl, Intuition, Sinneserfahrungen und die »fehltastische« menschliche Fähigkeit besitzen werden, aus Fehlern lernend Neues zu erschaffen. **Mithilfe der Technologie werden wir alles nachbilden können, was in der Geschichte der Menschheit je errichtet und errechnet worden ist: die Historie als einen einzigen gigantischen Algorithmus. Aber die Zukunft müssen wir improvisieren als bewusste Reise, unterstützt von gezähmter Technologie.** Würden wir zulassen, dass die Maschinen die vermeintlich beste Zukunft für uns errechnen, hieße das, die menschliche Gestaltungsmacht an die Algorithmen abzutreten, und das wäre fatal.

Deshalb benötigen wir eine Bewusstseinsrevolution: Wir müssen endlich anfangen, uns damit zu beschäftigen, wer wir sind. Was unsere menschliche Natur ausmacht – im Unterschied zu wie auch immer intelligenten Maschinen. Wie Wirtschaft und Gesellschaft beschaffen sein müssen, um unseren menschlichen Bedürfnissen zu entsprechen. Und welches Schicksal unserer Spezies droht, wenn wir nicht endlich aufwachen, sondern weiter in schlafwandlerischer Bewusstlosigkeit dem Abgrund entgegentaumeln.

Damit das nicht passiert, lass uns gemeinsam die Quantenwirtschaft improvisieren.

Bin ich, weil ich denke – oder denke ich, weil ich nun mal bin?

»*Cogito ergo sum* – ich denke, also bin ich«, lautet die weltberühmte Aussage von René Descartes, von der fast jeder schon mal gehört hat. Der Aufklärer Descartes war einer der genialsten Denker aller Zeiten und gilt zu Recht als Vater der modernen Philosophie. Aber trifft seine Schlussfolgerung zu? Folgt aus der bewussten Wahrnehmung des Denkvorgangs tatsächlich, dass »ich« dieses Denken hervorbringe?

Descartes schrieb dem Ich, dem Subjekt, die Urheberschaft an dem Gedachten zu – und postulierte damit einen Dualismus von Geist und Körper. Seine Annahme, dass es zwei eigenständige Wesenheiten (Entitäten) seien, prägt bis heute die Gehirn- und Bewusstseinsforschung. Dabei liegt ihr möglicherweise ein logischer Irrtum zugrunde. Vielleicht ist mein Ich nur der Beobachter eines geringen Teils der Denkvorgänge, die überwiegend unbewusst und vom Ich kaum beeinflussbar ablaufen. Doch bei den heutigen wissenschaftlichen Versuchen, durch den Nachbau von Gehirn und Körper Bewusstsein zu erzeugen, spielen Descartes' Annahmen und Prämissen noch immer eine große Rolle.

Der französische Aufklärer ordnete jeder Entität – Geist und Körper – eine Reihe von Eigenschaften zu, die für ihre Identität und Funktion essenziell seien. Diesem *Essenzialismus* stellte Descartes' Landsmann Jean-Paul Sartre dreihundert Jahre später das Konzept des *Existenzialismus* gegenüber. Nach dieser Philosophie existiert jeder Mensch als freier Akteur, dessen Ich allein auf spontanen Willensakten basiert. Das Ich ist für Sartre ein Körper-Objekt unter vielen anderen, »in die Welt geworfen«, wie die berühmte Formel besagt. Der existenzialistische Philosoph drehte daher Descartes' essenzialistische Formel um: »*Sum ergo cogito* – ich bin, also denke ich.« Das

Sartre'sche Ich ist nicht mehr der Urheber dieser Denkvorgänge; auch Bewusstsein und Vernunft stehen ihm keineswegs durchgängig zur Verfügung.

»Action at a distance«

Welcher der beiden Ansätze kommt der Wahrheit näher? Descartes definierte den menschlichen Körper als Maschine. Die ganze Welt erscheint in dieser Sichtweise als gigantischer Mechanismus, erschaffen von Gott, dem obersten Ingenieur. Doch schon Descartes war bewusst, dass dieses Modell Lücken aufweist. In seinem Werk *Discours de la méthode* von 1637 geht er unter anderem auf das Problem der kreativen Sprachgestaltung ein, das sich mit der mechanistischen Theorie nicht erklären lässt. Diese setzt überdies voraus, dass alle Bewegungen unbelebter Objekte auf die Kollision mit anderen Objekten zurückgehen – eine Annahme, die mit den Bewegungen der Himmelskörper nicht in Einklang steht.

Dieses Problem löste Newton schließlich durch die Formulierung des Gravitationsgesetzes. Fünfzig Jahre nach Descartes' »cogito ergo sum« erweiterte er mit seinem Werk *Philosophiae Naturalis Principia* das mechanistische Modell um eine Kraft, deren Wirkungsweise sich seither zwar (relativ) präzise berechnen lässt; aber was die Schwerkraft verursacht und wie sie sich verbreitet, wird durch die Newton'sche Theorie nicht erklärt. Newton selbst hielt eine unmittelbare Fernwirkung durch den leeren Raum für unmöglich. Doch obwohl er bis an sein Lebensende daran arbeitete, fand er keine Lösung für dieses auch als »action at a distance« bekannte Problem.

Es ist bis heute nicht nur ungelöst; mit der Quantenverschränkung tauchte auf subatomarer Ebene ein ähnliches Phänomen auf – die »spukhafte Fernwirkung« zwischen zwei oder mehreren Teilchen, die Einstein über zwei Jahrzehnte vergeblich zu ergründen versuchte. Seitdem sind die Wissenschaftler keinen Schritt weitergekommen. Anstatt den Rätseln auf den Grund zu gehen, entwickeln sie Theorien und Modelle, welche die Welt zwar immer genauer beschreiben – aber warum sie ist, wie sie ist, ist nach wie vor ungeklärt.

Der Geist-Körper-Dualismus, den Descartes postulierte, hatte sich mit Newtons Entdeckung des Gravitationsgesetzes jedenfalls erledigt: **Der Körper ist keine Maschine – und der Geist keine Entität mit gottgegebenen Attributen.** Sartres existenzialistisches Konzept hat vielleicht auch keine Antworten, aber es stellt die richtigen Fragen: Was geht in »meinem« Gehirn und Körper vor, wenn »ich« zu denken glaube?

Wie entsteht und worauf basiert Bewusstsein? Wie ist es in unserem Gehirn verankert, welche Hirnareale sind an Bewusstseinsprozessen beteiligt? Warum gibt es überhaupt bewusste Denkprozesse? Wieso nehmen wir eine Reihe von Reizen – wie Schmerz oder Angst – bewusst wahr, während der größte Teil der neuronalen Prozesse unbewusst abläuft? An der Erforschung dieser Fragen sind längst nicht mehr nur Neuro- und Computerwissenschaftler, Physiker und Psychologen, sondern auch namhafte Vor- und Querdenker aus zahlreichen anderen Bereichen beteiligt – einschließlich Philosophie, Psychoanalyse und Spiritualität.

Das Human Brain Project (HBP) der Europäischen Kommission ist ein groß angelegter Versuch, sämtliches Wissen über das menschliche Gehirn zusammenzutragen und miteinander zu verknüpfen. Angestrebt wird eine Art Reverse-Engineering unseres Zentralorgans auf der Basis von Beobachtung und Datensammlung. Mithilfe computerbasierter Modelle und Simulationen soll das menschliche Gehirn nachgebaut werden. Im Januar 2018 erreichte das Projekt seine aktuelle Ausbaustufe, genannt »Blue Brain Nexus«. Diese Datenplattform soll weitere Erkenntnisse über das menschliche Gehirn ermögli-

chen und zur Entdeckung und Entwicklung neuer Computer-
und Robotertechnologien beitragen.

Wie weit wird unser Wissen über das menschliche Gehirn
in einigen Jahrzehnten oder am Ende dieses Jahrhunderts
fortgeschritten sein? Derzeit sind wir noch weit davon entfernt, die Funktionsweise des menschlichen Gehirns zu verstehen. Und in puncto Bewusstseinsforschung sind wir noch
immer ganz am Anfang.

Die Biologie des menschlichen Bewusstseins zu verstehen,
die neuronale Basis unserer Selbstwahrnehmung, gilt vielen
führenden Forschern als letzte große Herausforderung der
Wissenschaften. Mittlerweile wissen wir, dass die Neuronen
in unserem Gehirn zuerst »feuern« und uns die entsprechende
Wahrnehmung erst anschließend bewusst wird. Das ist so,
als hättest du schon einen Schritt auf die Straße gemacht,
bevor du registrierst, dass die Fußgängerampel grün ist. Dein
neuronales System hatte es bereits bemerkt und die entsprechenden Signale an deinen Körper gesendet. Du bist also nicht
»Herr im eigenen Haus«. Dein Wille will etwas, aber ob er frei
ist, ist mehr als fragwürdig.

Und wozu also ist es überhaupt gut, dass wir ein Bewusstsein haben? Die überwiegende Mehrzahl der Informationen
und Ereignisse speichern wir ohnehin, ohne sie bewusst wahrzunehmen. Das menschliche Unterbewusstsein ist der weitaus
größere Teil. Und ist es überhaupt relevant, dass wir uns
Gedanken darüber machen, was Bewusstsein ist, haben wir
überhaupt ein Problem damit?

Menschen sind einzigartig. Wir sind die einzigen Tiere, die
sich abstrakt etwas vorstellen können, auch über solche Fragestellungen. Goldfische schwimmen nicht herum und machen
sich Sorgen um ihre Karriere oder denken über zukünftige
Möglichkeiten nach. Giraffen laufen nicht herum und fragen
sich, ob andere Giraffen sie attraktiver finden würden, wenn

sie einen längeren Hals hätten. Hunde reflektieren nicht ihre Fehler in der Vergangenheit und denken darüber nach, was passiert wäre, wenn sie etwas anders gemacht hätten. Dieses abstrakte Vorstellungsvermögen macht es uns möglich, uns eine Welt ohne uns vorzustellen. **Dieser Antrieb der Angst vor Irrelevanz – wir werden nicht gebraucht – oder der Angst vor dem Tod treibt uns dazu, uns verewigen zu wollen.**

Der Drang zum technischen Fortschritt, zur Unendlichkeit und nach Unsterblichkeit sowie unser Bedürfnis nach Anerkennung treiben uns voran. Da uns (bislang) kein Allheilmittel in der Technologie geboten wurde, schreiben wir Bücher, bauen Straßen und Gebäude, die nach uns benannt werden, oder wir hinterlassen Kreationen und Künste, die weit über unsere Lebensdauer bestehen bleiben. Dieses Verhalten beschrieb der amerikanische Kulturanthropologe und Schriftsteller Ernest Becker in seinem 1974 mit dem Pulitzer-Preis ausgezeichneten Buch *Die Überwindung der Todesfurcht. Dynamik des Todes*. Basierend auf den Arbeiten vom Sigmund Freud und Søren Kierkegaard ging Becker von einem menschlichen, ausgeklügelt symbolischen Abwehrmechanismus gegen das Wissen um unsere Sterblichkeit aus. Dieser dient als Basis für unsere emotionalen und intellektuellen Handlungen. Wir haben eine Dualität im Leben zwischen der physischen Objektwelt, in der wir essen und schlafen, und einer symbolischen konzeptuellen Welt, in der wir eine Bedeutung definieren, wie wir uns selbst sehen und eine Identität schaffen.

Auf einer Ebene unseres Bewusstseins nehmen wir wahr und akzeptieren, dass unser physischer Körper irgendwann vergehen wird – davor haben wir Angst. Die Kraft des Strebens nach Fortschritt und die Angst vor dem Tod unseres Körpers treiben das »Unsterblichkeitsprojekt« voran. Mit unserem konzeptuellen Selbst konstruieren wir die Identität, welche über unseren körperlichen Tod hinaus manifestiert wird. Beispiele wie William Shakespeare, Napoleon, Edvard Munch, Jesus Christus oder Prophet Mohammed genießen heute mindestens genauso viel Anerkennung wie zu ihren Lebzeiten. Durch ein erfolgreiches Leben unter den Bedingungen des Unsterblichkeitsprojekts bekommen die Menschen die Bestätigung, heroisch und fortan Teil von etwas Ewigem zu sein – von etwas, das niemals im Vergleich zu dem physischen Körper sterben wird. Dies wiederum gibt uns das Gefühl, dass das Leben einen Sinn hat und im großen Plan der Dinge von Bedeutung ist. Dies ist der Motor hinter der letzten narzisstischen Kränkung – denn unsere Bereitschaft, das Projekt zu vollenden, werden wir womöglich über unser Bewusstsein hinaus durch die Technologie realisieren wollen. Eine technische Schnittstelle, wo wir unser physisches Selbst hinterlassen und in einem Algorithmus verewigen in Form einer künstlichen Kreation, jedoch ohne dass die Lichter an sind.

So möchten wir nicht enden – wir brauchen unser Bewusstsein. Es ist also was Fundamentales, womit wir uns jetzt beschäftigen müssen, auch wenn wir uns erst am Anfang unserer Exkursion befinden. Wirklichen Fortschritt auf diesem Gebiet können wir womöglich erst erzielen, wenn es uns gelingt, Bewusstsein aus der Philosophie als eigene wissenschaftliche Disziplin auszulagern – wie einst die Psychologie und auch die Wirtschaft. Bis dahin bleiben uns jedoch die philosophische Kontemplation und die Fragestellungen, mit denen wir Menschen uns zunehmend beschäftigen werden.

Auch wenn wir womöglich keinen oder nur sehr begrenzt einen freien Willen haben – durch Wissen und Interdependenzen können wir unsere Realität beeinflussen und somit unsere Zukunft gestalten. Diese ist weder linear noch deterministisch. Unser Urteilsvermögen, unsere Sinneserfahrungen und unsere fehltastischen Fortschritte sind Teil unserer menschlichen Reise. Versuchen wir, diese Reise allein durch Algorithmen und Superintelligenz zu verstehen, bliebe unsere Intuition auf der Strecke. Wie Søren Kierkegaard es treffend formulierte: »Es ist wahr, was die Philosophie sagt, dass das Leben rückwärts *verstanden* werden muss. Aber darüber vergisst man den andern Satz, dass vorwärts *gelebt* werden muss.«

Lass uns zukünften!

10 Drei Zukunftsszenarien für unsere Welt

Zeiten des Umbruchs sind immer von Turbulenzen begleitet, aber vielleicht haben all die Konflikte und Kollisionen der Gegenwart ja auch etwas Gutes: Nur wenn das Alte zerbricht, kann Neues entstehen. Utopia, die gute, neue Welt, von der schon die Aufklärer träumten, war noch nie so nah wie jetzt. Das gilt allerdings auch für Dystopia in mehreren schrecklichen Spielarten. Es liegt an uns, welche Art von Zukunft wir aus den Trümmern und Bruchstücken der gegenwärtigen Strukturen formen.

Die Populärkultur kennt eine Vielzahl an dystopischen Fiktionen. Science-Fiction-Filme und -Romane prägen unsere Vorstellung von janusköpfigen Technologien, die segensreich und zugleich bösartig sein können. Dabei sind Positivszenarien von Zukunftswelten, in denen Armut, Ungleichheit und Ungerechtigkeit überwunden wurden, sehr viel seltener als Erzählungen von ultimativen Katastrophen, in denen ungebändigte Technik Menschheit und Erde den Todesstoß versetzt.

Auch Politiker, Thinktanks und Philosophen beschäftigen sich mit den möglichen Auswirkungen des rasanten Fortschritts bei der Erforschung und Entwicklung neuer Technologien. Wie wird sich die Robotisierung auf unsere künftige soziale Organisation auswirken? Welche Konsequenzen werden KI, Bio- und Nanotech für unsere Welt und uns selbst bereits in wenigen Jahrzehnten haben? Welcher Zukunftsentwurf ist plausibel?

Der *Duden* definiert »Zukunft« als Substantiv, als »die erst kommende oder künftige Zeit (und das in ihr zu Erwartende)« beziehungsweise, auf Individuen bezogen, als »jemandes noch in der Zukunft liegende(n) Lebensweg«. Sie ist nichts, was in irgendeiner Weise bereits real und vorhanden wäre. Deshalb sollten wir einmal darüber nachdenken, ob wir die Zukunft nicht besser als Verb definieren. »Du zukünftest« würde dann bedeuten, dass du dein persönliches Leben aktiv gestaltest. Und wenn wir alle gemeinsam »zukünften«, können wir auch nicht mehr der Illusion erliegen, dass »die Zukunft« etwas wäre, das bereits festgefügt ist und auf uns wartet wie ein Tor, durch das wir hindurchgehen müssen, ob wir wollen oder nicht. Die Zukunft steht nicht bevor, sie ist nicht wirklich, sondern ein Pool aus Potenzialitäten, aus dem wir eine künftige reale Gegenwart erschaffen können.

Geschichten aus der Zukunft, ob utopisch oder dystopisch koloriert, lese ich immer mit besonderer Neugier und Spannung. Gut gemachte Science-Fiction-Filme und Zukunftsromane verändern in jedem Fall unsere Perspektive auf uns selbst und unser Leben. Aber was heißt in diesem Zusammenhang »gut gemacht«? Ob es sich bei den Urhebern um Visionäre oder um Spinner handelt, können wir in der Regel nicht beurteilen. Oft zeigt sich im Rückblick, dass gerade die scheinbar irrealsten Spekulationen Realität geworden sind – oder zumindest plausible Szenarien, die bald schon Wirklichkeit werden könnten. Das gilt etwa für Jules Vernes Zukunftsvisionen: Der bemannte Raketenflug in seinem Roman *Von der Erde zum Mond* muss den Lesern im Jahr 1865 und noch lange danach wie reine Fantasterei erschienen sein – mittlerweile jedoch können gut betuchte Zeitgenossen bereits Mondreisen buchen. Und das gilt leider auch für viele dystopische Fiktionen: nicht nur für

Orwells Big-Brother-Zukunftswelt, über deren Analogien zu unserer Gegenwart ich einleitend einiges gesagt habe, sondern auch für Katastrophenfilme wie *The Day After*, die bedrückende Szenarien mit zerstörter Natur und allgegenwärtiger, oftmals technologiegestützter Unterdrückung der Menschen heraufbeschwören.

Viele dieser Science-Fiction-Szenarien malen plausible Entwicklungen aus, die durchaus Wirklichkeit werden können. Aber bei aller Faszination, die von solchen Visionen ausgeht, dürfen wir nicht aus den Augen verlieren, dass es sich nur um *mögliche* Entwicklungen handelt. Die Zukunft ist ja gerade dadurch definiert, dass es sie in unserer Gegenwart noch nicht gibt, außer als Zukunftsbilder, als positive oder negative Erwartungen. Davon, welche Art von Zukunft wir erwarten, wird dann allerdings auch unser Handeln in der Gegenwart wesentlich mitbestimmt.

Wenn wir davon ausgehen, dass sowieso »alles den Bach runtergeht«, erhöhen wir eben dadurch die Wahrscheinlichkeit, dass es so ähnlich kommen wird. Das Gleiche gilt, wenn wir glauben, dass »die Technologie« uns schon retten oder – wahlweise – dass sie uns »in den Abgrund befördern« werde. Durch jede dieser falschen Überzeugungen lähmen wir uns nur selbst und verzichten ohne Not darauf, zu »zukünften«, also unsere Zukunft aktiv und kreativ mitzugestalten.

Wie viele Arten von Zukunft gibt es eigentlich? Und welche von ihnen möchtest du real erleben? Diese Unterscheidung ist fundamental, und ich empfehle dringend: Entscheide dich bewusst dafür, positive Zukunftsentwürfe real erleben zu wollen – negative Szenarien dagegen nur als aufrüttelnde Fiktion. Das nämlich ist ihr Sinn und Zweck: Autoren wie Aldous Huxley und George Orwell haben ihre Schreckensbilder gezeichnet, um uns zu warnen und dazu aufzurufen, derlei dystopische Entwicklungen zu verhindern. Wir dürfen uns also nicht der Faszination überlassen und den falschen Schluss ziehen, dass alles zwangsläufig so kommen werde, wie von den wort- und bildgewaltigen Schwarzsehern prophezeit. Vielmehr müssen wir die Chance nutzen, durch Abgrenzung von den Negativszenarien umso klarer zu definieren, welche Art von Zukunft demnächst unsere Gegenwart werden soll.

Diese Aufgabe wird zusätzlich dadurch erschwert, dass plausible dystopische Szenarien unserer näheren Zukunft auf den ersten Blick wie die Erfüllung utopischer Menschheitsträume aussehen. Ohnehin kommt es auch hier auf die Perspektive an: **Die Wunschträume der einen sind die Albträume der anderen.**

Aus *humanistischer Perspektive* birgt unsere Zukunft aufgrund des technologischen Fortschritts viel mehr Gefahren als Chancen. Typische Vertreter dieses Zukunftspessimismus warnen vor einem übermächtigen Staat und der totalitären Herrschaft von Technokraten, vor technologiegestützter Überwachung und der Entwürdigung des Individuums in einer manipulierten Kollektivgesellschaft.

In *naturwissenschaftlicher Perspektive* dagegen steht uns eine rosige Zukunft bevor: Die Technologien, so wird uns von dieser Seite versprochen, befreien uns von allen Zwängen und Begrenzungen und helfen uns, das humanistische Projekt endgültig zu verwirklichen – eine gerechte, menschenwürdige Welt, wie sie von den Philosophen im alten Griechenland, in Renaissance und Aufklärung bis hin zu heutigen »Unsterblichkeitsforschern« immer wieder in strahlenden Farben ausgemalt worden ist. Singularitätsprediger wie Ray Kurzweil und Co. versprechen uns nichts Geringeres als eine ideale Zukunft, in der wir alle dank maschineller Superintelligenz gottähnlich, glückselig und unsterblich sein werden.

Willst du, dass wir diesen Weg einschlagen? Dann sollten wir aber vorher unbedingt genauer auf das Kleingedruckte schauen. Denn anders als beim Online-Kauf gibt es bei einigen der aktuellen Zukunftsszenarien keine Umtausch- oder Umkehrmöglichkeit – und zwar weder für das Individuum noch für die gesamte Menschheit. Und der wissenschaftliche Erkenntnisstand ist viel zu lückenhaft und ungefestigt, um als Grundlage für irreversible Weichenstellungen zu taugen. Die drohenden Konsequenzen habe ich unter der Überschrift »Die letzte narzisstische Kränkung« skizziert. Wenn wir den maschinellen Superintelligenzen die Kontrolle überlassen, droht der Albtraum der humanistischen Zukunftspessimisten wahr zu werden: Die Maschinen könnten die Grundlagen der menschlichen Zivilisation zerstören.

Wir hören viel mehr auf die Weltuntergangspropheten – Dystopien verlaufen sich einfach besser. Den radikalen Optimisten und Utopisten glauben wir jedoch nicht, weil wir der Auffassung sind, sie wollten uns was verkaufen. Wir müssen uns also darüber klar werden, dass plausible Szenarien unserer Zukunft verschiedene Dimensionen haben, also nicht einfach als gut oder schlecht, utopisch oder dystopisch verbucht werden können. Weiter vorne bin ich schon auf einige dieser Aspekte eingegangen: Die Entwicklungsgeschwindigkeit der AKI beispielsweise stellt uns vor besondere Herausforderungen, aber Tempo, Richtung und Auswirkungen dieser Entwicklung können nicht losgelöst von unserem gegenwärtigen kapitalistischen System betrachtet werden. Sehen wir pessimistisch in die Zukunft, weil der ökologische Kollaps bevorsteht, oder wegen der zunehmenden Ohnmacht des Subjekts, das von der Wissenschaft seziert, von Algorithmen manipuliert wird? Oder besteht das Problem eher darin, dass unser »erzählendes Ich« (Daniel Kahneman) auch Ereignisse in unserer Gesellschaft wie Storys wahrnimmt und speichert – nicht als kontinuierlichen Prozess mit möglichen Verzweigungen, sondern als diskontinuierliches »Best-of« intensiver Momente und dramatischer Enden? Das könnte erklären, warum wir uns vor allem von dystopischen Storys mit ihrer packenden Dramatik faszinieren lassen.

Es ist keineswegs von der Hand zu weisen, dass der humanistische Zukunftspessimismus in einem entscheidenden Punkt gerechtfertigt sein könnte: **Vieles spricht dafür, dass die letzten Freiräume für individuellen Ausdruck schon in naher Zukunft ausradiert werden könnten** – nicht nur durch die Vorherrschaft starker KI, die uns besser kennt als wir selbst und uns in nahezu allem überlegen ist, sondern auch durch unser Leben in Metropolen von unvorstellbarer Dichte und Effizienz, in denen alles automatisiert und durchstrukturiert ist und es keine Spur von ursprünglichen und unvorhersehbaren Gedanken mehr gibt. Andererseits aber werden wir uns in virtuellen Realitäten bewegen, die uns die Vorstellung erlauben, in friedlichen und ruhigen, mittelalterlichen oder noch ursprünglicheren Dörfern zu leben, in denen die Menschen einander kennen und sich jeder so frei entfalten kann, wie er will. Was wiegt hier schwerer: der reale Verlust oder der virtuelle Gewinn? Je nachdem, wie du es siehst, wird dir diese Zukunftswelt dystopisch oder utopisch erscheinen, als Schreckens- oder Glücksszenario – oder als beides zugleich.

Die weit überwiegende Zahl der Prognosen ging immer schon in die Irre, weil die selbst ernannten Propheten nicht mit Paradigmenwechseln rechneten. Auf die vierspännige Kutsche folgte bekanntlich nicht der Acht- oder Sechzehnspänner für jedermann, sondern das Model T von Ford. Ähnlich sind auf allen Ebenen – politisch, sozial, wissenschaftlich oder wirtschaftlich – immer neue Paradigmen möglich, und niemand kann auch nur halbwegs sicher vorhersagen, wann und wo ein solcher Bruch eintreten wird.

Unter diesem Vorbehalt sind die drei Zukunftsszenarien, die ich im Folgenden vorstelle, aus meiner Sicht gleichermaßen plausibel. Vielleicht steuern wir auf eine Zukunft zu, die von hier und heute aus besser aussieht, als sie sich anfühlen wird, wenn sie zur Gegenwart geworden ist. Vielleicht hat bereits ein Paradigmenwechsel eingesetzt, und wir bewegen uns auf einen »Point of no Return« zu und müssen aus dieser Phase des Übergangs, die hoffentlich noch Jahrzehnte dauern wird, das Beste für die Menschheit machen.

Doomsday: Die Zerstörung der menschlichen Zivilisation

Seit Jahrzehnten treiben wir Raubbau an den natürlichen Ressourcen. So haben wir unsere Lebensgrundlage bereits weitgehend zerstört – auf Kosten künftiger Generationen, denen wir eine globale Müllhalde hinterlassen. Der Klimakollaps ist längst in vollem Gang. Schon in wenigen Jahrzehnten werden große Teile der Erde in Wüsten verwandelt sein. Ganze Archipele und weite Küstengebiete rund um den Globus werden durch den Anstieg der Meeresspiegel von der Landkarte verschwinden. Diese Entwicklung lässt sich schon jetzt nicht mehr aufhalten, sondern höchstens noch eindämmen.

Betrachten wir zunächst nur die ökologische Dimension dieses Szenarios. Wir stehen hier und heute vor einer existenziellen Entscheidung. Noch können wir den kompletten Zusammenbruch unseres Ökosystems verhindern, aber das Zeitfenster, in dem wir noch umsteuern können, schließt sich unerbittlich. Der aktuelle Bericht des Weltklimarats listet die immensen Herausforderungen auf: Bis 2030 müssen die CO_2-Emissionen weltweit um 40 bis 50 Prozent zurückgeschraubt werden – gegenwärtig steigen sie noch immer. Ab 2050 muss die Weltwirtschaft komplett auf CO_2-neutrale Technologien umgestellt haben, sodass keine weiteren Treibhausgase in die

Atmosphäre geblasen werden. Nur so kann noch verhindert werden, dass sich das Erdklima in katastrophaler und höchstwahrscheinlich irreversibler Weise verändert.

Um diesen Ausstieg aus dem fossilen Industriezeitalter rechtzeitig hinzubekommen, reicht es nicht aus, dass alle Länder die im Pariser Klimaabkommen beschlossenen Klimaziele einhalten. Unser Planet wird schon in wenigen Jahrzehnten größtenteils unbewohnbar sein, wenn wir nicht umgehend noch sehr viel striktere Maßnahmen beschließen – und dann auch wirklich umsetzen. Und nicht einmal das wird reichen: **Wir benötigen zusätzlich neue Technologien, um die bereits entstandenen Schäden zu begrenzen und ressourcenschonender produzieren zu können – und viele dieser Technologien existieren derzeit noch nicht.**

In der wirtschaftlichen Dimension spricht ebenfalls vieles für eine dystopische Entwicklung. Die Kluft zwischen Arm und Reich wird weltweit immer größer. Sogar im wohlhabenden Deutschland bröckelt die Mittelschicht, während die oberen 3 Prozent immer größere Vermögen aufhäufen. Weltweit wird die Wirtschaft zunehmend von einem Wettkampf der Algorithmen geprägt, den einige wenige Großkonzerne aus den USA und aus China unter sich ausmachen. Diese neuen Oligarchen sind die wahren Weltherrscher von heute, und sie missbrauchen seit Jahren ihre Macht für Propaganda und Manipulation.

Manche Doomsday-Orakel sagen voraus, dass ein einzelnes Unternehmen mit bösartigen Absichten und entsprechender Technologie die Weltwirtschaft zum Absturz bringen werde. Das halte ich aber für ebenso unwahrscheinlich wie eine globale Ökodiktatur, die von anderen Untergangspropheten an die Wand gemalt wird.

Wahrscheinlicher ist aus meiner Sicht ein Kollaps politischer Systeme als Konsequenz der turbokapitalistischen Exzesse. Wenn die Konzerngewinne rasant wachsen und die

Börsenkurse in die Höhe klettern, während immer mehr Menschen kaum noch die explosiv gestiegenen Wohnungsmieten bezahlen können, kann es niemanden erstaunen, dass Rechtspopulisten weltweit Wahlsiege feiern. Die Systemfehler staatlicher Pseudodemokratien können das globale Wirtschaftssystem zum Einsturz bringen, wenn nationalistische Parteien in immer mehr Ländern die Grenzen dichtmachen und ihren verunsicherten Anhängern versprechen, dass durch Abschottung alles wie früher werden könne. Putin, Erdoğan, Orbán, Trump, Bolsonaro – die Liste wird immer länger.

Oder wird der Untergang der Menschheit von Wissenschaft und Technologie ausgehen? Fiktive Geschichten mit schurkischen Forschern, die aus Ehrgeiz oder Profitgier tödliche Viren freisetzen oder katastrophale Genmutationen auslösen, sind zwar sehr beliebt und versprechen erstklassigen Nervenkitzel. Doch auch dieses dystopische Szenario halte ich nicht für plausibel: Biotechnologie kann zweifellos erhebliche lokale Schäden anrichten, wenn Regularien versagen oder Experimente aus dem Ruder laufen; aber sie allein hat nicht das Potenzial, die Menschheit als Ganzes zu vernichten.

Die Trias der neuen Technologien kann uns retten, indem Bio-, Nanotech und KI uns helfen, nahezu alle unsere gegenwärtigen Probleme zu lösen. Dafür ist aber unbedingt erforderlich, dass wir Entwicklung und Einsatz insbesondere der KI bewusst und verantwortungsvoll steuern und regulieren. Auf keinen Fall dürfen wir zulassen, dass die Entwicklung algorithmengestützter Technologien in den Laboren der Megakonzerne vorangetrieben wird, während Politik und Öffentlichkeit durch zunehmende soziale Instabilität, den galoppierenden Ökokollaps und die Absurditäten des dysfunktionalen Parteiensystems abgelenkt sind.

Denkbar ist durchaus, dass die Forscher innerhalb der nächsten Jahrzehnte einen Basisalgorithmus entdecken werden – den Code der Schöpfung, die mathematische Urformel, auf die sich alles zurückführen lässt. Das würde bedeuten, dass alles im Universum Informationsverarbeitung ist und sich durch Ändern des Algorithmus alles in alles transformieren lässt – Materie in Energie, Steine in Lebewesen. Es wäre die Verschmelzung von Spiritualität und Wissenschaft, die endgültige Aufklärung oder eben die »Singularität«.

Das alte Spiel, das die Menschheit seit ihren Anfängen beschäftigt hat, wäre damit vorbei – ironischerweise im gleichen welthistorischen Moment, in dem wir es geschafft hätten, unsere Lebensgrundlage zu ruinieren. So würde von unserer Spezies wohl nur eine kleine Gruppe überleben, bestehend vor allem aus Wissenschaftlern und Superreichen, die rechtzeitig einen Platz in der neuen Arche Noah gebucht haben. Diese selbst ernannte Elite könnte dank Technologie abgekapselte neue Ökosysteme erschaffen, vielleicht am Meeresboden oder in den noch bewohnbaren Teilen der Erde.

Tatsächlich wurde ich schon mehrfach von Multimilliardären um Rat gebeten: Wie kann man sich am besten schützen, wenn das Klima kollabiert, Staats- und Gesellschaftssysteme zusammenbrechen und Abermillionen auf der Flucht sind? Soll man rechtzeitig eine private Security-Truppe aufbauen, oder wäre es besser, auf KI-gesteuerte Kampfroboter zu setzen, um Angreifer abzuwehren? Welches Angebot ist vertrauenswürdiger: Übersiedlung auf den Mars mit einer Rakete von SpaceX-Gründer Elon Musk – oder doch lieber in eine Kapsel mit künstlichem Ökosystem auf dem Grund eines Ozeans?

Diese Superreichen halten den Kampf um das Überleben der Menschheit offenbar bereits für verloren. Stattdessen setzen sie alles daran, zu den Auserwählten zu gehören, die eine zweite Chance bekommen würden. Aber soweit gegenwärtig absehbar, ist die Menschheit weder durch einen Atomkrieg noch durch die Kollision der Erde mit einem Kometen vom Untergang bedroht. Die Vernichtung unserer Spezies, so sie denn kommt, wäre unser eigenes Werk – und folglich haben wir selbst es noch immer in der Hand, unsere Selbstzerstörung zu verhindern.

Auf jeden Fall müssen wir lernen, in einer zunehmend dystopischen Umgebung zu leben. Auch wenn es uns gelingen wird, den kompletten Ökokollaps abzuwenden, wird das Klima in der näheren Zukunft extremer, die Erde sehr viel unwirtlicher werden. Nicht auszuschließen ist auch, dass es einer kleinen, privilegierten Gruppe gelingen wird, sich ein künstliches Utopia zu erschaffen, während alle anderen in einem verseuchten und verarmten Dystopia um ihr Überleben kämpfen.

Angesichts dieser gigantischen Herausforderungen müssen wir dringend unseren Blick für die positiven Potenziale dystopischer Zukunftsvisionen schärfen. Dafür benötigen wir die Denkansätze, die Philosophen seit Platons Zeiten entwickelt haben. Wenn der Zusammenbruch der (ökologischen, sozialen, wirtschaftlichen, wissenschaftlichen) Systeme, auf denen unsere Zivilisation beruht, zumindest teilweise unvermeidlich ist, ist es überlebenswichtig herauszufinden, welche Teilsysteme am meisten einsturzgefährdet sind und auf welche wir weiterhin bauen können. Nur dann kann es uns gelingen, inmitten des Niedergangs neue Strukturen zu erfinden und zu entwickeln. Wie es in dem Zukunftsroman *Artemis* von Andy Weir sinngemäß heißt: Eine Gesellschaft aufzubauen ist hässlich, aber die Alternative wäre überhaupt keine Gesellschaft – sondern eine barbarische Welt, in der beim Kampf um das letzte Wasserloch einzig das Gesetz des Stärkeren regiert.

Homo obsoletus: Niemand braucht uns mehr

Eine zweite, aus meiner Sicht genauso plausible Zeitreise führt in den Menschenzoo. Dieses Szenario habe ich einleitend bereits als »letzte narzisstische Kränkung« angedeutet. Es ist eine Zukunftswelt, in der die AKI-Technologie alles besser kann als wir. Diese Superintelligenz übernimmt die Führung im Ranking der Spezies – für uns bleibt nur der zweite Platz: Wir sind zwar intelligenter als die Schimpansen, Wale und Raben auf den folgenden Rängen, aber aus dem Blickwinkel der AKI sind auch wir nicht schlauer als Babys oder Hunde für uns.

Aus Homo sapiens, dem »verständigen, weisen« Menschen, wird Homo obsoletus, der überflüssige Mensch, völlig nutzlos geworden, nachdem er seine Macht an die Algorithmen abgetreten hat. Auf das humanistische folgt hier also das posthumanistische Zeitalter, und die Frage ist, ob wir das wirklich cool finden. Mit der Antwort sollten wir uns nicht zu viel Zeit lassen: Bei exponentiellem Wachstum werden die Maschinen, wie gesagt, im Jahr 2030 bereits einen IQ von 3.200 haben!

Nach der Integrierten Informationstheorie besteht alles aus Informationen, also Algorithmen, die ab einem gewissen Integrationsgrad über eine Art Bewusstsein verfügen. Daraus folgt die Frage: Ab welchem IQ besitzen KI-Maschinen eine eigene Identität? Welche Rechte und Pflichten haben sie? Sind sie steuerpflichtig? Müssen sie sich sozial integrieren, an Gesetze halten? Darf man sie abschalten, oder wäre das ein Verstoß gegen die »Maschinenrechte«?

Überdies werden die Grenzen zwischen Mensch und Maschine dank KI, Bio- und Nanotech schon in naher Zukunft verschwimmen. Wir werden imstande sein, unser Gehirn in eine Datei umzuwandeln und »hochzuladen« – beispielsweise in einen Körper aus Nanoröhrchen, der keinen Krankheiten und keiner Alterung mehr ausgesetzt wäre. Theoretisch kann ich also vielleicht schon in zehn oder zwanzig Jahren mit meinem biologischen Gehirn und Körper und gleichzeitig als mein eigener Klon unterwegs sein – auf verschiedenen Erdteilen oder sogar auf mehreren Planeten zugleich.

Daraus ergeben sich abgründige ethische und philosophische Fragen: Wen von uns zweien (oder dreien oder vieren ...) betrachte ich als mein »Original«, wen als Kopie? Schließlich leben meine Klone und ich mit unterschiedlichen Sinneseindrücken, wir machen unterschiedliche Erfahrungen, entwickeln uns also auseinander. Wer sind wir nun: mehrere Individuen oder ein mehrfach verkörpertes Dividuum? Meine künstlichen Kopien sind mit ewiger Jugend gesegnet, ich dagegen altere und kann trotz aller biotechnischen Optimierungen immer weniger mithalten. Früher oder später stellt sich die Frage: In welcher meiner Versionen will ich weiterleben, welche will ich abschalten? Und bin das dann wirklich »ich«, der in dem Algorithmengehirn weiterlebt? Oder haben sich die Informationstheoretiker womöglich geirrt – und meine künstliche Kopie kann zwar alles besser als das natürliche Original, nur hat sie leider kein Bewusstsein?

Das klingt für dich vielleicht immer noch nach Science-Fiction, aber viele Wissenschaftler halten solche Szenarien für plausibel. Durch die Verschmelzung von KI, Bio- und Nanotech werden wir von der Technologie vollkommen abhängig werden. Die superintelligenten Maschinen werden uns nicht attackieren und abschlachten wie die Kampfroboter in den *Terminator*-Filmen. Die Algorithmen werden vielmehr allgegenwärtig sein, alles infiltrieren, optimieren, steuern – auch unsere Körper und Gehirne. Dank revolutionärer neuer Therapien werden wir keine Depression, keine Angst, keine Verzweiflung mehr kennen – aber um den Preis, dass wir uns selbst nicht mehr erleben können, denn unsere Gefühle sind gleichfalls nur Algorithmen, die durch Nanobots und Bio-Hacking gesteuert werden. Mithilfe von Gehirnapplikationen werden wir auf gigantische Datenbanken zugreifen können – aber wir werden nur noch Zuschauer, rundum betreute Staffage sein, die bei alledem weder benötigt wird noch irgendwelche Mitwirkungsmöglichkeiten hat.

Die superintelligente Technologie wird den Ökokollaps in den Griff bekommen und Hunger, Armut und Sterblichkeit besiegen. Gut möglich also, dass diese Zukunftswelt des Homo obsoletus wie ein verwirklichtes Utopia aussehen wird – eine perfekte Welt, in der scheinbar alle Menschheitsträume in Erfüllung gegangen sind. Trotzdem wäre es wohl sehr viel eher ein wahr gewordenes Dystopia, eine Zombie-Welt der perfekten Simulationen, in der niemand mehr die physische Wirklichkeit authentisch und bewusst wahrnehmen könnte. Scheinbar so mächtig wie die Götter der ältesten Mythen, könnten wir mit einem Fingerschnipsen die virtuelle Realität um uns herum und die Gefühle in unserem Innern beliebig verwandeln. Wir wären nie mehr unglücklich, nie mehr krank und könnten unendlich lange leben. Aber wir wären Marionetten an den unsichtbaren Fäden der alles lenkenden Superintelligenz; wir selbst wären nur noch bewusstlose Simulationen.

Quantopia: Eine neue Geschichte der Menschheit beginnt

Ist es überhaupt möglich, eine utopische Welt zu realisieren? Im Wortsinn bedeutet »utopisch« schließlich »ortlos«. Trotzdem haben die Menschen niemals aufgehört, von einer Welt ohne Mangel, Leid und Ungerechtigkeit zu träumen. Lässt sich dieser Traum verwirklichen? Können wir ein neues Goldenes Zeitalter schaffen, eine friedliche Welt, in der alle Lebewesen geachtet werden? Können wir eine neue Geschichte schreiben, in der Hoffnung und Glaube an die Menschheit wieder an erster Stelle stehen? Werden wir imstande sein, unsere Defizite und Schwächen zu überwinden und über uns hinauszuwachsen? Oder stehen wir etwa vor einer neuen Evolutionsstufe wie bei der Entwicklung vom Wurm zum Schmetterling?

In Quantopia würden Mensch und Natur im Einklang leben – und wir könnten unserer menschlichen Natur entsprechend leben. Es wäre eine gerechte Welt, in der politische Stabilität und weltweiter Friede herrschten. Denn es gäbe keine Dogmen, keine kulturellen, religiösen, rassistischen oder sexistischen Vorurteile mehr. Alle wären allein der quantopischen Leitidee verpflichtet und könnten sich ansonsten frei entfalten. Das klingt vielleicht nach einem allzu ambitionierten Plan. Aber von der Quantenphysik haben wir ja gelernt, dass wir in einem Universum der Potenzialitäten leben – und jeder von uns selbst ein solches Universum ist.

Diesen Grundgedanken nach einer verbindenden Leitidee fühlen sich schon heute viele Menschen verpflichtet, und ihre Zahl wächst immer rascher an. **Wir sind im Begriff, als Spezies über die Erfüllung unserer Grundbedürfnisse hinauszuwachsen und gemeinsam nach Erleuchtung zu streben, nach spirituellem Wohlergehen und einer höheren Ebene der Existenz.** Ähnliche Vorstellungen finden wir auch in den Bereichen der Wissenschaft und Technologie. Durch die Verbindung von natürlicher und künstlicher Intelligenz, von Vernunft und angewandter Mathematik wird es uns gelingen, alle bislang unlösbaren Probleme zu lösen. Auf dieser Grundlage können wir eine Welt erschaffen, in der Mensch und Maschine zum Wohl der Menschheit in Harmonie existieren.

Ein wichtiger Schritt auf dem Weg nach Quantopia ist die Gestaltung einer Quantenwirtschaft. In diesem postmaterialistischen und nachhaltigen Wirtschaftssystem werden die

Güter gerechter verteilt sein, und Geld in seiner heutigen Form wird nicht mehr benötigt werden. Durch grundlegende Umgestaltung der Wirtschaft werden wir eine Gesellschaft kreieren, in der Kunst, Wissenschaft und Individualismus eine höhere Wertschätzung genießen als in unserer heutigen Welt. **Auf dem Weg nach Quantopia lassen wir eintönige, entfremdende Arbeit hinter uns und richten die Wirtschaft auf das Ziel aus, das Leben für alle zu verbessern.** Das bedeutet, Zwänge durch höhere Grade der Freiwilligkeit zu verringern, Herausforderungen gemeinsam anzugehen und individuelle Profite zugunsten des Gemeinwohls zu reduzieren.

Diese Reise nach Quantopia ist mein drittes Zukunftsszenario, und es ist ebenso plausibel wie die beiden anderen. Wir können diese Vision verwirklichen, und im Gegensatz zur Zombiewelt des Homo obsoletus ist sie unsere Anstrengung auch wert. Wenn es uns gelingt, eine globale Bewusstseinsrevolution zu entfachen, können wir die Menschen rund um den Erdball für die Leitidee eines neuen Utopias begeistern. **Auf dem Weg nach Quantopia erschaffen wir eine Gesellschaft des Verstands – weg von der heutigen »Muss-Gesellschaft«, in der alles von Zwängen beherrscht wird, und hin zu einer »Kann-Gesellschaft«, die wir selbst bewusst und frei gestalten.** So vermeiden wir die »Wird-Gesellschaft« des Homo-obsoletus-Szenarios, in der alles vorprogrammiert und von den Algorithmen bestimmt wäre. Wir müssen den materialistischen Turbokapitalismus zähmen und zum postmaterialistischen Quantenkapitalismus weiterentwickeln, dann wird es uns gelingen, eine gerechte Gesellschaft zu schaffen, in der alle in Wohlstand und Harmonie friedlich zusammenleben können.

Nun gilt es also, zu entscheiden, welche Zukunft wir haben wollen: den Untergang der Menschheit, die Pseudoutopie des Homo obsoletus oder die Quantenwirtschaft als erste Etappe auf dem Weg nach Quantopia. Wenn du dir bewusst gemacht hast, was auf dem Spiel steht, kannst du dich eigentlich nur für das dritte Szenario entscheiden. Die Quantenwirtschaft möchte ich mit dir, mit uns allen kreieren. Für unser Leben, für eine humane, menschengerechte Welt.

Wir können es noch schaffen, wenn wir umgehend umdenken. Die Quantenwirtschaft ist genau das: der Weg, auf dem wir alles so schnell wie möglich und nötig hinterfragen, anpassen, weiterentwickeln, notfalls durch Neues ersetzen.

Teil IV

Was kommt nach der Digitalisierung?

»Wir, die Menschheit,
halten diese Wahrheiten für selbstverständlich,
dass alle Menschen gleich geschaffen sind,
dass sie geschaffen sind, um zu erschaffen,
und deshalb berechtigt und verpflichtet sind,
in Freiheit zu leben und lebenslang zu lernen …«

(Aus der Neufassung der Interdependenzerklärung der Menschheit)

Für die Fünfundvierzig- bis Sechzigjährigen heißt es noch einmal, die Zähne zusammenzubeißen, noch einmal ein letzter Kampf – Kampf um Rollen und Relevanz in sterbenden alten Modellen. Die Dreißig- bis Fünfundvierzigjährigen leben in Angst, weil sie nicht wissen, wie es weitergeht, was aus ihnen werden soll. Was verpassen sie vielleicht, wenn sie nicht sofort die essenzielle Entscheidung für ihr Leben treffen? Sie werden zunehmend einsamer – gemeinsam einsam, versteht sich, weil sie ja zur »Generation Connected« gehören. Sie haben Angst vor Irrelevanz, furchtbare Angst, nichts im Leben von Substanz und Dauer geschaffen zu haben, und vor allem Angst, im Alter nichts zu besitzen. Sie spüren die zunehmende Komplexität und Geschwindigkeit und dass eine neue Ära bereits begonnen hat. Die junge Generation der »Erwachten« hingegen lebt heute mit zunehmender Leichtigkeit und Freiheit. Vielleicht ist es auf Naivität und das Prinzip Hoffnung zurückzuführen, aber vielleicht auch auf eine andere Wahrnehmung von Werten und Verständnis von Erfolg.

Wir alle haben unterschiedliche Auffassungen von den Konsequenzen der »digitalen Revolution«, wir können uns ja nicht einmal darauf verständigen, was das überhaupt ist. Was bedeutet für dich »die Digitalisierung«? Wenn du Sätze hörst wie »Die Digitalisierung verändert alles« oder »Alles, was digitali-

siert werden kann, wird digitalisiert« – Aussagen, die Zukunftsforscher und Experten auf Bühnen rund um die Welt predigen?
Ja, es verändert sich alles, das ist klar – aber was heißt das
genau? Was verstehst du darunter? Wenn wir die Firma durch
die »digitale Transformation« jagen – was wollen wir eigentlich
erreichen? Die Digitalisierung eines ganzen Unternehmens –
verstehen wir darunter, am Ende alle und alles in Bits und
Bytes, in Nullen und Einsen umzuwandeln? Wirklich alles zu
automatisieren und Menschen durch Roboter zu ersetzen?
Alles und alle mit dem Netz verbinden?

Im Englischen gibt es zwei unterschiedliche Worte für »Digitalisierung«, welche häufig vermischt werden.[13] Wir können
einerseits vom Prozess sprechen – der Umwandlung einzelner
analoger Informationsströme in digitale Bits (»digitization«).
Andererseits gibt es »digitalization«, welche wir verstehen als die
Art und Weise, wie Bereiche des sozialen Lebens um digitale
Kommunikations- und Medieninfrastrukturen herum struktu-
riert werden.

Eine Umwandlung in Bits und Bytes, in Nullen und Einsen
kennt keine Grenzen, eine Strukturierung und Anpassung unseres sozialen Lebens und der Art, wie wir uns gesellschaft-
lich organisieren, *hat* Grenzen. Die Grenzen verankern wir in
Modellen oder Regeln als gemeinsamen Verständnis über
Ethik, Moral und Werte. Das sind Kriterien, mit deren Hilfe
wir uns organisieren und definieren, die als Konsequenzen
zur »Digitalisierung« entstehen, welche zu einer Automatisierung führt.

Die beiden Sichtweisen und Begriffe können weder unabhängig voneinander noch in Verbundenheit eindeutig definiert
werden. Wo eine digitale Transformation anfängt, können wir
nicht greifen. Und sie hat kein Ende, weil es einfach kein Ende
gibt. Es gibt in unserem physischen und atomaren Weltbild
nichts, was wir nicht digital umwandeln könnten. Es ist aber

ein Unterschied, ob wir von einer digitalen Transformation sprechen – zu was auch immer wir uns transformieren wollen – oder von der digitalen Umwandlung von Geschäftsmodellen und -prozessen.

Die Digitalisierung eines Prozesses ist nicht möglich. Was wir damit eigentlich meinen, ist die Automatisierung eines Prozesses durch Digitalisierung von Informationen und die Verbindung mit Technologie zum Zweck der Automatisierung. Wenn wir also sagen: »Wir müssen den Prozess digitalisieren«, so meinen wir die Umwandlung von Informationen in digitale, maschinenlesbare Werte. Die Verbindung mit Technologie ermöglicht dann eine Automatisierung. Wenn man die Gespräche und Diskussionen um den gesellschaftlichen Einfluss verfolgt, merkt man sehr schnell, dass es nicht an Antworten und Reaktionen mangelt, sondern vielmehr an einer Auseinandersetzung mit diesen Fragen: Warum sollte eine Automatisierung freies Potenzial schöpfen? Warum sollte das keine gesellschaftliche Herausforderung darstellen? Automatisierung führt zu einem Wegfall von Kosten, zu einem erneuten Wettkampf um Marktanteile und Preise – das ist purer Darwinismus.

Die Welt, in der wir leben und die wir jetzt gestalten, besteht aus Nullen und Einsen, aber, wie wir wissen, können die Zustände in der Quantenwelt beides gleichzeitig sein. Wie sprechen von Potenzialität. Ob in einem Quantencomputer digitalisiert oder in der Quantenrealität – es handelt sich um eine abstrakte Problemstellung, die von und für Menschen geschaffen wird. Was bedeutet »die Digitalisierung« für unsere Gesellschaft, unser Leben, deinen Job und deine Firma? Es ist kein Nullsummenspiel, aber alles, worauf wir unsere Wirtschaft bauen, sind Geschichten, an die wir glauben – und alle, ja wirklich alle, lassen sich theoretisch in Algorithmen abbilden. Wir erleben derzeit Niedergang und Blüte, produktives Handeln und panische Reaktion, Ordnung und Struktur gepaart mit Chaos und Merkwürdigkeit. Für die einen der Untergang, für die anderen Wohlstand und Freiheit. Wird uns »die Digitalisierung« zu einer besseren Gesellschaft führen? Das liegt an uns. Wollen wir viel Fortschritt für wenige oder ein bisschen besser für alle? Oder ist etwa das Ziel mit der Digitalisierung, dass es manchen ein wenig schlechter gehen muss, damit andere es besser haben können? Wie auch immer der Wandel aussehen mag – es geht um Technologie, und es geht um Autorität. Und jetzt? Bei »Transformation« und »Disruption« handelt es sich letztlich nicht um technologische oder digitale Probleme – es sind Herausforderungen von und für Menschen, es sind Fragen, die wir Menschen lösen müssen.

Der Kampf der Algorithmen, die Verlagerung der Autorität von Personen und Institutionen zu Algorithmen sowie die Schlacht um den Technologiethron bestimmen in Zeiten von KI und Deep Learning die Agenda. »Daten sind das neue Öl«, so lautet heute die Parole. Aber unter dem schicken neuen Outfit verbergen sich die alten Modelle und Theorien aus den Achtzigern – von »Maximize Shareholder-Value« bis »Survival of the Fittest and Sexiest«. Siegen um jeden Preis lautet nach wie vor die Devise in den Unternehmen, notfalls auch auf Kosten der Menschen, die in den Firmen arbeiten.

Jeder von uns braucht eine subjektive, validierte und plausible Weltanschauung, wie wir die Welt sehen. Dieser Weg geht über (neue) Fragen. Warum siehst du die Welt so, und auf welchen Annahmen beruht deine Sichtweise?

Was noch passieren wird, und auch was danach noch kommen könnte, entscheiden wir, das entscheidest du. Selbstverständlich geht es um Technologie, um exponentielle Technologie. Es geht um eine neue Realität in einer Quantenwelt. Es geht darum, wie wir (über-)leben und uns als Spezies organisieren.

Was kommt nach der Digitalisierung? Das ist eine essenzielle Frage und gehört zu einer der existenziellen (neuen) philosophischen Fragen. Sie ist genauso elementar wie: Ist das Universum reell – oder vielleicht wurde alles bereits digital transformiert? Wir können uns dieser Frage nur durch philosophische Kontemplation annähern. Es geht heute um nichts Geringeres als die Unendlichkeit. Glaubst du, Computer werden die Welt übernehmen? Können Computer kreativ sein? Es gibt keine richtigen Antworten auf diese Fragen, weil das Ziel der Balance nicht erreicht werden kann – es ist der Weg, der zählt. Wir können nur nach mehr Balance streben, wenn wir definieren, was für uns erstrebenswert ist.

Wir brauchen nicht per se mehr Information und noch mehr digitale Formate, was wir brauchen sind neue Fragen. Mit deren Hilfe treffen wir die richtigen technologischen Entscheidungen und können Formate entwickeln, die zu Fortschritt für die Menschheit führen. Wenn wir die Gesellschaft verstehen wollen, müssen wir die Wirtschaft neu denken. Wenn wir auf diese Weise lernen, die Gesellschaft besser zu verstehen, können wir auch die Wirtschaft weiterentwickeln. Jede Wirklichkeit entsteht erst nachträglich, als Auswirkung unserer Handlungen. Also lass uns jetzt »zukünften«, um die Quantenwirtschaft als ganzheitlichen Generator unserer Gesellschaft zu gestalten – als eine Wirtschaft, die nicht mehr nur unsere materiellen Bedürfnisse befriedigt. Lass uns gemeinsam an einer Verstandesgesellschaft gepaart mit Urteilsvermögen und Intuition arbeiten, damit wir zur Vernunft gelangen können.

Im ganz Großen wie im ganz Kleinen ist die ganze Welt enthalten, das lehrt uns die Quantenphysik. Und das gilt auch für die Quantenwirtschaft: **Wenn wir die Ökonomie der Zukunft entwickeln, arbeiten wir zugleich an einem höheren Bewusstsein und an einer neuen Utopie für die Menschheit.** Wie also können wir die Wirtschaft neu denken, wie schaut die Welt in der Ära der Quantenwirtschaft aus? Was kommt nach der Digitalisierung? Was kann jeder von uns beitragen, um unsere Welt zum Besseren zu verändern?

11 Die Q-Economy kompakt

Mein Denkanstoß und mein Lösungsvorschlag mögen utopisch klingen, sie sind aber aus meiner Sicht realistischer als eine von oben verordnete Limitierung. Wir müssen bewusst zweigleisig fahren, also eine Parallelgesellschaft gestalten, in der aus dem absterbenden alten System ein neuer, evolutionär weiterentwickelter Kapitalismus erblüht – postmaterialistisch, nachhaltig und zirkulär. Das bedeutet, dass wir die wirtschaftliche Basis erhalten, die in den letzten hundertfünfzig Jahren so vielen Menschen Wohlstand beschert hat, und gleichzeitig eine Verstandesgesellschaft vorantreiben, die auf Vernunft und besserem Verständnis unserer Handlungen basiert. In etlichen Unternehmen weltweit ist diese Transformation in vollem Gang, aber in der Quantenwirtschaft müssen sich alle Akteure der Interdependenzen bewusst sein: Produkte, Materialien und unsere eigene Zukunft sind so miteinander verbunden wie die Partikel in der Quantenwelt.

Die Quantenwirtschaft wird die Gesellschaft stabilisieren und zu einer solidarischen Gemeinschaft führen. Noch herrscht lineares Denken – nur was wir berechnen können, gilt als real und werthaltig. Die Quantenwirtschaft dagegen beruht auf der Einsicht, dass die Welt nicht linear ist und nicht aus unverbundenen Teilchen besteht, sondern alles mit allem verbunden ist. Und dass die materiellen Ressourcen zwar begrenzt sind, die

Welt als Ganzes aber unendlich ist. **Es gibt kein Ende, ständig geht Altes unter, und Neues blüht auf. Im Kern geht es darum weiterzumachen – das Ziel ist die Unendlichkeit.**

Das System der Potenzialität

Die zurückliegenden dreißig Jahre waren durch materialistischen Turbokapitalismus und suchtartigen Hyperkonsumismus geprägt. Die unteren Stufen der Maslowschen Bedürfnispyramide wurden immer weiter ausgebaut, die Befriedigung von physischen und Sicherheitsbedürfnissen wurde exzessiv ausgedehnt. Dabei ging es allein um endliche Ziele wie definierte Werte für Aktionäre, Umsatz- und Gewinnmaximierungsziele, häufig ausgerichtet an weiteren willkürlichen Konstrukten wie Umsatz pro Quartal oder Gewinn pro Geschäftsjahr. Ethische Fragestellungen rückten mangels gesetzlicher Grundlage immer weiter in den Hintergrund; »Gewinner« und »Verlierer« wurden einzig durch Bilanzkennzahlen definiert.

In der Wirtschaft kann es aber de facto keine Siege geben, weil Ökonomie kein endliches Spiel ist. Die beliebten Vergleiche von Firmen mit Sportmannschaften und der Wirtschaft mit einem Biathlon- oder Fußballturnier führen in die Irre: Sportwettbewerbe enden mit Pokalen oder Medaillen für die Sieger. Erfolgreiche Unternehmen dagegen leben nicht von Siegen, sondern davon, möglichst lange mitzuspielen. Vitalität und Erfolg in der Quantenwirtschaft sind durch Unendlichkeit und Unvorhersehbarkeit definiert. Börsenkurse steigen so lange, bis sie nicht mehr steigen. Innovative Unternehmen wachsen so lange, bis sie nicht mehr wachsen. Die Wirtschaft ist chaotisch und merkwürdig, genauso wie die merkwürdige Welt der Quantenrealität.

Entsprechend brauchen wir neue Wirtschaftstheorien, eine aktuelle Bedienungsanleitung für die Quantenwirtschaft. Deren Basisgesetz lautet: Alles, was endlich ist, muss unendlich nutz- und wiederverwendbar werden. Um das zu erreichen, benötigen wir neue Spielregeln und ein tieferes Verständnis, damit wir bewusster und verantwortungsvoller handeln können.

In der Quantenwirtschaft geht es nicht darum, sich einzuschränken, sondern um die Entwicklung neuer, besserer Modelle. Das Besondere an der Quantenwirtschaft ist das Sowohl-als-auch, die Gleichzeitigkeit von häufig scheinbar Widersprüchlichem, wie wir sie auch im chinesischen Daoismus von Yin und Yang finden: entgegengesetzte und dennoch aufeinander bezogene Kräfte oder Prinzipien. Quantenwirtschaft ist Sozialismus und Kapitalismus, Old Economy und New Economy, Niedergang und Blüte, Chaos und Ordnung. Die verbundene, unendliche und merkwürdige Wirtschaft, die das Ganze formt und mehr ist als die Summe ihrer Teile.

In der Quantenwirtschaft, wie ich sie verstehe, schwindet – oder verschwindet – die Bedeutung von Zentralinstanzen zugunsten vieler dezentraler Einheiten und Individuen, die, vielleicht nur zeitlich begrenzt, miteinander verbunden sind. Zugleich werden neue globale Steuerungsinstitutionen geschaffen. In einer globalisierten und interdependenten Welt brauchen wir globale Regulierung und Vertrauen zwischen den Handelspartnern; davon wurde in den zurückliegenden Jahren viel zerstört. In der Quantenwirtschaft hängt aber alles zusammen, und folglich müssen wir gemeinsam Spielregeln definieren und Abkommen schließen, an die sich alle tatsächlich halten.

Im Jahr 1967 wurde der Weltraumvertrag aufgesetzt, dem auch Deutschland vier Jahre später beitrat. Im Kern geht es darum, dass alle Nationen sich verpflichten, einander im Weltall friedlich und freundschaftlich zu behandeln. Mittlerweile ist der erdnahe Weltraum mit milliardenteuren Satellitensystemen vollgestopft, die unser Leben – von der Partnersuche bis zur Navigation im Straßenverkehr – bestimmen. Gut, dass wir alle dort oben, wo gigantische Vermögenswerte aufgebaut werden, Freunde sind – aber nun wird es höchste Zeit, dass wir uns auch hier unten, auf unserem Planeten, zu globaler Regulierung durchringen. Weder Informationen noch Terroristen, weder Kapital noch Energie, weder Ideen noch Religionen machen an Grenzen halt. Neben stärkerer Globalisierung brauchen wir auch stärkere Regionalisierung, mit Bürgermeistern als neuartigen Stammeshäuptlingen, die näher bei den Menschen und ihren tatsächlichen Bedürfnissen sind als nationale Zentralregierungen.

In der Quantenwirtschaft befreien wir uns vom linearen Denken. So entsteht ein höheres individuelles Bewusstsein und institutionelles Verständnis für »das Ganze«: für unseren Planeten, die Menschheit und den Humanismus als Grundlage einer menschengerechten Welt. Die Quantenwirtschaft wird die Synthese von vielen positiven Bewegungen sein, die sich bereits jetzt anbahnen und die negativen Seiten der Wirtschaft zähmen werden. Denn die Quantenwirtschaft ist für die Menschen da.

In der Quantenwirtschaft lernen Unternehmer und Unternehmen, jeglichem Wissen mit neugieriger Skepsis zu begegnen und alles zu hinterfragen. Durch neue ökonomische Motivation gelingt es, die Widerstände in der Wirtschaft zu überwinden. Auch in der Quantenwirtschaft gilt es, die Herausforderungen von Niedergang und Blüte durch Innovationskraft und Fortschritt zu meistern. **In der Quantenwirtschaft lernen Führungskräfte, dass die sogenannten »Soft Skills« eigentlich »Hard Skills« sind.**

In der Quantenwirtschaft braucht es Mut zu neuer Leadership. Es geht nicht mehr darum, Wettbewerber zu besiegen, sondern darum, eine gesunde Rivalität zu pflegen, von vermeintlichen Feinden zu lernen und in einer Welt der Interdependenz zu wachsen. **In der Quantenwirtschaft haben wir alle am lebenslangen Lernen teil.**

In der Quantenwirtschaft wird es viel mehr Selbstständige und Freiberufler geben. Rollen und Hierarchien verändern sich und verschwinden – die Menschen werden häufiger zwischen den Rollen von Angestellten, Freelancern und (Klein-)Unternehmern wechseln oder mehrere dieser Rollen gleichzeitig einnehmen. Auch aufgrund des bedingungslosen Grundeinkommens werden wir uns womöglich ganz vom Konzept »Arbeitnehmer und Arbeitgeber« lösen, und das Wort »Job« wird aus unserem Vokabular verschwinden.

In der Quantenwirtschaft werden sich neue Formen eines Grundeinkommens für alle herausbilden. Ob wir es »Bürgergeld«, »sozial«, »bedingungslos« oder wie auch immer nennen, ist zweitrangig, denn bereits in wenigen Jahren wird es das einzige praktikable Modell sein, um dringend benötigte Kaufkraft für alle bereitzustellen und damit die Gesellschaft zu stabilisieren, wenn viele Jobs durch Digitalisierung und Automatisierung wegfallen werden. Ein Grundeinkommen für alle reduziert überdies soziale Spannungen, die in einer niemals perfekten Welt unvermeidlich sind. Und es erleichtert jedem Einzelnen den Einstieg ins (Klein-)Unternehmertum.

Die Entwicklung von Quantencomputern wird in der Quantenwirtschaft einen gewaltigen neuen Technologieschub ermöglichen. Ressourceneinsatz, Energieeffizienz, Transparenz, Logistik und Kommunikation werden in heute noch kaum vorstellbarem Ausmaß optimiert werden. Digitalisierung und Automatisierung schaffen Effizienzgewinne und ermöglichen erhöhte Wertschöpfung. Von diesen Gewinnen der Unternehmen wird die Gesellschaft zusätzlich profitieren. In der Quantenwirtschaft ziehen Unternehmen, Behörden,

Verwaltungen und Bürger Nutzen aus gigantischen, frei zugänglichen Datenpools. Datensicherheit und Informationsüberfluss schließen sich dank Blockchain nicht aus. Konsumenten werden zu Produzenten und umgekehrt. Da in der Quantenwirtschaft immer mehr Arbeitsprozesse digitalisiert werden, wird immer weniger menschliche Arbeitskraft benötigt, wodurch die Personalkosten sinken. Dadurch entfällt der Kostenvorteil bei der Produktion in Niedriglohnländern mit der Folge, dass wieder verstärkt regional produziert werden wird.

In der Quantenwirtschaft werden wir nicht mehr die Realität ausplündern, sondern die Potenzialität ausschöpfen. Ressourcen werden nicht mehr verbraucht, sondern hundertprozentig wiederverwendet – eine echte Kreislaufwirtschaft. Das kann nur gelingen, indem die an Produktion, Verteilung, Recycling und Neugestaltung beteiligten Unternehmen eng zusammenarbeiten und die gesamte Verantwortung für das Produkt beim Hersteller liegt. Natürlich wird der Teufel auch künftig im Detail stecken. Die Komplexität chemischer Verbindungen in den verwendeten Materialien stellt die Unternehmen vor immense neue Herausforderungen, wenn es darum geht, hundertprozentige Wiederverwendbarkeit sicherzustellen. Dafür brauchen wir nicht nur neue Technologien, sondern auch ein neues Bewusstsein für die Anforderungen an Herstellung und Design.

In der Quantenwirtschaft haben wir kein Energieproblem mehr. Die Möglichkeit der Speicherung großer Mengen von Energie ist nur eine Frage der Zeit. Sonnenenergie gibt es genug. Wenn Energie, abgesehen von den Kosten für Gerät oder Technik, praktisch ein freies Gut wird, werden die Auswirkungen auf Wirtschaft und Lebensqualität weltweit gewaltig sein.

Mehr Werte durch Mehrwert

Die Ideen der Zirkulärwirtschaft werden ein fester Bestandteil der Quantenwirtschaft. Ökonomie und Ökologie schließen sich nicht aus, im Gegenteil. Dem entspricht auf dem Gebiet der Produktion, dass die gesamte Verantwortlichkeit auf den Hersteller verlagert wird. In der Quantenwirtschaft wird nichts mehr gekauft, sondern alles ausgeliehen. Dadurch entsteht bei den Konsumenten ein höheres Bewusstsein, und die Hersteller bekommen einen ökonomischen Anreiz, bessere Produkte zu bauen. **Die Share-Economy gehört untrennbar zur Quantenwirtschaft: Mehr und mehr Produkte werden zu Dienstleistungen.** Erich Fromms *Haben oder Sein* wird Pflichtlektüre in allen Schulen.

In der Quantenwirtschaft geht Individualität vor Durchschnitt. Heutige Massenproduktion bedeutet oft, dass überschüssige Ramschware hergestellt wird. In der Quantenwirtschaft gibt es dagegen maßgeschneiderte Massenfertigung ohne Überproduktion. Zirkuläres Wirtschaften wird überall im Fokus stehen, mit der Folge, dass etwa Milliardäre ihr Vermögen schließlich wieder zurückführen, wie wir das heute bereits bei der Bill & Melinda Gates Foundation sehen. Ihre Kampagne »The Giving Pledge«, der sich inzwischen 175 Superreiche angeschlossen haben, wird bald ein Vermögen von 600 Milliarden US-Dollar vorweisen, das für wohltätige Zwecke an die Gesellschaft zurückgegeben werden soll. Neben Bill und Melinda Gates haben sich unter anderem Elon Musk, Mark Zuckerberg und Warren Buffett beteiligt.[14]

Quantenwirtschaft ist darauf ausgerichtet, Mehrwert nicht nur für die Individuen, sondern auch für die Gesellschaft zu schaffen. Social Business wird in Zukunft großgeschrieben; soziale Ungerechtigkeiten werden zu Marktlücken, nach denen Unternehmensgründer gezielt Ausschau halten. In der Quantenwirtschaft wird »Corporate Social Responsibility« (CSR) nicht mehr nur ein Lippenbekenntnis auf bunten Unternehmensseiten sein, sondern ein von Kunden wie von Mitarbeitern geschätzter und geforderter Mehrwert, der Freude am Konsum ohne schlechtes Gewissen erlaubt. Bei der Unternehmensbewertung und in den Geschäftsberichten wird CSR eine bedeutende Rolle spielen. Profit und soziale Verantwortung schließen sich keineswegs aus. **In der Quantenwirtschaft wird der Wert von Unternehmen neu definiert.**

In der Quantenwirtschaft wird nicht mehr die Arbeitskraft, sondern der Verbrauch von Ressourcen besteuert. Außerdem muss die Gesellschaft überall dort, wo echte Wertschöpfung erfolgt, einen steuerlichen Anteil erhalten. In Zukunft wird also beispielsweise eine KI- und Robotersteuer erhoben werden. Ich bin sicher, dass die Politiker die entsprechenden Gesetze erlassen werden, sobald sie verstanden haben, dass Untätigkeit auf diesem Gebiet ihren Wahlerfolg gefährden würde. Was die Steuergesetze angeht, wird auf die bewährte menschliche Fähigkeit, nachzubessern und kreativ weiterzuentwickeln, auch in Zukunft Verlass sein.

12 Neue Spielregeln für die Wirtschaft

Alle großen Wirtschaftstheorien, mit denen Ökonomen heute arbeiten, sind materialistisch geprägt. Das gilt für Demand-Side- und Supply-Side-Modelle genauso wie für die Kapitalismustheorien von Milton Friedman und Co. Die Erben von Adam Smith haben den cartesianischen Glauben ihres Erzvaters an metaphysische Eigenschaften des Markts längst über Bord geworfen. Das materialistische Zeitalter geht unterdessen auch in den Wissenschaften rapide seinem Ende entgegen. Das Pendel schwingt von der klassischen zur Quantenphysik und damit von der Materie zu Bewusstsein und Energie.

Die bisherigen Wirtschaftsmodelle sind in ihrem Kern mechanistisch. Beim Quantenwirtschaftsansatz aber akzeptieren wir, dass es sich eben nicht um ein lineares und kausales System handelt. Wie in der Quantenphysik haben wir es vielmehr mit Überlagerungen und Wahrscheinlichkeiten zu tun. Wir können und müssen zwar neue Spielregeln und Gesetze formulieren, aber wir müssen uns bewusst sein, dass es trotz aller Optimierung und Nachjustierung immer wieder anders kommen kann, als wir errechnet hatten. Das war bei den alten mechanistischen Theorien nicht anders, doch dort erklärten die Wissenschaftler jede Abweichung mit vermeintlich externen Faktoren und hielten unbeirrt an ihren Theorien fest. In der Quantenwirtschaft dagegen werden wir dank wachsender Interdependenz zwischen Mensch und Maschine sowie zwischen Mensch, Maschine und unserem irdischen Lebensraum ein höheres Bewusstsein erlangen. Das eröffnet die Chance, eine wertorientierte Gesellschaft zu gestalten, basierend auf ganzheitlicher Ethik und Moral.

Die Entscheider mit Fragen konfrontieren

Die Quantenwirtschaft beginnt mit konkreten Fragen: Wir alle müssen die Verantwortlichen in Politik und Wirtschaft immer wieder mit den beiden existenziellen Herausforderungen konfrontieren – nachhaltigem Wirtschaften und digitaler Superintelligenz. Auch wenn Politiker nur für vier oder fünf Jahre gewählt sind, müssen sie Visionen zu diesen Themen entwickeln, die mindestens die Generation ihrer Kinder einbeziehen. Bleiben diese Autoritäten und selbst ernannten Leader überzeugende Antworten schuldig, sollten wir dafür eintreten, dass sie nicht wiedergewählt werden – und sicherstellen, dass ihre Ignoranz gegenüber diesen existenziellen Fragen öffentlich gemacht wird.

Das Gleiche gilt für die Führungskräfte in der Wirtschaft: Wir müssen sie immer wieder mit Fragen konfrontieren. Denn wir brauchen nicht mehr Antworten, wir brauchen mehr Fragen: was ihr Unternehmen für die Menschen tut, wie sie zum Problem des nachhaltigen Produzierens stehen und welche Schritte sie konkret auf dem Weg zu einer zirkulären Wirtschaft schon getan haben und welche sie für die nächste Zukunft planen. **Unternehmen, die nach dem Motto »Nach mir die Sintflut« wirtschaften, können wir uns schlichtweg nicht mehr leisten.** Das gilt für alle auf Endlichkeit ausgelegten Unternehmen, die allein von Gewinnmaximierung leben.

Je beharrlicher du nachfragst, desto klarer wird dein Bewusstsein. Das wirkt sich zwangsläufig auch auf dein eigenes Leben und Handeln aus: Was ist deine Rolle in Wirtschaft und Gesellschaft? Was kannst du konkret tun, um die Entwicklung so mitzugestalten, wie es aus deiner Sicht erforderlich und vernünftig ist?

Wir brauchen ein neues soziales Regelwerk

Warum scharen sich so viele Menschen immer wieder bereitwillig hinter den Fahnen des Nationalismus? »Die blutige Geschichte wird geprägt von unserer Sehnsucht, stolz auf unsere Herkunft sein zu können«, schrieb Hegel einst. Könnte das erklären, warum sich Menschen in Europa viel stärker mit ihrer Nationalkultur als mit der Idee eines geeinten Europas identifizieren?

Warum sollte es nicht möglich sein, sich mit größeren Einheiten zu identifizieren, patriotische Gefühle für die Europäische Union zu entwickeln – und schließlich auch für das große Ganze, die Weltgemeinschaft auf dem Planeten Erde? Die Schwierigkeit besteht womöglich darin, dass wir äußere Feinde brauchen, um im Inneren zusammenzufinden. Aber wir können nicht warten, bis irgendwo im All feindselige Außerirdische entdeckt werden, die uns helfen, unseren Zwist zu überwinden – und wenn die Aliens wirklich auftauchen würden, hätten wir aller Wahrscheinlichkeit nach ein Problem zu viel. Also wird uns nichts anderes übrig bleiben, als uns jetzt zusammenzuraufen und die Aufgaben anzugehen. Wir müssen uns entscheiden, in welche Richtung wir unsere sozialen Systeme weiterentwickeln wollen. In ihrem derzeitigen Zustand sind sie dysfunktional.

Leitidee und Regulierung

In der Quantenwirtschaft werden wir nicht ohne gesetzliche Regelungen auskommen. Aber ein tieferes Verständnis der Zusammenhänge wird uns ermöglichen, diese Spielregeln zu vereinfachen. Gesetze müssen für jedermann verständlich sein. Allerdings ist es einfacher, untaugliche Gesetze abzuschaffen, als neue, bessere zu formulieren.

Natürlich werden unsere Gesetze, Regulierungen und Vereinbarungen auch in Zukunft unvollkommen sein – wie alles, was wir Menschen anpacken. Entwerfen, testen, nachjustieren, notfalls komplett neu ansetzen – auf diese Weise ist der Menschheit schon Beachtliches gelungen, selbst wenn viele Lektionen in der Geschichte schmerzhaft waren. Die atomare Apokalypse ist ausgeblieben, weil die Pakte über Abrüstung und Kontrolle trotz aller Krisen und Konflikte eben doch eingehalten werden. Den drohenden Untergang unserer Spezies vor Augen, haben die Entscheider letztlich immer wieder den Weg der Vernunft gewählt.

Doch wie ich schon mehrfach hervorgehoben habe: Diesmal können wir uns nicht darauf verlassen, dass wir durch Versuch, Irrtum und Nachbesserung zu tragfähigen Lösungen kommen werden. Die Entwicklung digitaler Superintelligenz birgt noch sehr viel apokalyptischere Risiken als Atomwaffen, denn diese Technologie geht buchstäblich über unseren Verstand.

Es ist für das Überleben der Menschheit unabdingbar, dass in den allernächsten Jahren globale Vereinbarungen darüber getroffen werden, wie wir die Entwicklung digitaler Superintelligenz steuern wollen. Die Weltgemeinschaft muss ihren Fokus auf diese existenzielle Frage richten; wir alle müssen ein Bewusstsein und Verständnis der Risiken und Potenziale gewinnen. **Ziel muss sein, eine starke künstliche Intelligenz**

zu entwickeln, die unsere Handlungsfreiheit maximiert und nicht etwa einschränkt oder untergräbt. Wir werden eine Art Symbiose mit der digitalen Superintelligenz eingehen müssen, aber sie muss immer und ausschließlich unserer Selbstverwirklichung dienen, der Befreiung von Grenzen und Zwängen.

Maximale Freiheit für die Menschen muss die neue Leitidee für Wissenschaft, Quantenwirtschaft und alle Bereiche von Quantopia sein. In der Quantenwirtschaft lernen wir, durch neue Modelle auch die sozialen Verhältnisse mitzugestalten. Auf diese Weise wird die Wirtschaft Gestalter des Wandels hervorbringen, echte Führungspersönlichkeiten für Quantopia.

Menschenverstand und Ökosophie statt Superintelligenz und Ökokollaps

Die Leitidee der Quantenwirtschaft noch einmal auf den Punkt gebracht: Es geht um die Gestaltung einer Zukunft, in der wir maximale Handlungsfreiheit besitzen. Das bedeutet, dass wir den Ökokollaps verhindern müssen und die Kontrolle nicht an eine künstliche Superintelligenz verlieren dürfen. Deshalb müssen wir uns dazu verpflichten, diese Aufgaben anzugehen und unsere Handlungsfreiheit zu bewahren. **Alle Menschen sollten eine neue »Interdependenzerklärung« unterschreiben, mit der wir unsere wechselseitige Abhängigkeit anerkennen und uns verpflichten, entsprechend zu handeln.**

Bereits 1973 entwickelte mein Landsmann, der 2009 verstorbene Philosoph Arne Næss, in einem Aufsatz mit dem Titel *The Shallow and the Deep* sein Konzept der »Tiefenökologie«. Sein ökosophischer Ansatz läuft darauf hinaus, dass die Umwelt nicht etwa der Gegenspieler der Menschheit ist, sondern ein Teil von uns selbst. Wie Næss 1999 in einem Interview erklärte, bedeutet Tiefenökologie, dass man »Gutes für den Planeten nicht nur im Interesse der Menschen tut, sondern auch im Interesse des Planeten selbst«.

Dieses Konzept muss weiterentwickelt und gleichfalls zur Richtschnur der Quantenwirtschaft werden. Wir sind schon auf einem guten Weg, wenngleich es nach wie vor viel zu langsam vorangeht. Aber eine stark wachsende Bewegung von Gründern und Unternehmern, die eine nachhaltige, zirkuläre Ökonomie schaffen wollen, ermutigt mich, zu glauben, dass wir den Kurswechsel gerade noch rechtzeitig schaffen und den Ökokollaps vermeiden können.

Mensch und Maschine, der Planet und die Lebensgrundlage unserer Zivilisation – alles hängt miteinander zusammen. Um die dringend benötigten kreativen Lösungen zu finden, müssen wir uns endgültig vom mechanistischen Weltbild der klassischen Physik und von rein logisch-mathematischen Betrachtungen lösen. **Wir müssen akzeptieren, dass die Welt – und damit auch die Quantenwirtschaft – seltsam und unvorhersehbar ist, wodurch sich zugleich Spielräume für Kreativität und unvorhersehbare Entwicklungssprünge bieten.** Die Zukunft ist unbestimmt, sie ist das, was wir aus Vergangenheit und Gegenwart heraus gestalten. Sie ist kein Ding, sondern ein Tun: Sie entsteht dadurch, dass wir sie »zukünften«. Wenn wir das verstehen und entsprechend handeln, können wir gemeinsam eine erstrebenswerte Zukunft für die menschliche Spezies improvisieren. Wir können völlig neue Potenziale befreien und einander helfen, die bevorstehenden, scheinbar unlösbaren Herausforderungen zu meistern.

Die Zeit zum Handeln ist jetzt! Genug des bewusstlosen »Geredes«, für Heidegger das Gegenteil der des eigenen Seins bewussten »Rede«. Im Business wie auch in der Politik wird so viel Bullshit verkündet – dafür haben wir schlichtweg keine Zeit mehr! Anstatt selbst zu denken, zu fühlen und zu handeln, erschöpfen sich viel zu viele Menschen darin, zu reagieren, mitzureden und nachzuplappern. Das dürfen wir nicht länger akzeptieren. Du und ich – wir alle müssen aufstehen und sagen: Lasst das sinnlose Gerede sein, packen wir endlich an, was getan werden muss!

13 Die Unternehmen von morgen

Noch basiert der Erfolg vieler Unternehmen auf schnellem Konsum: Kurzlebige Produkte, die rasch verschleißen oder veralten, müssen immer wieder ersetzt werden, und daraus generieren die Anbieter Umsatz und Profit. In diversen Wirtschaftsbereichen steuern Kartelle die Lebensdauer von Produkten, die beim heutigen Technologiestand nahezu verschleißfrei sein könnten – von Rasierklingen und Glühbirnen bis hin zu Computern, Druckern oder Autos. Dass diese Produkte nach einer gewissen Zeitspanne den Dienst versagen, empfinden wir als »natürlichen« Verschleiß, aber die wahre Ursache ist der organisierte Betrug, auf dem unser Wirtschaftssystem in weiten Teilen beruht.

Der Lügenwirtschaft den Rücken kehren

Die Unternehmen haben unzählige Modelle entwickelt, um Produkte so zu gestalten, dass sie zwar »wertig« wirken, aber durch eingebaute Abnutzung die Wirtschaft am Laufen halten. Werbung und Marketing befeuern dieses System zusätzlich, indem sie bei den »Verbrauchern« Sehnsucht nach Konsum erzeugen. **Je süchtiger der Kunde, desto besser für das Unternehmen.**

Doch die Anzeichen mehren sich, dass die Konsumsucht nachlässt wie abklingendes Fieber: Lange Zeit waren wir wie betäubt von der Gier nach immer mehr Produkten, nun kehrt unser Bewusstsein zurück. Uns dämmert, dass Haltbarkeit und Nutzwert der Besitztümer, die wir angehäuft haben, zweifelhaft sind, und dass wir durch besinnungslose Schnäppchenjagd nicht nur den Raubbau an der Umwelt forcieren, sondern mehr und mehr auch unsere wirtschaftliche Lebensgrundlage wegrationalisieren. Der »Kollege Roboter« arbeitet fehlerfrei, unschlagbar kostengünstig, macht nie Urlaub und ist niemals krank. Digitale Steuerberater und Buchhalter bieten schon heute online ihre Dienste an – für 0,04 Euro Stundenlohn.

Das ist kurzfristig erfreulich, doch die rasant fortschreitende Automatisierung wird schon in wenigen Jahren zu heftigen gesellschaftlichen Verwerfungen führen. Natürlich werden auch neue Jobs entstehen, zunächst aber werden Millionen bisheriger Arbeitsplätze entfallen. Also wird es jede Menge Verlierer der Robotisierung geben – auch deshalb ist es höchste Zeit, eine Gesellschaft des Verstands zu kreieren. **Wir müssen existenzielle Intelligenz entwickeln und einsetzen – die menschliche Fähigkeit, individuelle Intuition und kollektive Werte zu kombinieren, um unsere Mitmenschen und unsere Welt besser zu verstehen.** Wer über existenzielle Intelligenz verfügt, ist meist auch imstande, über seinen Tellerrand hinauszublicken und das Gesamtbild zu erfassen.

Umverteilen, ohne wegzunehmen?

Materialistischer Turbokapitalismus und Hyperkonsum für alle – dass dieses Modell nicht funktionieren kann, ist klar. Wollten die anderen 99 Prozent genauso wie das obere eine Prozent leben, wäre das Spiel nach kürzester Zeit vorbei. 2018 hatten wir bereits am 2. Mai den »Earth Overshoot Day« (auf

Deutsch etwa »Erdüberlastungstag«) erreicht, den Tag, von dem an wir für den Rest des Jahres auf Kosten künftiger Generationen leben. Wir müssen also dringend umsteuern, sonst ist dieses Datum bald schon im ersten Quartal erreicht. Würden weltweit alle wie wir derzeit in Deutschland leben, bräuchten wir drei Planeten – wir haben aber nur diese eine Erde! Wie können wir zu einer besseren Verteilung gelangen? Sollen wir von oben nach unten umverteilen, also den Reichen ihren Reichtum wegnehmen? Müssen wir alle künftig auf lieb gewordenen Überkonsum verzichten, uns also limitieren? Die Mehrheit der Menschen für diesen Weg zu gewinnen dürfte schwer bis aussichtslos sein. Wer begeistert sich schon für ein Modell, das auf dauerhaftem Verzicht basiert?

Die meisten Menschen wollen gerne etwas bewegen, sich einbringen und engagieren. Deshalb sind Millionen Bürger hierzulande ehrenamtlich tätig und spenden für wohltätige Zwecke. Auf diese Weise wird Gigantisches geleistet, und das Potenzial ist noch lange nicht ausgeschöpft. Doch altruistische Großzügigkeit funktioniert nur auf freiwilliger Basis: Wenn wir nicht selbst dafür oder dagegen entscheiden können, machen wir schnell dicht – manchmal im wahrsten Sinn des Wortes.

Beispiel Migrationskrise: Wir alle wissen, dass Grenzbefestigungen rund um die westliche Welt keine Lösung sind, wenn durch den Klimakollaps weite Teile Afrikas unbewohnbar werden und zugleich die dortige Bevölkerung von heute 1,3 Milliarden bis zum Ende des Jahrhunderts auf mehr als vier Milliarden Menschen wächst. Falls es nicht gelingt, rechtzeitig gegenzusteuern, werden nicht weniger Geflüchtete als derzeit in die westlichen Wohlstandsregionen drängen, sondern zehn- oder hundertmal mehr. Also wissen wir auch, dass wir heute in den betroffenen Regionen die Umwelt und die Gesellschaften stabilisieren oder neu aufbauen müssen – was Milliardeninvestitionen erfordert, die zwangsläufig von unserem Wohlstandskuchen abgezwackt werden müssen.

Oder das Beispiel EU: Im Grunde wissen wir alle, dass die Europäische Union nur funktionieren kann, wenn die wirtschaftliche Grundlage überall ungefähr gleich ist. Außerdem wissen wir, dass diese Angleichung nicht gelingen kann, indem wir alle EU-Länder auf das Hyperwohlstandsniveau der reichsten Regionen heben. Also ist die Folgerung klar: Wir müssen umverteilen, auf Überkonsum verzichten und uns limitieren. Aber sind wir wirklich bereit dazu?

Stattdessen hoffen wir immer noch, dass irgendjemand mit einer rettenden Idee oder einer neu entwickelten Supertechnik kommen wird, die auf einen Schlag alle Probleme löst. Aber dieser Messias hat große Ähnlichkeit mit dem ominösen Godot aus Samuel Becketts weltberühmtem Theaterstück. *Warten auf Godot* wird seit sechzig Jahren immer wieder aufgeführt, und der so sehnsüchtig Erwartete ist nie erschienen.

Also stell es dir mal konkret vor: Dein Chef teilt dir mit, dass du ab nächstem Monat auf 20 Prozent deines Gehalts verzichten musst. Weil der Vorstand des Unternehmens beschlossen hat oder durch politische Vorgaben gezwungen wurde, ein Fünftel des Unternehmensgewinns in die Infrastruktur von Afrika zu investieren. Wie würdest du reagieren? Wärst du bereit, auf 20 Prozent deines Gehalts zu verzichten? Die Mehrheit würde diesen Schritt zweifellos ablehnen. Der derzeitige Aufschwung populistischer Parteien in immer mehr europäischen Ländern zeigt, dass bereits eine »gefühlte« Limitierung und Umverteilung die Gesellschaft destabilisieren kann. Auch wenn wir alle im Grunde wissen, was getan werden müsste, können wir es also nur dann umsetzen, wenn wir einen anderen Weg finden als den des erzwungenen Verzichts.

Kooperation: Von der Wirr- zur Wir-Wirtschaft

Wie sehen Firmen in der Quantenwirtschaft aus? Konturen einer »Gig-Economy« zeichnen sich schon heute ab. In Skandinavien sprechen wir von der »Projektgesellschaft« und meinen damit so ziemlich das Gleiche: Spontan vernetzte Teams wickeln einen Auftrag ab oder setzen ein Projekt um und gehen dann wieder auseinander. Der Arbeitgeber bisherigen Stils, der Arbeitsplätze für fest angestellte Arbeitnehmer einrichtet, ist möglicherweise ein Auslaufmodell. Auf jeden Fall bekommt das herkömmliche Unternehmen kräftig Konkurrenz.

Der Wandel ist in vollem Gang. Doch viele traditionelle Unternehmen machen einen schweren Fehler: Sie versuchen, ihre Strukturen von innen heraus grundlegend zu verändern, was fast unmöglich ist. Daher müssen die Unternehmenslenker als Erstes verstehen, dass wir in Parallelwelten leben, in einer Phase des Übergangs, in der die alten Modelle absterben und die neuen gleichzeitig aufblühen. **Erfolgreiche Unternehmen bewahren und optimieren ihr bisheriges Geschäft und kreieren parallel dazu, außerhalb der überkommenen Strukturen, ein neues Modell, das irgendwann das alte ersetzen kann.** Wie für das Individuum gilt auch für die Firma der Zukunft: Wir müssen uns alle fünf bis zehn Jahre neu erfinden – ohne dabei unsere bisherigen Stärken einzubüßen. Was uns bisher getragen hat, treiben wir weiter voran und designen gleichzeitig unsere neue Realität.

Entweder-oder war gestern, in der Quantenwelt heißt es stattdessen Sowohl-als-auch. Das gilt ebenso für das Verhältnis rivalisierender Unternehmen. Was in der alten Wirtschaft undenkbar schien, werden wir künftig in vielfältigen Formen erleben: Unternehmen, die miteinander kooperieren, obwohl sie weiterhin Konkurrenten sind. Dieses »Kooperenz« genannte

Phänomen können wir ansatzweise bereits heute beobachten: Während in den Medien hauptsächlich vom »Handelskrieg« zwischen den USA und China berichtet wird, arbeiten Unternehmen aus beiden Ländern hinter den Kulissen geräuschlos zusammen.

Beispiel Alphabet: Im Sommer 2018 investierte der Google-Konzern 550 Millionen US-Dollar in den chinesischen E-Commerce-Anbieter JD.com. Die Beteiligung an dem asiatischen Rivalen erklärt sich zum Teil mit dem rasanten Wachstum von Amazon, aber es handelt sich auch um ein Kooperenz-Modell, von dem die Partner durch viele Synergien profitieren.

Durch die Quantenbrille betrachtet, ergibt die begrenzte Kooperation auch insofern Sinn, als beide Rivalen im Technologiesektor ganz vorne mitspielen, also ohnehin wie zwei verschränkte Teilchen miteinander verbunden sind. **Kooperenz gehört zur Quantenwirtschaft wie die pure Konkurrenz (und das Kartell als entgegengesetztes Extrem) zum alten Wirtschaftssystem.**

In der Quantenwirtschaft können Unternehmen nicht mehr durch hierarchische Kommandostrukturen, sondern einzig durch Kooperation und Dialog erfolgreich sein. Da alles miteinander zusammenhängt und wir alle wechselseitig voneinander abhängig sind, müssen auch Unternehmen über Branchen- und Fachgrenzen hinweg zusammenarbeiten.

Nach der neoklassischen Ideologie ist faire Zusammenarbeit kaum vorstellbar. Die Priester des reinen Kapitalismus singen das Hohelied des Egoismus und feuern die Akteure an, einzig nach ihrem Eigeninteresse zu handeln. Zusammenarbeit ist in dieser Sichtweise okay, aber nur im Top-down-Modell, damit jemand maximal profitiert und die Kontrolle behält.

Jedoch war schon zu Beginn der Industriellen Revolution nur schwer zu übersehen, dass einzig von egoistischer Gier getriebener Hyperkapitalismus auf Dauer nicht funktionieren kann. Die Gewinner sind immer mit den Verlierern verbunden, ob sie es wahrhaben wollen oder nicht. Das Konzept des schrankenlosen Individualismus kommt nicht nur durch die ökologischen Verwüstungen und die rasant wachsende soziale Spaltung an seine Grenzen, sondern wird auch durch die Erkenntnisse der Quantenforscher widerlegt: Wir sind weder absolut frei, wie es der Individualismus postuliert hat, noch sind wir absolut gleich, wie es die kollektivistischen Ideologien behaupten. Vielmehr sind wir sowohl Individuen mit eigener, einzigartiger Geschichte und Persönlichkeit als auch Teil des großen Ganzen, bei dem alles miteinander verbunden ist. **Aufgrund unserer neuronalen, hormonellen und genetischen Zusammensetzung sind wir nicht unabhängige Individuen, sondern wechselseitig voneinander abhängige Wesen.**

Damit stellt sich die Frage, die der ökonomische Shootingstar Thomas Piketty mit seinem 2014 erschienenen Buch *Das Kapital* auf die globale Agenda gesetzt hat: Wie bekommen wir zu unser aller Bestem eine vernünftige Verteilung hin?

Interdisziplinär und interdependent

In der Quantenwirtschaft kooperieren die Unternehmen über Branchengrenzen hinweg und stehen in Interdependenz mit den Nutzern. Diese Bindung führt zur Wertmaximierung. Die großen Erfolgsgeschichten der Sharing Economy – von Airbnb über Car2go bis Uber – sind mittlerweile hinlänglich bekannt. Peer-to-Peer-Ausleihen, Crowdfunding, Couchsurfing, Coworking, Carsharing, Knowledge-and-Talent-Sharing – die Liste der neuen Modelle und Anwendungen wird immer länger. Diese und viele weitere Special-Interest-Angebote prägen längst unseren Alltag.

Was heute noch Nischenmodell ist, wird morgen schon zu den Basics gehören. Unternehmen, die sich nicht entsprechend ausrichten, werden unweigerlich untergehen. Denn für Unternehmen mit dem entsprechenden Mindset ist es nur ein kleiner Schritt, die neuen »As-a-Service«-Modelle in der Welt der physischen Produkte umzusetzen. Und mit den neuen Angeboten werden fantastische Werte generiert – bei (derzeit noch) ebenso fantastisch geringen Steuerlasten.

Trotz aller Neuerungen und Umbrüche verlieren in der Wirtschaft aber keineswegs alle vertrauten Regeln ihre Gültigkeit. Nichts ist erfolgreicher als der Erfolg: Diese Grundregel bleibt auch in der Quantenwelt in Kraft, doch Erfolg wird künftig anders definiert werden. Die ersten Schritte in diese Richtung hat etwa die Coalition for Inclusive Capitalism schon gemacht, ein Bündnis von Allianz, Blackrock, BASF und Nestlé: Die vier Weltkonzerne haben ein Konzept ausgearbeitet, nach dem sie sich künftig selbst verpflichten wollen, neben materiellen Werten auch »Wertetreiber« wie Mitarbeiter, Vertrauen oder gesellschaftlichen Nutzen des Unternehmens in ihre erweiterte Berichterstattung aufzunehmen. Durch Kennzahlen soll messbar werden, wie innovativ ein Unternehmen ist, wie es das Können seiner Mitarbeiter nutzt oder wie sich sein Handeln auf Umwelt und Gesellschaft auswirkt. BASF hat bereits begonnen, einzelne Punkte umzusetzen: In seiner erweiterten Gewinn-und-Verlust-Rechnung bilanziert der Chemiekonzern auch nicht finanzielle Wertetreiber, darunter eine Effizienzprüfung seines Aufsichtsrats.

Die ethische Ausrichtung der Unternehmen und verantwortungsvolles Auftreten und Handeln von Führungskräften und Mitarbeitern werden künftig für den Unternehmenserfolg von weitaus größerer Bedeutung sein als in der linearen Wirtschaft gestern und heute. Durch Quantenorganisation sind gesellschaftliche Probleme und ökologische Herausforderungen in der Quantenwirtschaft mit den Werten und Vorstellungen der Menschen verbunden. Aufgrund der Wechselwirkung zwischen ökonomischen und sozialen Strukturen verändern wir, wie gesagt, auch die Gesellschaft, indem wir die Wirtschaft neu denken und designen.

Aus Verbrauchern werden Menschen

Die alte Formel lautete: Je mehr wir von etwas ansammeln – mehr Besitztümer, mehr Geld, mehr Followers und Likes –, desto glücklicher sind wir. Das hat nicht besonders gut funktioniert, aber vielleicht klappt es ja mit der postmaterialistischen Formel besser: In der Quantenwirtschaft versuchen wir nicht mehr, Happiness durch quantitative Steigerung zu maximieren. Vielmehr wird der auf Kauf und Konsum reduzierte »Verbraucher« des alten B2C-Modells durch den ganzen Menschen ersetzt, der über Bewusstsein und Emotionen verfügt. **Als interdependente Bestandteile der Wirtschaft suchen wir Zufriedenheit künftig nicht mehr im Konsum, sondern finden Sinn und persönliches Glück in unserer Partizipation an der Produktgestaltung und am technischen Fortschritt.**

König Kunde – oder Zombie-Konsument?

In der klassischen Wirtschaft wurde der Kunde als »König« hofiert und als Individuum mit voraussehbarem Verhalten behandelt. Der ganzheitliche Ansatz der Quantenwirtschaft birgt jedoch auch enorme Risiken. In der Q-Economy werden Emotionen und Verbundenheit von Kunde und Hersteller zu integralen Bestandteilen unseres persönlichen Entscheidungsprozesses. **Menschen kaufen keine Produkte und Dienstleistungen, sondern Beziehungen, Geschichten und Magie.**

Durch KI und Biotech könnten unsere Gefühle aber künftig

so unmerklich wie umfassend manipuliert werden. Das würde unsere Entscheidungen massiv beeinflussen und damit natürlich auch unser Kaufverhalten: Wenn wir uns für die »gefühlt« besten Produkte entscheiden, unsere Gefühle aber durch Bio-Hacking manipuliert worden sind, treffen wir schlechte Kauf- oder Mietentscheidungen, ohne es zu bemerken. Dann wären wir, die Kunden, nicht mehr Könige, sondern Zombies – wie im Homo-obsoletus-Szenario skizziert.

Noch haben wir es in der Hand, diese dystopische Entwicklung zu vermeiden. Doch dafür ist es notwendig, dass wir ein tieferes Verständnis und ein höheres Bewusstsein unserer Interdependenz mit der Wirtschaft entwickeln. Wir müssen die Technologie kontrollieren – nicht umgekehrt –, und wir dürfen nicht zulassen, dass die Algorithmen unserer Gefühle entschlüsselt und durch Bio-Hacking manipuliert werden.

Was ist der Mensch? Mit dieser philosophischsten aller Fragen werden wir uns in der Quantenwirtschaft eingehend beschäftigen müssen. Was glauben wir zu sein, und was wollen wir werden? Bewusst- und willenlose, beliebig manipulierbare Wesen sicher nicht – aber was sonst?

Mit »We-Q« zur »We-conomy«

Die »Wir-Ökonomie« macht Schlagzeilen – und wird zunehmend real. Niemand kann heute mehr von sich behaupten, dass er außerhalb von Gesellschaft und Wirtschaft stünde. Wir alle sind integrale Bestandteile und gleichzeitig Schöpfer unserer Welt. Wir sind Produkte unserer Kindheit, unserer Erfahrungen und sozialen Beziehungen, und gleichzeitig formen wir unsere Kinder und andere Menschen, die Gesellschaft und die Wirtschaft durch unsere – bewusste oder unbewusste – Erwartung und Fokussierung. **Je aufmerksamer wir unsere Interdependenz wahrnehmen, je offener wir dafür sind, desto**

rascher entstehen – unterstützt auch durch die technische Entwicklung – neue Formen ökonomischer Zusammenarbeit. Wenn genügend Kapital verfügbar ist, um die neuen Modelle umzusetzen, werden durch den ökonomischen Wandel auch gesellschaftliche Veränderungen beschleunigt.

Deshalb ist es besonders wichtig, dass wir uns auf sozialer Ebene hin zu einer Verstandesgesellschaft mit höherem Bewusstsein und vertieftem Verständnis der großen Herausforderungen entwickeln. Denn wie gesagt: Je rasanter die technische Entwicklung, desto weniger Möglichkeiten bleiben uns, nachzujustieren und Fehler zu korrigieren. Die Vorteile beschleunigter Transformation sind ebenso groß wie die Risiken. Nach Ansicht vieler Experten steht der Durchbruch bei der Quantentechnologie kurz bevor. Technische und menschliche Evolution müssen in der Quantenwirtschaft aber Hand in Hand gehen, damit der Prozess nicht außer Kontrolle gerät.

Die Quantenwirtschaft braucht Gestalter des Wandels, die es verstehen, Vertrauen zu leben und Teams zu formen, basierend auf grundlegenden Werten und philosophischen Einsichten, die umfassender sind als das Unternehmen oder Teile der Organisation. Manchmal braucht es auch Mut für eine existenzielle Wende oder zumindest dazu, außerhalb des Unternehmens etwas Neues ins Leben zu rufen, das möglicherweise in Zukunft die jetzige Firma ersetzt.

In permanenter Angst zu leben und womöglich den Untergang der menschlichen Spezies mitzuerleben kann dagegen keine Option sein. Wir müssen uns trauen, einen Schritt in Richtung einer neuen Blüte zu machen – einer Blüte aus Innovationskraft und Vertrauen, Zusammenarbeit oder Kooperenz. Der griechische Philosoph Heraklit formulierte es so: »Wenn du die Wahrheit suchst, sei offen für das Unerwartete, denn es ist schwer zu finden und verwirrend, wenn du es findest.«

Vielleicht haben wir die Spitze des Fortschritts für die Menschheit erreicht, aber falls es doch noch aufwärts geht: Wie können wir uns heute weiterentwickeln? Hin zu technologischer Singularität und Posthumanismus – oder zu Fortschritt für die Menschheit durch Kreation, Innovation und neue wissenschaftlichen Erkenntnisse?

Die Quantenwirtschaft wird unsere Gesellschaft zum Wohl der Menschen verändern. **Die Q-Economy wird nicht nur unsere materiellen Bedürfnisse befriedigen, sondern uns ermöglichen, unsere Talente zu entwickeln und unsere Träume auszuleben.** Die Ökonomie der Zukunft wird alle fundamentalen Bereiche der Gesellschaft regeln: unsere materiellen Bedürfnisse, unsere sozialen Beziehungen, virtuelle ebenso wie reale, unsere Verwaltung, Bildung und Kultur, unsere geistige Entwicklung und Selbstverwirklichung. Einst war die Wirtschaft der Unterbau von Künsten, Wissenschaft, Bildung und kulturellem Leben – nun kehren sie alle quasi nach Hause zurück.

Seit Platons Zeiten haben die großen Philosophen die Beziehungen zwischen Fantasie und Wirklichkeit, Kunst und Realität zu ergründen versucht. Wenn sich die Welt rein rational erklären und ausleuchten lässt, wozu brauchen wir Fantasie und Kunst? Die Quantenforschung hat uns gelehrt, dass die Welt im Kern nicht logisch, sondern chaotisch ist. Die Zukunft und damit auch der Fortschritt sind desgleichen sprunghaft, unkalkulierbar und unlogisch – wie so viele Werke der Kunst.

Was können wir also von den Künsten und Künstlern lernen? Vielleicht hat die Kunst letztlich den Zweck, uns die Merkwürdigkeit der Welt zu erklären. In der Quantenökonomie kehrt sich das Verhältnis womöglich um, und die Künste werden zu Förderern der Wirtschaft. Auch hier können die Einsichten der philosophischen Vordenker früherer Zeiten überaus hilfreich sein. Sie können uns helfen, gerade von dem zu lernen, was dem rationalen Denken bedeutungslos scheint: von der seltsamen Traumlogik der Künste, von den Ideen unserer Feinde und den merkwürdigen Fehlern in der Vergangenheit.

Wachstum entspringt dem Aufeinanderprallen unterschiedlicher Ideen. Veränderung ist daher nie schnell und mühelos, sondern vollzieht sich schmerzhaft, langsam, in kleinen Schritten. Wir könnten die Schnecke namens Fortschritt heute dank Technologie auf Überschallgeschwindigkeit beschleunigen – aber dann wären wir nicht mehr Herr der Lage. **Wir müssen die eigentümlichen Potenziale der Künste nutzen, um neue Ideen sinnlich nachvollziehbar zu machen.** So können wir sie vorher gleichsam anprobieren, statt uns plötzlich in einer nur scheinbar schönen neuen Welt wiederzufinden, von der es kein Zurück mehr gibt.

Trauen wir uns, die Wirtschaft neu zu denken? Trauen wir uns, zum Wohl der Menschen Fortschritt neu zu definieren? Das Ergebnis wird uns überraschen. »Panta rhei« – alles ist im Fluss. Die Verantwortung für unser Handeln übernehmen wir gemeinsam. Mit der Quantenwirtschaft können wir das Ablaufdatum für unsere Firma und für unsere Spezies verlängern. Bis ins Unendliche? Wir werden sehen, es liegt ganz bei uns.

14 Von Meta zu Beta

Wie also wird sich unsere Gesellschaft durch die Q-Economy entwickeln? Gehen wir von einer praktischen Fragestellung aus: Wie können wir erreichen, dass die Kinder, die ab 2030 geboren werden, in einer Welt aufwachsen, in der Güter nicht mehr gekauft, sondern ausschließlich geteilt werden? Dafür müssen wir unser ökonomisches System in den nächsten Jahren komplett auf eine Kreislaufwirtschaft umstellen. Produkte erwerben wir künftig nicht mehr als Eigentum, sondern leihen sie aus und behalten sie, bis wir sie nicht mehr benötigen. Dann geben wir sie zurück, und das betreffende Unternehmen bereitet die Rohstoffe auf und gestaltet neue Produkte daraus für die nächsten Nutzer.

In den letzten Jahren entstanden immer neue »Beta-Projekte«, welche als großartige Initiativen für einen Einstieg in der Quantenwirtschaft dienen, damit sie zu voller Blüte gelangen können. Mut und eine neue Sichtweise auf das Bestehende sind dabei der erste Schritt.

Der lachende Buddha: Vitalenergie kapitalisieren

In der Quantenwirtschaft geht es darum, neue Sichtweisen zu finden – und daraus neue Geschäftsmodelle zu entwickeln. Stell dir vor, in deinem Unternehmen gäbe es jemanden, dessen einzige Aufgabe es wäre, Glücksgefühle zu verbreiten. Wie würde sich das wohl auf Zufriedenheit und Motivation der Mitarbeiter auswirken – und damit auf den Unternehmenserfolg?

Im Buddhismus wird ein Mönch namens Budai, Hotei oder auch Pu-Tai verehrt. Er soll im 10. Jahrhundert im Königreich Wuyue gelebt haben. Durch sein fröhliches Wesen, seine humorvolle Persönlichkeit und seinen exzentrischen Lebensstil hebt er sich von den anderen buddhistischen Meistern ab. Er wird fast immer lächelnd oder lachend dargestellt; bei den Chinesen heißt er »der lachende Buddha«. Achte einmal darauf: In nahezu jedem China-Restaurant gibt es mindestens eine Figur oder ein Bild dieses fröhlichen Heiligen.

Menschen, die andere durch ihr sonniges Wesen aufheitern, waren zu allen Zeiten beliebt. Bestimmt kennst auch du jemanden aus deinem nahen oder ferneren Bekanntenkreis, der die Gabe besitzt, seine Mitmenschen zum Lachen oder zumindest zum Schmunzeln zu bringen. Was wäre es dir als Unternehmensvorstand heute wert, einen solchen Verbreiter von Wohlbefinden, Glücksgefühl und guter Laune für deine Organisation zu gewinnen? **Der lachende Buddha ist ein Beispiel für die Kapitalisierung von Vitalenergie, einen gigantischen neuen Markt, den die Quantenwirtschaft erschließen wird.** Denn neuartige digitale Geschäftsmodelle lassen sich aus einer Kombination aus Verstand, Achtsamkeit (»mindfulness«) und Empathie entwickeln.

Du glaubst, das geht nicht? Dann lade mal die App *Headspace* auf dein Smartphone herunter: Der ehemalige buddhistische

Mönch Andy Puddicombe bietet dort Online-Trainings zu Spiritualität, Meditation und Achtsamkeit an – und hat fast fünfzig Millionen Nutzer aus 190 Länder. Eso-Kram und Buzzword-Bingo, denkst du vielleicht – aber damit würdest du falschliegen. Wenn du das Angebot nutzt und individuell auf dich zugeschnittene Meditationstechniken zur Stressreduzierung und zum Empathietraining praktizierst, trägst du dazu bei, mehr Liebe und gegenseitiges Verständnis in unser Wirtschafts- und Gesellschaftssystem zu bringen. Gleichzeitig befreist du dich von der Fixierung auf materiellen Konsum und wirst durch Glücks- und Zufriedenheitserfahrungen auf einem höheren Niveau belohnt. Mehrere Hundert Unternehmen setzen bereits Headspace oder einen der Wettbewerber ein. Das Unternehmen wurde bei der letzten Investorenrunde auf 250 Millionen US-Dollar bewertet und wird bereits von mehreren Hundert Unternehmen über Unternehmenslizenzierung benutzt.

Heute heißt es, so zeigt dieses Beispiel: **Raus aus der »Mindfaulness«! Die Kapitalisierung von »Compassion« ist der neue Weg zum Unternehmenserfolg.**

Cannabisöl und Happiness

Weitere Beispiele gefällig? Experten sagen voraus, dass Cannabisöl schon in naher Zukunft Erdöl als volkswirtschaftlich wertvollstes Öl ablösen wird. Sein therapeutisches Potenzial – von der Schmerzlinderung bis zur Krebsbekämpfung – ist in Ansätzen bekannt, aber noch längst nicht vollständig erforscht, geschweige denn, in medizinischen Anwendungen realisiert. Als Motor wird auch hier die Quantenwirtschaft benötigt, der Zukunftsgenerator, der uns hilft, eine neue Sicht auf die Welt zu entwickeln. Wenn ein besseres Verständnis der Interdependenz unternehmerische Gewinne ermöglicht, wird auch die Politik aus ihrem Dämmerschlaf erwachen und ihre selbstbezüglichen Staats- und Parteitheaterspiele aufgeben müssen.

Und dann wäre da noch das Streben nach Glückseligkeit (»Happiness«), das zu den stärksten menschlichen Antriebskräften zählt. Im neoklassischen Kapitalismus sind Glück und Ökonomie gänzlich voneinander entkoppelt. In diesem Modell, das uns nur als Objekte und Verbraucher ansieht, beschert das individuelle Streben nach Happiness insbesondere der Pharmaindustrie satte Profite: »Glückspillen«, die durch pharmazeutische Mixturen die Glückshormonausschüttung ankurbeln, sind weltweit ein Milliardengeschäft. **Die urliberale Verheißung, dass sich das Glück der Einzelnen zu sozialer Harmonie summieren werde, wird aber durch die Verabreichung von zigtausend Tonnen biochemischer Stimmungsaufheller nicht eingelöst, sondern ad absurdum geführt.**

Aufgrund des sprunghaften Fortschritts der neuen Technologien könnten wir in Kürze schon biochemische Happiness für alle vollautomatisch produzieren: Intelligente Maschinen könnten die individuell optimale Kombination von Dopamin und Serotonin in Kombination mit Oxytocin und Endorphin errechnen, und unsere Sehnsucht nach Glück wäre auf einfachste Weise durch vier Chemikalien erfüllt – oder eher wohl lahmgelegt. Damit stellt sich letztlich die Frage, wie wir Happiness in die Wirtschaft integrieren können, wie Q-Economy aussehen muss, um individuelle genauso wie soziale Glückseligkeit zu fördern.

Knappheit der Ressourcen

Die Probleme sind keineswegs neu, doch lange Zeit mangelte es an praktikablen neuen Ansätzen. Mittlerweile haben wir jedoch ein größeres Bewusstsein entwickelt und verstehen uns besser auf ganzheitliche Betrachtung. Daher sind in den letzten Jahren vielversprechende neue Modelle entstanden. Der deutsche Chemiker Michael Braungart und der amerikanische Architekt William McDonough haben bereits Anfang des Jahrtausends den Begriff »Ökoeffektivität« ins Spiel gebracht. In ihrem 2002 erschienenen Buch *Cradle to Cradle* (C2C, auf Deutsch »Von der Wiege bis zur Wiege«) beschreiben sie, wie Produkte nach Ablauf ihrer Nutzungsdauer entweder als biologische Nährstoffe in Biokreisläufe zurückgeführt werden oder als »technische Nährstoffe« kontinuierlich in technischen Kreisläufen zirkulieren können. »Waste equals food« (»Abfall gleich Nahrung«) lautet eine ihrer griffigen Formeln für die Tatsache, dass wir in unseren industriellen Prozessen noch immer sowohl Energie als auch Material verschwenden.

Konkret heißt das beispielsweise: Bereits bei der Produktentwicklung muss entschieden werden, wie nach dem zeitlichen Ablauf des Produkts verfahren werden soll. Die endliche Lebensdauer aller Produkte ist uns heute schon bewusst, und wir haben begonnen, ein Verständnis für Ressourcen und Recycling zu entwickeln. In der Quantenwirtschaft brauchen wir jedoch entlang der gesamten Wertschöpfungskette ein lückenloses Verständnis der Konsequenzen, die jeder einzelne Schritt im Hinblick auf alle interdependenten Faktoren hat.

Die Konsumenten müssten eben »verantwortungsbewusst« mit dem täglich anfallenden Plastikmüll umgehen, erklären bislang etwa die Hersteller von Einwegkontaktlinsen schulterzuckend. Aber das ist nur eine billige Ausrede für ihr eigenes verantwortungsloses Handeln. Wer millionenfach Produkte in Umlauf bringt, die nach eintägigem Gebrauch unsere Umwelt vergiften, muss die Verantwortung für dieses schädliche Handeln übernehmen. Das kann nur dann gelingen, wenn wir auch für physische Produkte ganzheitliche Modelle entwickeln.

In der Quantenwirtschaft wird die Verantwortung für den gesamten Lebenszyklus der Produkte zum Hersteller verlagert. Wir kaufen kein Auto mehr, sondern Mobilität als Service von einem Unternehmen, das uns nicht nur ein Automobil zur Verfügung stellt, sondern ebenso Wartung, Reparatur und Pflege übernimmt und schließlich auch dafür sorgt, dass sämtliche verwendeten Materialien wieder in den Produktionskreislauf zurückgeführt werden. Materialien können wir nicht besitzen, sondern nur für die kommenden Generationen verwalten. Wir dürfen sie nutzen, aber wir müssen gewährleisten, dass sie auch in Zukunft nutzbar bleiben.

Dagegen ist nach dem alten Modell lediglich die Produktion optimiert. Der Hersteller von Tageslinsen beispielsweise hat diese nach Asien ausgelagert und alle erdenklichen Gesetzeslücken genutzt, um seine Kosten zu drücken. Im nächsten Schritt wird die Produktion automatisiert – damit sinken die Herstellungskosten gegen null. Die Produkte werden also immer billiger, nicht nur bei Tageskontaktlinsen wächst so der Anreiz, das Konsumobjekt bedenkenlos zu entsorgen und gegen ein neues Produkt auszutauschen. In Skandinavien wurden zwar etliche Maßnahmen erprobt, um diesem Wegwerfautomatismus entgegenzuwirken, beispielsweise durch Verringerung der Umsatzsteuer, die auf Reparaturleistungen erhoben wird. Aber die Mehrzahl der Produkte lässt sich mit heutiger Technik so kostengünstig herstellen, dass sich Reparaturen nur selten lohnen.

Dass es so nicht weitergehen kann, ist offensichtlich. In der Wegwerfgesellschaft ist alles so billig zu haben, dass wir folgerichtig an unserem eigenen Müll ersticken. Einen Ausweg aus den Abfallhalden, in die wir unsere Umwelt immer rasanter verwandeln, bietet nur noch der Abschied vom Besitzdenken. Wann »Sight as a Service« angeboten wird und wir nur für das wahrgenommene optische Spektrum bezahlen, ist unklar – aber in der Quantenwirtschaft gibt es wenige Grenzen für das, was wir nicht neu denken können, um der Ressourcenknappheit etwas Nachhaltiges entgegenzusetzen.

Auf dem Weg zur vollintegrierten Kreislaufwirtschaft

Wenn ich weltweit auf Kongresse eingeladen werde, staune ich immer wieder, wie viele Unternehmen bereits neue ganzheitliche Geschäftsmodelle entwickelt haben und damit im Markt erfolgreich sind. Die 2010 gegründete Ellen MacArthur Foundation, ein Pionier auf dem Gebiet der Kreislaufwirtschaft, hat sich zum Ziel gesetzt, die ökonomische Transformation zu beschleunigen. Als Vordenkerorganisation mit weltweitem Einfluss hat sie dazu beigetragen, dass die Kreislaufwirtschaft mittlerweile auf der Agenda von Entscheidungsträgern in Wirtschaft, Politik und Wissenschaft steht. Unter anderem bietet sie einen integrierten Lernansatz, der die Entwicklung visionärer Fähigkeiten und von Denkweisen fördert, die für den Übergang zur Kreislaufwirtschaft benötigt werden.

Die Weiterentwicklung der linearen zur zirkulären Ökonomie, der Wertschöpfungs- zur Werterhaltungskette, kommt also auf verschiedenen Ebenen voran, allerdings bei Weitem nicht schnell genug. In Zukunft müssen Unternehmen nicht nur durch Monetarisierung der an den Kunden ausgeliehenen Produkte Wert schaffen, sondern auch durch Maximierung der Wiederverwendbarkeit.

In Skandinavien sind bereits heute etliche Vorreiter mit zirkulären Modellen am Start. Sie haben Produktdesign und Produktionsmethoden entsprechend den Erfordernissen der Kreislaufwirtschaft angepasst und in Zusammenarbeit mit anderen Unternehmen komplett neue Geschäftsmodelle entwickelt. Das Grundprinzip ist jedes Mal dasselbe: ausleihen, nutzen und zurückgeben statt kaufen, verbrauchen und Abfälle produzieren. Erste Erfahrungen mit diesen Modellen zeigen, dass sich Konsumenten entsprechend zu Anwendern oder Nutzern weiterentwickeln. Wer ausleiht, statt zu kaufen, bekommt ein neues Verhältnis zum Eigentum. **Drehte sich im bisherigen Wirtschaftsmodell alles darum, Dinge zu besitzen, ist es für die Nutzer in der Quantenwirtschaft eine Erleichterung, nichts besitzen zu müssen.**

Es werde Licht!

In der Quantenwirtschaft erhalten die Kunden Nutzungsrechte anstelle von Besitzrechten. Wie und wie viel wir nutzen, entscheidet darüber, wie viel wir bezahlen müssen. Die Produkte werden für unseren individuellen Bedarf optimiert: keine Konfektionsware mehr, sondern alles nach unseren Anforderungen maßgeschneidert. Dadurch werden auch Bewusstsein und Verständnis des mitentwickelnden Kunden sensibilisiert.

Als Nutzer übernehmen wir Mitverantwortung für die Produkte, während wir als Besitzer in der Wegwerfgesellschaft verantwortungslos waren: So werden Verbraucher zu »Gebrauchern«. Anstatt auf den untersten Stufen der Maslowschen Pyramide zu verharren, klettern wir je nach Bedarf auf eine der höheren Stufen, um auch unsere postmaterialistischen Bedürfnisse zu befriedigen. Dadurch werden auf allen Ebenen Potenziale frei.

Wohin mit dem ganzen Zeug? Wenn Hunderttausende Menschen die gleichen oder ähnliche Produkte kaufen, statt sie einander nach Bedarf zu leihen, wird Platz vergeudet, der in Ballungsräumen, zumal in den Mikrowohnungen der Zukunft, immer kostbarer wird. Teures und kompliziertes Leasing war gestern – in der Quantenwirtschaft sind die Sharing-Modelle transparent, und alle Beteiligten sind sich der jeweiligen Verantwortlichkeit bewusst.

Denn in der Quantenwirtschaft wollen die Kunden keine physischen Produkte mehr kaufen, sondern Dienstleistung als Komplettpaket. Ein Beispiel ist »Light as a Service«, ein neues Geschäftsmodell des Philips-Konzerns. Der niederländische Architekt Thomas Rau beauftragte Philips mit einem maßgeschneiderten Lichtkonzept. Er wollte keine Lampen und keine Glühbirnen kaufen, er wollte auch keinen Stromvertrag abschließen, sondern ein intelligentes Beleuchtungssystem mit allem Drum und Dran zu einem moderaten Preis als Dienstleistung erwerben.

Durch Glühbirnen mit künstlich eingebautem Verschleißdatum lässt sich bei diesem Modell nichts mehr verdienen – der Kunde bezahlt ausschließlich für das Licht. Die installierten Produkte bleiben im Besitz, unter der Kontrolle und Verantwortung des Unternehmens, das für optimale Wartung, Reparatur und Ersatz genauso wie für die Bereitstellung von Strom zuständig ist. Die neuartigen Anforderungen bereiteten den Zuständigen bei Philips zunächst einiges Kopfzerbrechen, doch am Ende gelang es ihnen, ein profitables Modell zu entwickeln. Mittlerweile wächst dieser Geschäftsbereich rasant. Durch eine veränderte Sichtweise haben Kunde und Hersteller zusammen ein optimiertes und nachhaltiges Produkt entwickelt, auf das der Hersteller allein wohl nie gekommen wäre. »Light as a Service« ist ein gutes Beispiel für zirkuläre Geschäftsmodelle, die mindestens so profitabel sein können wie herkömmliche lineare.

Ob Spotify, Audible oder Google: Sie alle leben nicht mehr vom Verkauf physischer Produkte, sondern von der Vermietung individualisierter Dienstleistungen, die von den Unternehmen selbst designt und optimiert worden sind. In der Leasing-Ära davor waren Vermittler und Hersteller noch getrennt, und der Kunde konnte nur unter einer begrenzten Zahl vorgefertigter Produkte wählen, statt direkt mit dem Hersteller eine maßgeschneiderte Rundum-Dienstleistung zu vereinbaren.

Durch das »As-a-Service«-Modell werden die Unternehmen maximal motiviert, möglichst hochwertige, haltbare Produkte herzustellen. Dagegen ist es nach dem jetzigen Modell im Interesse der Unternehmen, Produkte mit eingebautem Verschleiß zu verkaufen, damit wir alle weiter konsumieren. Künftig werden die Unternehmen alles daransetzen, um möglichst wenige Ersatzprodukte herstellen zu müssen und möglichst alles zu recyceln, denn neue Produkte und neue Rohstoffe werden die größten Kostentreiber sein. Die logische Folge ist, dass Qualität und Haltbarkeit der Produkte steigen. Solange Unternehmen Rasierklingen verkaufen können, haben sie kein Interesse daran, Stahl zu verwenden, der niemals stumpf wird. Wer sich jedoch als Anbieter von »Rasur-als-Dienstleistung« behaupten muss, wird den unendlich haltbaren Stahl verwenden, der sich prinzipiell auch heute schon produzieren ließe.

In der Quantenwirtschaft gewinnen wir maximale Freiheit, indem wir uns vom Besitzdenken lösen. Wir sind befreit von der stressauslösenden Vorstellung, möglichst viel besitzen zu müssen, und von den Verpflichtungen, die mit Besitz verknüpft sind. »Eigentum verpflichtet«, heißt es in Artikel 14 des Grundgesetzes. »Sein Gebrauch soll zugleich dem Wohle der Allgemeinheit dienen.« Warum sollten wir uns diesen Aufwand aufhalsen, wenn es auch anders geht? **Wenn wir die Fixierung auf den Eigentumsgedanken überwinden, können wir die einzigartigen Vorteile des kapitalistischen Wohlstandsmotors weiterhin nutzen und zugleich seine gravierenden Nachteile hinter uns lassen.**

Was bedeutet das für dich und mich, für jeden von uns ganz konkret? Wie kannst du selbst dazu beitragen, dass die Quantenwirtschaft möglichst schnell verwirklicht wird? Jeder noch so kleine Schritt in die richtige Richtung ist hilfreich. Und bei jedem dieser Schritte wirst du fühlen, dass es dir dadurch besser geht, weil du mehr und mehr »entangled« bist und deinen persönlichen Beitrag zur quantopischen Zukunft leistest. Die Alternative wäre eine dystopische Welt, in der unsere Nachkommen ums nackte Überleben kämpfen.

Geld und Glück

In der interdependenten Welt kennt der Kapitalfluss keine Grenzen mehr. Landesgrenzen und nationale Finanz- und Fiskalsysteme sind nur noch Fiktionen fernab der globalen Realität. Die populistischen Brems- und Rollback-Versuche der letzten Jahre ändern nichts an dieser Tendenz – auch 2018 wurden neue Rekorde aufgestellt: Mehr als zweitausend Milliardäre gibt es mittlerweile weltweit, und allein in China kommen wöchentlich drei neue »Einhörner« aus der Technologiebranche hinzu. Schon Ende 2018 lebten in China fast neunhundert Milliardäre – deutlich mehr als in den USA, wo es fast sechshundert waren.

Die Musik spielt immer weniger im Silicon Valley, und Europa schaut ohnehin nur zu, während China sich anschickt, an die Weltspitze zu stürmen. Allein die chinesischen Risikokapitalfonds aus dem Neue-Energien-Sektor verfügen über mehr Kapital als alle europäischen Venture-Capital-Fonds zusammen. Die Neureichen legen ihr Vermögen in den neuen Technologien und in Rohstoffen an. Der Immobilienmarkt ist nahezu leergefegt; die globale Kluft zwischen Arm und Reich verbreitert sich rasant. Eine Studie von Pricewaterhouse-Coopers (PwC) zeigt, dass in den letzten vierzig Jahren fast 80 Prozent der wichtigsten Innovationsdurchbrüche durch

Investments von Superreichen finanziert wurden; 70 Prozent davon in den neuen Technologien.

Die überkommenen Modelle der Ökonomen taugen immer weniger dazu, die Wirtschaft zu erklären. **In der Quantenwirtschaft werden wir auch Geld und Kapitalflüsse ganzheitlich betrachten und die Implikationen von Verteilung und Nutzung neu durchdenken.** Was frei fließendes Kapital anrichtet, konnten wir in den letzten Jahren deutlich sehen: Nach der neoklassischen Theorie sollte es die Wirtschaft ausbalancieren, für rational optimierte Ressourcennutzung sorgen und damit unser aller Glücksstreben befördern – stattdessen hat es sowohl unsere Glücksgefühle als auch die Umwelt ruiniert. Die Magie des Geldes hat sich als fauler Zauber erwiesen. Wir verwenden es, um immer mehr materielle Besitztümer aufzuhäufen, Rechnungen zu begleichen und uns frustriert mit anderen zu vergleichen, die mehr davon haben als wir.

In den ärmsten Regionen der Erde scheint das Glücksniveau zwar zu steigen, wenn die Menschen die absolute Armut hinter sich lassen, also laut UN-Definition über ein Mindesteinkommen von derzeit 1,90 US-Dollar pro Tag verfügen. Darüber hinaus ist jedoch kein starker Zusammenhang zwischen Geld und Glücksgefühlen nachweisbar. Tests und Studien kommen, wenn man regionale Besonderheiten abzieht, im Wesentlichen immer wieder zu ähnlichen Ergebnissen: Mehr Geld macht uns nur bis zu einer gewissen Einkommenshöhe glücklicher – und diese Grenze ist niedriger, als du wahrscheinlich glaubst. In den USA liegt sie bei etwa 60.000 bis 80.000 Dollar – also nicht sehr viel höher als die rund 52.000 US-Dollar, die Amerikaner durchschnittlich pro Jahr verdienen.

Auch im Spitzensport mit seinen Millionengagen treiben die Stars und ihre Berater die Preise vor allem deshalb in immer schwindelerregendere Höhen, weil es um das Ranking im globalen Vergleich geht: Wer am meisten verdient, ist die Nummer eins. Mehr als einen SUV gleichzeitig können auch Ronaldo oder Neymar nicht fahren. In Wahrheit geht es also nicht um noch mehr Geld, sondern um unsere Position in der Hierarchie, über die wir uns definieren: Du bist, was du hast. Wenn du am meisten verdienst, bist du (scheinbar) der Beste in deiner Disziplin oder Branche. Auf diesem Umweg wächst dann auch die Zufriedenheit, aber an der schieren Menge der aufgehäuften Taler erfreut sich allenfalls Comic-Milliardär Dagobert Duck. Und selbst der reichste Erpel der Welt bezieht seine Befriedigung wohl hauptsächlich aus dem Wissen, die Nummer eins in der *Forbes*-Liste von Entenhausen zu sein.

Im Umkehrschluss bedeutet das: Du kannst praktisch auf jeder Einkommens- und Vermögensstufe frustriert und kreuzunglücklich sein. Wer »nur« zwei Millionen im Jahr verdient, ist gefühlt ein armer Schlucker, wenn die anderen im Golf- oder Jachtklub locker fünf oder zehn Millionen scheffeln. Und alle zusammen ächzen vor negativem Stress, wenn sie an den Milliardärsklub denken, dem sie niemals angehören werden. Es geht immer um die Position im Ranking, aber: »Selbst auf dem höchsten Thron der Welt sitzen wir immer noch auf unserem Arsch«, wie Michel de Montaigne einst so treffend formulierte. Letztlich produziert das System mehr Unglück als Glück. Das erklärt auch, warum der Fokus oft vor allem darauf liegt, wie man das System »hacken« kann. Wer aber mit möglichst wenig Aufwand zu hohen Boni und Provisionen gelangen will, verfolgt das Gegenteil einer nachhaltigen Strategie.

Geld vertieft also die Kluft zwischen Oben und Unten, treibt uns auseinander und behindert unser Glücksstreben, statt es zu fördern. Dieses Konzept passt nicht in eine interdependente Welt, in der Daten und Informationen frei fließen und wir – analog zur Quantenmechanik – immer mehr die Realität von Feldern geistiger Verbundenheit und kollektivem Bewusstsein erkennen.

Geld in der Quantenwelt

Im klassischen Kapitalismus wurde der Wert von Gütern zunächst durch die investierte Arbeit, später dann durch den Nutzen definiert. In der Quantenwirtschaft dagegen entsteht Wert durch die vermittelte Energie und Information. Entsprechend errechnet sich der Preis über die Transaktion. Wie in der Quantenphysik Ort und Zustand eines Partikels erst durch die Messung festgelegt werden, ist auch der Preis eines Produkts in der Quantenwirtschaft nicht im Voraus fixiert, sondern entsteht erst dann, wenn er bezahlt wird. Dein Auto, dein Haus oder was auch immer du anbietest haben also keinen fixen Wert mehr, sondern sind genau so viel wert, wie du durch die Transaktion erzielst.

Hast du schon mal darüber nachgedacht, wo das Geld eigentlich herkommt, wenn du ein Darlehen aufnimmst? Angenommen, die Transaktion kommt zustande, dann erscheint kurz darauf eine Zahl mit diversen Nullen vor dem Komma auf deinem Kontoauszug. Von wo wurde dieser Betrag überwiesen? Im Grunde kommt er aus dem Nichts. Die Bank muss ein paar Regeln beachten, aber letztlich erzeugt sie für dich die vereinbarte Summe. Es ist wie bei einem magischen Akt: Schon hast du Kapital zur Verfügung und kannst es einsetzen.

Kapital wird kreiert durch zwei Parteien, die – wie in der subatomaren Quantenrealität – miteinander verbunden sind: der Bank und dir oder, allgemeiner gesagt, der Ausgabestelle und dem Besitzer. Zugleich aber befindet sich das Geld in einer Art dualistischer Beziehung zur Wirtschaft, und das wiederum ist eines der Kernprobleme des gegenwärtigen Systems.

Unsere derzeitige Wirtschaft basiert auf steigenden Schulden und der Hoffnung auf unendliches Wachstum. Wann das

Wachstum enden wird, weiß niemand, also versucht jeder, möglichst schnell möglichst viel zu ergattern. Logischerweise musste dieses Modell an natürliche Grenzen stoßen – spätestens dann, als die ökologischen Kollateralschäden anfingen, sich zum drohenden Umweltkollaps zu summieren. Aber solange Kapital zum Kern der Wirtschaft gehört, wird Cash das Wachstum befeuern. Vereinfacht gesagt, beruht die klassische Wirtschaft auf Verwaltung und Steuerung werthaltiger Transaktionen, wobei der Wert in der Regel aus Geld besteht. In der neoklassischen Variante läuft Wirtschaften darauf hinaus, »Deals« zu machen. Aus heutiger finanzmathematischer Sicht können wir Geld als eine Technologie beschreiben, die zwischen exakten Zahlen und der unscharfen Kategorie des »realen Werts« vermittelt.

Ist Geld böse oder gut? Bei dieser Frage scheiden sich die (politischen und ideologischen) Geister. Aber was bedeutet überhaupt »böse« und »gut«? Über diese Dichotomie, die Idee einer grundlegenden Spaltung in zwei entgegengesetzte Pole, haben die Philosophen aller Zeiten nachgedacht. So entschieden sie die Ergebnisse ihrer Bemühungen verkündeten, so energisch wurde ihnen schon wenig später von anderen Denkern widersprochen. Für die einen sind Gut und Böse metaphysische Mächte, die seit Anbeginn der Zeiten miteinander ringen, für andere nichts als Lug und Trug. Wer von ihnen recht hat, bleibe dahingestellt; für mich steht jedoch fest, dass Geld an sich weder böse noch gut ist. Wie jede Technologie hat es kein Ziel und keine Seele – es kommt darauf an, wie und wofür wir es verwenden. In der gegenwärtigen Wirtschaft wirkt es sich nicht zuletzt deshalb negativ aus, weil die von den Zentralbanken erzeugten Geldmengen nicht an die reale Wirtschaftsleistung gekoppelt sind.

Volkswirtschaftler, Politiker und immer mehr Unternehmenslenker sind sich darin einig, dass dieser Dualismus von

Geld- und Wirtschaftssystem auf Dauer nicht tragfähig ist. Würde ein größerer Teil der per Knopfdruck oder Mausklick generierten Geldmengen tatsächlich in Anspruch genommen, würde das derzeitige System kollabieren: Dieses Geld existiert ganz einfach nicht; es ist nicht sehr viel mehr als ein Buchungstrick mit Absicherungen, die einer ernsthaften Belastung nicht standhalten würden. Wissenschaftler gehen davon aus, dass nur etwa 10 Prozent des im System befindlichen Geldes – 1,5 von insgesamt circa 13,7 Billionen US-Dollar – tatsächlich als Bargeld vorhanden sind. Auch wenn wir es anders empfinden: **Geld ist nichts »Echtes«, sondern eine gesellschaftliche Erfindung, die uns miteinander verbindet; eine Story, die gut funktioniert, solange wir an sie glauben.**

Der US-Ökonom und Nobelpreisträger Milton Friedman und viele andere Volkswirtschaftler haben sich mit den Nachteilen des gegenwärtigen Geldsystems beschäftigt. Unter anderem wurde empfohlen, private Geldinstitute so zu regulieren, dass sie nicht mehr verleihen dürfen, als sie selbst an Vermögenswerten besitzen. Dieses »Full-Reserve-Banking« hat Vor-, aber auch Nachteile und entsprechend Befürworter ebenso wie entschiedene Gegner. Die Geldmenge so zu regulieren, dass weder die Wirtschaft abgewürgt noch das Wachstum übermäßig befeuert wird, ist jedenfalls trotz vielfältiger Versuche und Reformvorschläge nie gelungen.

Unendliches Wachstum kann aber bei endlichen Ressourcen kein nachhaltiges Modell sein, sondern führt über kurz oder lang zur Selbstzerstörung des Systems. Deshalb erfordert die Quantenwirtschaft auch Umdenken im Finanzbereich: **Wir brauchen eine neue Form des Bankings, eine neue Beziehung zwischen Wirtschaft und Wert.** Werden dafür überhaupt noch Banken im heutigen Sinn benötigt? Statt mit blindem Eifer – und immer neuen Milliardenbeträgen – traditionelle Institutionen zu »retten«, die in dieser Form vielleicht nicht zukunftsfähig sind, sollten wir uns um eine neue Sichtweise bemühen, um plausible und wünschenswerte Veränderungen vorauszusehen und proaktiv zu gestalten.

Im heutigen Wirtschaftssystem liegt das Hauptaugenmerk auf der Beziehung zwischen Menschen, Geld und Gütern. Dieses Konzept wird immer abstrakter, das Grundmuster ist aber noch das Gleiche wie zu Zeiten, als physische Güter getauscht wurden. Das Konzept des Münzgeldes wurde schließlich ersetzt oder ergänzt durch das Papiergeld, mit dem wir im Alltag noch heute bezahlen. Das funktioniert mehr oder weniger gut, auch wenn wir alle wissen, dass bunt bedrucktes Papier mit ein paar Zahlen darauf im Grunde nur einen minimalen Wert hat. Das gilt genauso für Transaktionen mit Kreditkarten und anderen Formen bargeldlosen Bezahlens bis hin zum digitalen Informationsaustausch in Echtzeit.

In einer interdependenten Welt wird es aber immer schwieriger, den wahren Wert von Gütern und Leistungen zu bestimmen. Auch Geld ist ein Quantensystem, und das bedeutet: Produkte haben erst dann einen monetären Wert, wenn etwas dafür bezahlt wird – entsprechend den Quantenzuständen der subatomaren Partikel, die sich erst dann manifestieren, wenn sie durch einen bewussten Beobachter gemessen werden. Auch finanzielle Transaktionen sind komplexer und verwirrender, als es in »klassischer« Sichtweise den Anschein hat. Die quantenmechanischen Eigenschaften von Kapital werden in Zukunft noch deutlicher werden, wenn Transaktionen in Echtzeit mit Kryptowährungen abgewickelt werden, die sich so diffus verhalten wie Quantenteilchen.

Deshalb müssen die Führungskräfte in der Wirtschaft möglichst frühzeitig diese neue Perspektive einnehmen. So können sie parallel zum alten Modell bereits heute neue Ansätze erproben und entwickeln, um nach der disruptiven Selbstzerstörung unter dem neuen Dach nahtlos weiterzumachen. Denn

Disruption geht nicht von den Technologien aus, sondern davon, wie wir sie handhaben. Vielleicht wäre die eine oder andere taumelnde Großbank heute schon auf dem Weg in eine bessere Zukunft, wenn ihr Vorstand vor zehn Jahren ein Retreat mit einem Philosophen anberaumt hätte. Ein Wochenende der Kontemplation und Gespräche zum Thema »Wozu brauchen wir eine Bank?« hätte ihnen geholfen, ihre Rolle zu hinterfragen und über das Banking der Zukunft nachzudenken – anstatt stur in der alten Spur zu bleiben, sich in Machtkämpfen zu verzetteln und die Chance auf rechtzeitiges Umsteuern zu verspielen.

Weg mit dem Geld?

Durch die Quantenbrille betrachtet, ist es sinnvoll, auch über die Zukunft des Geldes nachzudenken. Brauchen wir nicht nur einen postmaterialistischen Kapitalismus, sondern auch ein postmonetäres Modell?

Neben der kompletten Abschaffung des Geldes wird seit etlichen Jahren diskutiert, »Commons« (Gemeingüter) zu definieren. Damit ist gemeint, dass Ressourcen wie Wasser, Land, Energie, Nahrung oder auch Wissen von der Gesellschaft gemeinsam genutzt, gepflegt oder produziert werden sollten, also weder staatlicher Regulierung noch den Marktgesetzen unterliegen dürfen. Nach diesem Ansatz können »Commons« niemals in Staats- oder Privatbesitz sein, also auch nicht ge- oder verkauft werden.

Sind Kryptowährungen wie Bitcoin oder Ethereum das Geld der Quantenwirtschaft? In aufstrebenden Märkten wird die neue Finanztechnologie bereitwilliger angenommen, da traditionelle Geldsysteme dort ohnehin eine geringe Reichweite haben. Wenn du jemals versucht hast, im ländlichen Indien einen Geldautomaten zu finden oder im Dschungel von Westpapua mit deiner Kreditkarte zu bezahlen, weißt du, wovon ich rede. Dafür sind uns viele Schwellenländer mit Technologien zum Beispiel für digitale Mikrotransaktionen meilenweit voraus. Diese Ansätze sind spannend, und über kurz oder lang wird auch eine globale Steuerungseinheit etabliert werden, um die lokalen Systeme untereinander zu vernetzen. Trotzdem glaube ich nicht, dass Geld, wie wir es heute kennen, in der Quantenwirtschaft komplett entfallen wird – unser Geldsystem wird sich aber grundlegend verändern.

Das betrifft nicht zuletzt die Verzinsung von Kapital, also die Möglichkeit, wie bisher Geld mit Geld zu »machen« – und die Besteuerung solcher Transaktionen. Noch für die heute berufstätigen Generationen fühlt sich Geld »echt« an, fast natürlich wie die Gold- und Silberstücke, mit denen in früheren Zeiten bezahlt wurde. Dabei ist es weitgehend fiktiv und beruht nur noch auf einem kollektiven Glauben – rund 90 Prozent der im System befindlichen Dollar-Billionen sind »Giralgeld« und existieren nicht mal auf dem Papier.

Mach dir bewusst, dass schon der Wert der herkömmlichen Währungen, die von Zentralbanken ausgegeben werden, auf einer sozialen Übereinkunft beruht. Nur dann kannst du verstehen, was es mit den Kryptowährungen auf sich hat: Sie sind nicht fiktiver als Dollar oder Euro. Nur sind in den letzten Jahren zu den circa 160 bisherigen Währungen zahlreiche »Cryptonomics« hinzugekommen – viele neue Storys, die keineswegs künstlicher und »unechter« als die alten Geschichten sind.

Aus Quantenperspektive ist allerdings auch Geld in seinem Kern Energie, miteinander verbundene Partikel und/oder Wellen. Damit stellen sich weitere Fragen, auf die es heute noch keine Antworten gibt: Wem »gehört« in der Quantenwelt ein Geldbetrag, wem der Gewinn, der damit erzielt wird? Nach welchen Kriterien soll er besteuert werden, und wer muss die

Steuer bezahlen? Und ist Geld nun, durch die Quantenbrille betrachtet, »echt« oder virtuell? Oder im Kern so echt virtuell wie unsere ganze Welt einschließlich uns selbst?

Grundeinkommen für alle

Über ein »bedingungsloses« oder »soziales Grundeinkommen« ist in den letzten Jahren viel geschrieben und geredet worden. In der Quantenwirtschaft wird es unweigerlich umgesetzt werden, um die Gesellschaft trotz Job-Kahlschlag stabil zu halten. Nochmals im Klartext: Es muss und wird eine Form des Grundeinkommens eingeführt werden.

Der Drogeriemarktketten-Gründer Götz Werner hat sich mit seinem Buch *1.000 Euro für jeden* bereits 2010 für dieses Modell engagiert. Dafür wurde er viel belächelt, aber auch gefeiert. Ich halte ihn nicht nur für einen visionären Unternehmer, sondern auch für einen klugen Vordenker, der Weitsicht mit Detailkenntnis verbindet. Sein Modell des bedingungslosen Grundeinkommens ist noch nicht ausgereift, genau wie die diversen Varianten, die in Medien und Expertenkreisen diskutiert werden. Das sollte ein Ansporn sein, über praktikable Lösungen zu diskutieren, doch die derzeitige Haltung der deutschen Bundesregierung ist von Misstrauen geprägt und trägt eher zu gesellschaftlicher Spaltung als zu einer konstruktiven Lösung bei.

Erschreckend ist aber die Erkenntnis, worüber diskutiert wird. In Fernsehtalkshows reden namhafte Politiker ausgiebig über das »gescheiterte« Projekt in Finnland mit 560 Euro jeden Monat für zweitausend ausgewählte Bürger – lange, bevor dieses ausgewertet war. Oder die Volksabstimmung in der Schweiz, bei der ein bedingungsloses Grundeinkommen abgelehnt wurde, muss als Argument herhalten. Die Debatte schwankt zwischen Befreiung von Zwängen und Entfaltung von Potenzialen auf der einen Seite und einer Schmarotzergesellschaft auf der anderen. Dabei ist klar, dass die Höhe des Grundeinkommens keine komplette Freiheit verschafft, sondern, wenn überhaupt, zunächst nur ein Stückchen.

In Finnland geht es um zweitausend verschiedene Geschichten, und auch so müssen wir die Debatten führen: Es geht um ein Stückchen mehr Menschenwürde für die an Krebs erkrankte Langzeitarbeitslose Aila, die nun wieder in den Kampf gegen die Bürokratie zurückkehren und um Geld betteln muss und sich, wie sie selbst sagt, als »gesellschaftlichen Dreck« behandelt fühlt. Oder es geht um den (Überlebens-)Künstler und sechsfachen Vater Juha Järvinen, der sich nach dem Experiment durch den Kauf von Maschinen 2019 mit der Produktion von Schamanentrommeln vom Staat unabhängig machen konnte. Während der Auswertung arbeitet der finnische Staat an anderen Ansätzen, bei denen man beispielsweise Geld vom Staat nur dann bekommt, wenn man was tut, womöglich etwas Gemeinnütziges.

Weder Finnland noch die Schweiz brauchen heute schon ein Grundeinkommen, aber was wir sofort benötigen, sind solche Testprojekte, um daraus zu lernen. Deutschland, Österreich und die Schweiz müssen hier Vorreiter sein. Losgelöst von einem würdigen Umgang mit den Menschen geht es um gesellschaftliche Stabilität, wenn in zehn Jahren Abermillionen Arbeitsplätze durch Automatisierung entfallen. Wenn bis dahin keine belastbaren, praxisbewährten Modelle einsetzbar sind und wenn wir dann erst anfangen herumzuexperimentieren, werden soziale Unruhen die unweigerliche Folge sein.

Deshalb müssen wir heute diese Baustelle beackern. Dabei sollte uns klar sein, dass es noch kein fertiges Modell geben kann. Die erste Herausforderung ist die »soziale« oder, wie es im Englischen heißt, »universelle« Ausgestaltung des Grundeinkommens (»universal based income«). Wie lässt sich dieses auf faire Art und Weise lokal umsetzen? Denn durch Automatisierung werden beispielsweise die Niedriglohnjobs in den Entwicklungsländern entfallen, weil die gleiche Arbeit von Robotern bei uns noch kostengünstiger ausgeführt werden kann. Solange diese Länder als »verlängerte Werkbänke des Westens« dienten, gelang dort Millionen Menschen der Ausstieg aus der absoluten Armut – jetzt droht ihnen erneut der Absturz. Ist es unter diesen Umständen »sozial«, nur bei uns ein Grundeinkommen einzuführen? Universell wäre es jedenfalls nicht, sondern national oder allenfalls – zum Beispiel auf EU-Ebene – multinational.

Die zweite Baustelle: Was ist eigentlich ein Grund- oder Basiseinkommen? Wer legt fest, wie viele Euro du brauchst, um deine Grundbedürfnisse zu befriedigen? Muss auch die Schulbildung deiner Kinder damit finanziert werden? Zu wie viel Bildung, kultureller und gesellschaftlicher Teilhabe sind die Bezieher des Grundeinkommens berechtigt? All das und noch viel mehr muss berücksichtigt, umgerechnet und vor allem in der Praxis erprobt werden.

Ganz zu schweigen von der dritten Baustelle: Die Steuersysteme müssen an die neuen Produktionsverhältnisse und Geschäftsmodelle angepasst werden, damit die Öffentliche Hand unter radikal veränderten Umständen ihre Aufgaben weiter erfüllen kann. Das »soziale Grundeinkommen« ist nur eine davon, aber für sozialen Frieden und Zusammenhalt fundamental. Das gesamte administrative Betriebssystem muss runderneuert werden, damit die Gestaltung der Quantenwirtschaft gelingen kann.

Machermix und Handlungshelden

Dass die höchste Komplexität im 21. Jahrhundert die Einfachheit ist, zeigen die vielfältigen und in mehreren Dimensionen stattfindenden Veränderungen – die Wirkkräfte des Wandels. Die junge Generation der »Erwachten« wendet sich vom Kapitalismus ab, weil dieser sich nicht um sie gekümmert hat. Die Metropolregionen ziehen wie ein Schwamm Talente und Ressourcen an. Der Aufstieg von Frauen in Wirtschaft und Politik ist unumkehrbar und nimmt Fahrt auf. In jeder Ecke unserer Welt, in jeder Kultur und Religion brechen vereinzelt Vorbilder und Macher, die Helden von morgen, aus dem alten System.

Die Wirkkräfte des Wandels sind in Bewegung, aber einzelne Taten reichen nicht. Der »Machermix« muss von uns allen kommen. Es wurde viel über die Achtundsechziger geschrieben und geredet, aber vielleicht sind es heute die Achtundsiebziger und noch Jüngeren, über die wir sprechen sollten – genau die Generation und das Zeitfenster, in der eine Volkswirtschaft ihre Blüte erleben sollte mit ihrer vollen Vitalität. Es ist diese Altersklasse, in der die Grundlage für ein gutes Leben geschaffen wird: Geld zurücklegen für die Rente und in die Sozialsysteme einzahlen zum Wohle aller.

Es ist diese Generation, die dem Kapitalismus den Rücken kehrt oder, viel schlimmer, den Kapitalismus aufgibt, weil er nichts mehr bringt. 9.000 bis 10.000 Euro pro Jahr an Krankenkassenbeiträgen, steigende Mieten, weniger Sex, weniger Kinder – als logische Folge vermutlich, aber auch schlicht, weil man sie sich nicht mehr leisten kann. Ich treffe auf meinen Reisen Dreißig- bis Vierzigjährige, die sich schämen, ihre Eltern zu fragen, ob diese ihre Miete übernehmen könnten, oder die noch bei ihren Eltern wohnen und sich die Rate ihres Autos, das viel zu teuer geleast wurde, nicht leisten können. Im Sozialstaat sprechen wir immer von einer niedrigen Arbeitslosenquote, aber die Schattenseite zeigt, dass diese häufig durch Zweit- und Drittjobs als Zusatzverdienst zur Existenzsicherung kompensiert wird. Sie fühlen sich gescheitert – dabei belegen Studien, dass erfolgreiche Unternehmen erst im Alter von vierzig bis fünfundvierzig Jahren gegründet werden. Folglich wären die Achtundsiebziger jetzt dran. Es liegt in unserer Verantwortung, die Aufklärung voranzutreiben und uns mit den Systemfehlern auseinanderzusetzen.

Ich sehe, dass einige junge Menschen Flagge zeigen und sich engagieren. Das sollte uns allen Hoffnung geben, denn die Jungen waren schon immer die Weisesten unter uns. Und in ihrer vehementen Ablehnung des Turbokapitalismus sind sie bessere und wahrere Führer, als sie selbst wissen. Sie rebellieren gegen den Kapitalismus, weil sie glauben, der Kapitalismus habe sie im Stich gelassen. Die Zeit ist gekommen, den unvollendeten Kapitalismus weiterzuentwickeln und die Wirtschaft neu zu denken.

In jeder Ecke unserer Welt, in jeder Kultur und Religion verabschieden sich vereinzelt Vorbilder und Macher, die Helden von morgen, vom alten System. An vielen Orten der Welt und zur gleichen Zeit bricht die junge Generation der »Erwachten« aus. Die Metropolregionen ziehen wie ein Schwamm die Talente und Ressourcen an. Der Aufstieg von Frauen in Wirtschaft und Politik ist unumkehrbar und nimmt endlich Fahrt auf. Lokale Leader, rebellische Bürgermeister und »Stammeshäuptlinge«, Technologiepioniere und Unternehmer, die eine langfristige Perspektive verfolgen, ja sogar die Unendlichkeit denken, und dafür Sorge tragen, dass es menschliches Zusammenleben über die nächsten zwei bis drei Generationen noch geben wird. Die Wirkkräfte des Wandels sind in voller Bewegung, aber Einzeltaten reichen uns nicht. Wir können noch mehr!

Wir müssen nicht alle zu Helden werden, aber zumindest einen kleinen Beitrag leisten. Social Media, Netflix und »Self-

Care-Programme« dienen als Medizin gegen Depression, Frust und Wut. Diese sind aber keine Mittel gegen emotionale Verletzungen und die Hoffnungslosigkeit, die viele von uns spüren. Aus diesem Teufelskreis von Sucht und wirtschaftlicher Entmachtung müssen wir ausbrechen. Gemeinsam einsam, ein isoliertes Leben voller psychologischer Traumata – so müssen wir heute nicht leben. Das ist nicht nur ein biopsychosoziales Versagen unserer Gesellschaft,[15] sondern vielmehr die größte Potenzialverschwendung in der Geschichte der Menschheit. Die Generation, welche die Höchstleistung bringen soll, ist in einer Endlosschleife der ewigen Jugend gefangen, bis sie alt und »nutzlos« ist.

Mein Appell: Behalte die spielerischen Seiten bei, lebe sie aus, aber habe keine Angst, erwachsen zu werden. Und für alle Eltern: Unterstützt eure Kinder, Verantwortung zu übernehmen, ohne das Kreativpotenzial und die spielerische Seite zu vernachlässigen. So entstehen Generationen von wahren Helden. Ein Machermix von Handlungshelden auf dem Weg nach Quantopia.

Wir arbeiten jetzt gemeinsam an dieser neuen Leitidee, aber es geht nicht darum, ausgiebig zu debattieren und irgendwelche Langzeitstrategien für die Zukunft aufzumalen, um kurzfristig gefeiert zu werden, es geht um viel mehr: Es geht um uns, die Menschheit und die Zukunft der nächsten Generationen. Mit der Unterstützung der Wirkkräfte können wir alle unseren Beitrag leisten. Die Quantenwirtschaft und eine quantopische Zukunft können wir nur gemeinsam gestalten.

Tu was!

Durch die rasante Entwicklung der Technologien bekommen die klassischen philosophischen Fragen ungeheure Relevanz: Was bedeutet es heute, ein Mensch zu sein? Was müssen wir tun, was unterlassen, damit wir morgen noch Menschen sein können?

Mach dich mit mir auf den Weg in die Quantenwirtschaft! Dafür müssen wir aus der Bewusstlosigkeit erwachen und erkennen, wohin uns die Reise auf der digitalen Einbahnstraße führt, wenn wir nicht sofort umsteuern. Unterwegs werden wir auf neue Fragen stoßen – und immer wieder auf die alten, großen Fragen, die nach wie vor unbeantwortet sind. Wir müssen Weisheit im ganz Großen und im ganz Kleinen suchen. Wir brauchen ein Gefühl für unser Ökosystem. Wir müssen uns selbst besser verstehen und lernen, in Harmonie mit den anderen Menschen zu leben. Unser Herz muss für unsere lokale Umgebung schlagen, und unser Verstand muss die globale Interdependenz im Blick haben. So entwickeln wir gemeinsam ein neues Betriebssystem für eine menschengerechte Welt.

Worauf wartest du noch? Tu was!

Ausblick

Wir brauchen eine neue Aufklärung. Aber wie klärt man die Menschen darüber auf, dass sie Aufklärung benötigen?

Wie es nicht geht, zeigen die aktuellen Debatten über »digitale Transformation« und »disruptive Technologien«. Diese Schlagwörter unablässig zu wiederholen führt nicht zu größerer Klarheit, sondern zu immer mehr Verwirrung. Deshalb noch einmal: Die Technologie selbst zerreißt überhaupt nichts – es kommt darauf an, wofür wir sie einsetzen. Und »digitale Transformation« ist kein Naturereignis, bei dem wir nur staunend zusehen können: Wir selbst dürfen und müssen entscheiden, was wir wohin transformieren wollen.

Sich gegenseitig Schlagwörter um die Ohren zu hauen bringt uns keinen Schritt weiter. Was wir stattdessen brauchen, ist eine neue Leitidee für unsere Gesellschaft. In welcher Welt wollen wir leben? Was kommt nach der Digitalisierung? **Was ist unsere neue Leitidee, nach der wir alle uns ausrichten können, um sicherzustellen, dass die Erde ein menschenwürdiger Ort bleibt – oder überhaupt erst wirklich wird?** Diese Leitidee muss nach meiner Überzeugung von der Wirtschaft entwickelt werden, denn das ökonomische System ist unsere Lebensbasis.

Philosophen an die Macht?

Könnten wir heute den griechischen Philosophen Platon fragen, ob das Stimmrecht an Verstand und Bildung geknüpft werden sollte, würde er zweifellos bejahen. Platon stand der Demokratie kritisch gegenüber und vertrat die Ansicht, dass nur Menschen mit hinreichender Bildung und philosophischer Schulung politische Macht ausüben dürften. Die Welt werde erst dann ins Gleichgewicht kommen, erklärte er, wenn Philosophen zu Königen würden und Könige zu Philosophen.

Durch unser heutiges Wahlsystem dagegen können völlig unwissende Wähler, die rein nach Gefühl entscheiden, visionäre Politiker hinwegfegen und stattdessen angstschürende Autokraten und narzisstische Krakeeler krönen. **Brauchen wir einen Demokratie-Führerschein?** Mithilfe digitaler Technik ließe sich eine solche Wahlrechtsprüfung leicht konzipieren – durchzusetzen wäre sie derzeit nicht. Schon der kleinste Testballon würde einen gewaltigen Proteststurm hervorrufen; ganz zu schweigen von den verfassungsrechtlichen Implikationen. Von einem System, in dem alle ein Stimmrecht haben und alle Stimmen gleich viel wert sind, würde sich die Demokratie zu ihrer Urform zurückentwickeln: Auch in den altgriechischen Stadtstaaten war nur eine privilegierte Schicht wahlberechtigt; die Mehrheit bestand aus recht- und stimmlosen Sklaven.

Von der Utopie zur Dystopie ist es oft nur ein kleiner Schritt.

Gehört der digitalen Diktatur die Zukunft?

Die kommunistische Planwirtschaft à la Marx und Lenin ist gescheitert, weil es an einem geeigneten Betriebssystem fehlte. Hätte es 1848, als Karl Marx *Das Kommunistische Mani-*

fest verfasste, ein multifunktionales Gerät wie die heutigen Smartphones gegeben, wäre die Geschichte vielleicht anders verlaufen. Die Fülle an Informationen, die verfügbar sein müssen, damit eine Planwirtschaft nicht am Bedarf vorbei produziert und distribuiert, konnten die Marx-Jünger in der Sowjetunion oder in der DDR weder erheben noch verarbeiten. Auch die Überwachung der Bevölkerung ist viel aufwendiger, wenn reale Stasi-Schnüffler in der analogen Welt aktiv werden müssen, um suspekte Volksgenossen aufzuspüren und auszuspionieren.

Heute dagegen leben wir in genau dem Überwachungsszenario, von dem die kommunistischen Führer in Moskau oder Ostberlin immer geträumt haben. Nicht zu vergessen Peking, denn dort sitzen sie noch auf dem Thron – denn ihr Traum ist in Erfüllung gegangen oder zumindest kurz davor. Stolz trägt jeder Chinese ein Smartphone mit sich herum und gibt durch Apps, Fotos und Postings ständig freiwillig preis, wo er sich befindet, was er denkt, welchen gesellschaftlichen Beitrag er gerade leistet und wie es um seine Gesundheit bestellt ist. Dieser gigantische Datenpool ist exakt das, was die Ostblock-Regenten für effiziente Planwirtschaft und flächendeckende Überwachung benötigt hätten.

Die roten Mandarine in China haben länger durchgehalten und können nun dank modernster Technik Wirtschaft und Bevölkerung lenken und kontrollieren. Aus unzähligen Einzelinformationen setzen die KI-Maschinen ein hochkomplexes Puzzle zusammen, das alle erdenklichen Informationen bereitstellt. Jeder trägt seine elektronische Fessel bei sich, und niemand kann sich dem Big Brother chinesischer Spielart auch nur eine Sekunde lang entziehen. Dafür kann jeder nach Bedarf und Möglichkeiten arbeiten, und die benötigten Ressourcen werden zentral verteilt. Dank »Genosse KI« ist das chinesische Modell wirtschaftlich extrem erfolgreich.

Gehört die Zukunft also den Digitaldiktatoren? Droht uns womöglich eine globale Diktatur? Auch das lässt sich aktuell weder voraussagen noch ausschließen. Ob uns eine Variante direkter Demokratie oder digitaler Diktatur oder eine Mischform aus beidem bevorsteht – sicher ist zumindest dies: Unser politisches System wird sich ebenso wie das ökonomische tief greifend verändern.

Soziale Demokratie vor dem Aus?

»Social democracy«, das steht im Englischen für die integrale Verbindung von Demokratie, Sozialsystem und Marktwirtschaft. Weltweit verlieren nicht nur die Parteien, die »Sozialdemokratie« im Namen führen, rapide an Zustimmung – auch das sozioökonomische System, für das sie eintreten, ist massiv unter Druck. Nach dem Ende des Kalten Kriegs trat die typisch westliche Kombination aus Demokratie, freiem Markt und Wohlfahrtsstaat keineswegs den weltweiten Siegeszug an, den Politiker und Meinungsmacher vorausgesagt hatten. Im Gegenteil: Mittlerweile setzt sich auch im westlichen Teil der Welt langsam die Einsicht durch, dass die »soziale Marktwirtschaft« im 21. Jahrhundert zum Auslaufmodell werden könnte.

Wie also können wir künftig zusammenarbeiten? Welche Art von Verständnis benötigen wir, um die richtige Wahl zu treffen? Die Abstimmung nach Gefühl taugt offenkundig nicht als Richtschnur, wenn sich Parteiprogramme, Lösungsangebote und sogar Kandidaten kaum voneinander unterscheiden. Müssen wir folglich bei der Bildung ansetzen, damit unsere Kinder besser verstehen, wie das politische System funktioniert, und später imstande sind, rationale, faktenbasierte Wahlentscheidungen zu treffen? Aber das erfordert viel Zeit, und die bleibt uns in der aktuellen Lage nicht. Außerdem: Könnte etwa eine »Lizenz zu wählen« die Abstimmung nach Gefühl ersetzen? Und wollen wir denjenigen, die bei der Demokratie-Reifeprüfung durchfallen, das Wahlrecht entziehen? Oder sollen wir darauf setzen, dass wir künftig durch Schnittstellen zu künstlicher Intelligenz, etwa durch Gehirnapplikationen, von selbst zu besseren Wählern werden?

Völker der Erde, vereint euch!

In der aktuellen Weltlage, in der populistische Strömungen fast überall Aufwind haben, scheinen wir von fairer Verteilung und vernunftgesteuerter Zusammenarbeit weiter entfernt denn je. Aber dieser Eindruck täuscht – ich bin überzeugt davon, dass der nationalistische Spuk bald wieder vorbei sein wird.

Wieso sollten wir uns über Familie und Freunde hinaus mit Millionen anderer Menschen identifizieren, nur weil sie den gleichen Pass haben wie wir selbst? Nationale Grenzen haben heute schlichtweg keinen Sinn mehr. Das Beispiel der Olympischen Winterspiele 2018 im südkoreanischen Pyeongchang zeigt, wie gut weltweite Zusammenarbeit funktionieren kann. Einträchtig organisierten die »Todfeinde« Süd- und Nordkorea das friedliche Spektakel, bei dem Hunderttausende vor Ort und Milliarden vor den Bildschirmen mitfieberten, während die Athleten um Medaillen kämpften.

Wir haben in den letzten zweitausend Jahren bei Zusammenarbeit und Zusammenleben großartige Fortschritte gemacht. Wollen wir uns wirklich wieder hinter nationalen Grenzmauern verschanzen, die noch absurder und willkürlicher festgelegt sind als die Spielregeln olympischer Sportarten wie Biathlon oder Skispringen? Wie schon gesagt: Würden wir morgen von Außerirdischen angegriffen, wären die nationalen Flaggen schnell wieder eingerollt. Aber auch ohne interstellare Bedrohung sind wir schon beachtlich vorangekommen: Die Europäische Union ist weit davon entfernt, ein perfektes Gebilde zu sein, doch sie hat unseren Horizont erheblich erweitert. Aus »Erbfeinden« wie Deutschland und Frankreich sind friedliche Nachbarn geworden, die auf vielen Ebenen kooperieren – vor siebzig Jahren, nach zwei Weltkriegen, war das fast unvorstellbar.

In Mitteleuropa gibt es dank EU eine Vertrauensbasis über Ländergrenzen hinweg. Wenn die Regierungen von Frankreich, Deutschland und ihren Nachbarn Abkommen über Atomkraftnutzung oder auch über Biotechnologie schließen, kann man davon ausgehen, dass die Vertragspartner einander nicht übers Ohr hauen werden. Wenn aber Russland, China und die USA Verträge unterzeichnen, weiß man schon im Voraus, dass die älteren Herren sich nur so lange die Hände schütteln und gute Zusammenarbeit versprechen, bis Kameras und Mikrofone wieder abgeschaltet sind. Danach treiben alle ihre Atom- oder Biotechprogramme weiter voran, um bei der jeweiligen Technologie an der Spitze zu sein.

Wie können wir es schaffen, das politische Meisterstück europäischer Versöhnung und Vertrauensbildung auf globaler Ebene und in allen Erdteilen zu wiederholen? Ich bin überzeugt, dass vor allem drei der Wirkkräfte des Wandels diese Entwicklung weltweit befördern werden. Mehr Frauen in wirtschaftlichen, politischen und gesellschaftlichen Führungspositionen ebenso wie die junge Generation mit ihrem größeren ganzheitlichen Bewusstsein werden die Bedeutung nationalistischer Ideologien verblassen lassen. Drittens entsteht durch den unaufhaltsamen Aufstieg der Metropolen rund um den Erdball eine Art regionaler Stammesgesellschaften. Metropolregionen werden sich global viel stärker als bisher miteinander verbinden – ohne Umweg über nationale Regierungen. So entsteht ein globales Netz mit starken lokalen Knotenpunkten, das flexible Zusammenarbeit erlaubt.

Im Grunde haben auch die derzeit wehenden nationalistischen Winde etwas Positives: Sie zeigen, dass viele Menschen an »ihr Land« und »ihr Volk« glauben. Jetzt brauchen wir den Blickwinkel nur noch von »national« auf »kontinental« und baldmöglichst auf »global« auszuweiten, dann gibt es für die weltweite Zusammenarbeit auf allen Ebenen keine Grenzen mehr.

Wir brauchen eine neue DDR

Für die Zukunft der herkömmlichen Demokratie machen all diese Optionen eher wenig Mut. Möglicherweise wird die repräsentative Parteiendemokratie in Vergessenheit geraten oder höchstens noch als historisches Modell im Museum ausgestellt werden. Die technische Entwicklung wird uns stattdessen neue Möglichkeiten eröffnen, deren Umrisse wir derzeit allenfalls erahnen können.

Heute schon vorstellbar ist beispielsweise eine technikgestützte direkte Demokratie, in der wir nicht mehr alle vier oder fünf Jahre, sondern permanent zu allen erdenklichen Themen unser Votum abgeben. Ob das funktionieren würde, lässt sich schwer voraussagen. Doch eine Demokratie ohne manipulative Vermittler, in der die Menschen die Macht unmittelbar ausüben, wäre ein interessantes Experiment. Allerdings bestünde auch hier das Risiko, dass Menschen nicht nach validen Informationen, sondern nach Gefühl abstimmen.

Wir sollten uns jetzt trauen, über andere Modelle nachzudenken. Das heute so wirtschaftlich erfolgreiche »chinesische Modell« wird in immer mehr Länder implementiert. Bald ist ein Viertel der Weltbevölkerung verbunden im großen Netz, in einem Überwachungsstaat gesteuert von digitalen sozialen Bewertungsmodellen. Von hier wird es keinen Weg zurück geben. Was ist die kritische Masse, die benötigt wird, damit der Rest der Welt sich fügen muss? Die Abschaffung der (Parteien-)Demokratie wäre kein Problem, die Algorithmokratie oder digitale Diktatur hingegen wird man nicht mehr abschalten können.

Genau aus diesem Grund müssen die klassischen Pseudodemokratien das aktuelle System infrage stellen. Wo implementieren wir digitale Strukturen und technologische Lösungen, um die Vermittlerinstanzen abzuschaffen. Was ist die richtige Steuerung durch Algorithmen, um eine Art »Digitale Demokratische Republik« zu schaffen – eine Digitalisierung unseres Gesellschaftssystems? Doch diese braucht Regeln.

Wir sind keine Algorithmen

Wir müssen damit aufhören, die Schlachten von gestern immer wieder aufs Neue zu schlagen. Die Frage ist nicht mehr, ob es Gott gibt oder die Atheisten immer schon richtiglagen – es geht darum, ob wir einen Maschinengott mit künstlicher Superintelligenz kreieren wollen. Meine Antwort ist hoffentlich deutlich geworden: Das dürfen wir auf keinen Fall tun! Es wäre ein fataler Irrweg, die letzte narzisstische Kränkung der Menschheit, unsere bewusstlose Selbstunterwerfung unter eine unmenschliche Macht, die wir nicht kontrollieren könnten. Die große Gefahr ist, dass wir die Risiken nicht sehen, weil wir die Komplexität unterschätzen – und wenn die »Singularität« eingetreten ist, ist das Spiel für uns endgültig vorbei.

Viele Wissenschaftler, die an den neuen Technologien arbeiten, folgen einer falschen Leitidee: Sie glauben, dass alle Organismen – also auch wir Menschen – letztlich nichts als Algorithmen seien. Auf dieser Illusion fußt ihr quasi religiöser Glaube, dass wir durch die digitale »Intelligenzexplosion« gewinnen würden, wonach die Menschen sich immer gesehnt haben: Glückseligkeit, Unsterblichkeit und Gottähnlichkeit. Doch dabei übersehen sie, dass wir auf diesem Weg verlieren würden, was uns als Menschen letztlich ausmacht, weil es in den Algorithmen nicht enthalten ist.

Selbst wenn wir diese grundsätzliche Frage – das »schwierige Problem des Bewusstseins« – hier beiseitelassen, bleibt ein weiteres, kaum weniger schwerwiegendes Problem: Algorithmen können leicht gehackt werden, und das würde in Zukunft auch für uns Menschen gelten.

Die bedrohlichen Konsequenzen dürften dir nach Lektüre dieses Buchs klar geworden sein. **Die Risiken einer Verschmelzung von AKI, Bio- und Nanotech, wie sie von vielen Wissenschaftlern und den hinter ihnen stehenden Megakonzernen angestrebt wird, sind unkalkulierbar.** Was aus der Verbindung von menschlicher und künstlicher Intelligenz entstehen kann, vermag niemand auch nur einigermaßen seriös und belastbar vorauszusagen: Weder verstehen wir unsere eigenen Bewusstseins- und Denkprozesse, noch können wir abschätzen, wie sich selbstlernende AKI-Systeme entwickeln werden. Welchen Anforderungen eine Schnittstelle für diese »Intelligenzverschmelzung« genügen müsste, damit wir mit unserer »einfachen« Intelligenz die Kontrolle über die maschinelle Superintelligenz behalten würden, ist genauso unklar. Warum sollten wir den Technokraten dann erlauben, mit der Verschmelzung von natürlicher und künstlicher Intelligenz herumzuspielen? Es wäre sehr viel eher die Verbindung von natürlicher Dummheit und künstlicher Schläue – mit unabsehbaren Risiken und absehbar schlechtem Ende für uns.

Wir sind keine Algorithmen, aber vielleicht ist eben deshalb unsere Neugierde so stark, dass wir die Expedition ins Ungewisse weiter vorantreiben wollen. Dann müssen wir uns aber zumindest vor Augen halten, dass uns, falls wir das Spiel verlieren sollten, etwas Schlimmeres droht als der physische Tod: Wir könnten irrelevant werden, überflüssig wie ausrangiertes Spielzeug.

Nicht wahrgenommen zu werden, keine Aufgabe zu haben, keine Anerkennung zu bekommen ist für Menschen eine der schlimmsten Formen psychischer Folter. Wir müssen für etwas und für jemanden leben, wir brauchen Beifall, soziale Kontakte, Bewegung in unserem Leben, sonst gehen wir buchstäblich ein. Vor diesem Risiko, überflüssig zu werden, sollten wir einen höllischen Respekt haben. Wer sein Leben verliert, kann immer noch hoffen, dass es nach dem physischen Tod doch irgendwie weitergeht. Doch unser Leben zwar zu behalten, aber degradiert zum Homo obsoletus, wäre die wahr gewordene Hölle auf Erden.

So weit darf es auf keinen Fall kommen. Deshalb müssen wir uns klarmachen, welche Perspektiven wir in den nächsten zehn Jahren haben, und sofort damit beginnen, eine Gesellschaft des Verstands zu kreieren. Auf diese Weise können wir den technischen Fortschritt nutzen, um Quantopia zu verwirklichen, eine gerechte und friedliche Welt.

Die Motivation für diese gemeinsame Reise muss zunächst von der Ökonomie ausgehen, davon bin ich überzeugt. Wir müssen alle Hoffnung auf den Kapitalismus richten, unsere letzte Religion. Nur wenn wir unser ökonomisches System neu denken, können wir auch die Gesellschaft verstehen – und umgekehrt. Aus der Quantenwirtschaft, dem postmaterialistisch und ganzheitlich weiterentwickelten Kapitalismus, wird Quantopia hervorgehen.

Hegel, Sartre und Lacan:
Philosophische Tools für die Gesellschaft des Verstands

»Alles, was digitalisiert werden kann, wird digitalisiert«: Von solchen wichtigtuerischen Aussagen dürfen wir uns nicht länger ablenken lassen; vielmehr müssen wir uns endlich den grundlegenden Fragen zuwenden: **Wie können wir Verstand und Gefühle so verbinden, dass wir zu Vernunft und damit zu vernünftigen, also rationalen und ethischen Erkenntnissen *und* Entscheidungen gelangen?**

Wir müssen uns mit der Frage beschäftigen, ob die natürliche Selektion unserer Spezies durch die neuen Technologien und durch die Machtballung in den Händen der Oligarchen ausgehebelt oder verzerrt wird. Können wir wirkliche Freiheit erlangen, wenn unsere Gene durch KI und Biotech fundamental verändert werden? Das Bedürfnis der – vor allem jüngeren – Menschen, sich mit dem eigenen Menschsein auseinanderzusetzen, wird immer stärker. Das zeigen zahlreiche Studien, und das erlebe auch ich immer wieder bei Gesprächen.

Wir müssen uns mehr auf die Schliche kommen; wir brauchen ein klareres Verständnis unserer Schwächen, blinden Stellen und Grenzen. Unser Ich ist kein Subjekt, kein konsistenter Akteur, sondern besteht aus wechselnden Rollen, die wir jeweils auf die Realität projizieren. Wie können wir lernen, diese Rollen besser zu verstehen, wie können wir sie ausleben oder auch ablegen? Mit diesen Fragen haben sich viele Menschen noch nie beschäftigt, dabei sind sie heute drängender denn je.

Durch philosophische Kontemplation gelangen wir zu einer Bewusstseinsrevolution, die uns zu mehr Aufmerksamkeit und schärferer Wahrnehmung befähigt. In den letzten Jahrzehnten sind zahlreiche neue Wissenschaftsdisziplinen entstanden –

und so mancher behauptet, die Philosophie sei eine Disziplin von gestern, die auf die Fragen von heute keine Antworten mehr geben könne. Doch das Gegenteil trifft zu: Die Quantenwirtschaft und eine Gesellschaft des Verstands können wir nur ganzheitlich gestalten – und dafür brauchen wir nicht nur Rationalität und Logik, sondern auch Soziale und Emotionale Intelligenz. Nicht nur IQ, sondern auch »WeQ«. Nicht nur naturwissenschaftliche Modelle, sondern auch die Ansätze der Philosophen.

Europa – und besonders der deutschsprachige Raum – hat eine lange philosophische Tradition. Georg Wilhelm Friedrich Hegel, einer der wichtigsten Vertreter des deutschen Idealismus, hat in einem verwickelten Stil geschrieben, aber seine Gedanken zur philosophischen Kontemplation sind so aktuell wie vor hundertfünfzig Jahren. Martin Heidegger, dem Begründer der Fundamentalontologie, verdanken wir gleichfalls philosophische Einsichten, auf die wir in dieser kritischen Phase der Menschheitsgeschichte keinesfalls verzichten können, auch wenn der Weise aus dem Schwarzwald im Nationalsozialismus zwischenzeitlich selbst die Orientierung verlor. Unter anderem von Hegel inspiriert waren der Österreicher Sigmund Freud, der die Psychoanalyse begründete, und sein herausragender Schüler, der Schweizer Carl Gustav Jung. Auf ihren bahnbrechenden Arbeiten zur menschlichen Psyche fußt wiederum das Werk des französischen Psychoanalytikers und Psychiaters Jacques Lacan, dessen Konzept der »leeren Zwischenräume« nicht nur die Psychoanalyse revolutionierte.

Friedrich Nietzsche, der virtuose Zertrümmerer von Dogmen, Mythen und Vorurteilen, und der gleichfalls schon erwähnte Edmund Husserl, der die Phänomenologie begründete, gehören für mich ebenfalls zu den herausragenden deutschsprachigen Denkern, deren Gedanken heute relevanter sind als je zuvor. An Husserls »Phänomenologie« wiederum knüpft der französische Philosoph Maurice Merleau-Ponty an. Hegel, Husserl und Merleau-Ponty können nicht zuletzt der stagnierenden Bewusstseinsforschung wichtige neue Impulse liefern.

Von Arthur Schopenhauer können wir lernen, wie sich europäisches Denken und buddhistische Erleuchtung verbinden lassen – möglicherweise ein Modell für den Brückenschlag zwischen Wissenschaft und Spiritualität, an dem aus verschiedenen Richtungen fieberhaft gearbeitet wird. Indem die Naturwissenschaften ihre materialistische Fixierung hinter sich lassen, rückt die Frage nach den »Verbindungen« und den »Leerräumen« in den Fokus – Fragen, mit denen sich sowohl Jean-Paul Sartre als auch Jacques Lacan beschäftigt haben. **Besonders wenn es um die ganzheitliche Natur des Menschen und unser Bewusstsein geht, kann es sich Wissenschaft schlichtweg nicht leisten, die Ansätze und Einsichten der Philosophen zu ignorieren.** Neurowissenschaftler und Quantenforscher kommen ohne die metaphysischen Modelle der spirituellen Denker nicht weiter, die KI-Forschung nicht ohne die Überlegungen der Ontologen, also derjenigen Philosophen, die sich – wie Heidegger – mit dem Sein und dem Nichts sowie mit den Grundstrukturen der Wirklichkeit befassen.

Die Disziplinen rücken immer näher zusammen, doch der Graben zwischen Geistes- und Naturwissenschaften ist noch längst nicht überwunden. Auch wenn beide Seiten über das gleiche Thema zu sprechen scheinen, reden sie noch immer oftmals aneinander vorbei. Aber die Erkenntnis reift auf beiden Seiten, dass wir nur gemeinsam Fortschritte erzielen können.

Es mag sein, dass die Alte Welt beim Wettkampf der Giganten um die digitale Vorherrschaft nicht mithalten kann, aber bei einem Wettkampf der Denker würde Europa auf jeden Fall punkten. Die Pioniere der modernen Physik – Werner Heisenberg, Erwin Schrödinger, Wolfgang Pauli, Max Planck und allen

voran Albert Einstein – waren nicht nur herausragende Naturwissenschaftler, sondern auch Männer von abendländischer
Bildung, denen die philosophischen Implikationen ihrer Forschung durchaus bewusst waren. Auch an diese Tradition
können und müssen wir andocken, wenn wir eine neue, echte
Aufklärung anstoßen, eine Renaissance der europäischen Denker.

Wir müssen die Schätze der Vergangenheit retten, für die
Herausforderungen des 21. Jahrhunderts nutzbar machen und
weiterdenken. Das forderte auch Stephen Hawking in seinem
letzten, posthum erschienen Werk *Kurze Antworten auf große
Fragen*. Darin plädierte der herausragende Physiker dafür, den
Fokus der Forschung noch stärker auf die kosmisch großen
und die subatomar kleinen Dimensionen zu richten. Die Quantenphysik ist der rationale, wissenschaftliche Weg dorthin – die
praktische Philosophie kann die Brücke zwischen klassischer
und moderner Physik, zwischen Biologie und Bewusstsein,
Technologie und dem Kern des Menschseins werden. Nur dort,
in den Leerräumen, werden wir Fortschritte für die Menschheit
erzielen – und nur dann, wenn wir es wagen, die ausgetretenen
Pfade zu verlassen und unseren Horizont zu erweitern.

Die Ökonomie macht es möglich, Technologie in praktische
Anwendungen und Geschäftsmodelle umzusetzen. Was hätten
die Denker früherer Jahrhunderte wohl dafür gegeben, die
technologischen Potenziale unserer Zeit nutzen zu können?
Wir Heutigen haben diese Möglichkeiten – und damit auch die
Verantwortung für unser Tun. **Wir haben das Recht und die
Pflicht, unsere Entscheidungen zu reflektieren und unser
Handeln zu hinterfragen. Das wohlhabende Europa, der
Kontinent der ersten Aufklärung, der philosophischen Tra-
ditionen und technologischen Pioniere, kann die Entwicklung der sozialen Systeme zu Gesellschaften des Verstands
einleiten.** Dadurch werden wir zu tieferem Verständnis un-

seres Menschseins gelangen und fähig werden, Realität und inneres Erleben, Außen- und Innenwelten zu verbinden – nicht anders als bei der »Verschränkung« in der Quantenrealität.

Philosophen hier und jetzt gesucht

Jeder Mensch hat ein philosophisches Potenzial. Die großen Fragen – woher wir kommen und wohin wir gehen – haben uns alle zumindest in unserer Jugend beschäftigt. Die meisten Menschen wenden sich irgendwann den »praktischen« Fragen zu, und nur wenige werden zu Philosophen. Aber die Kunst des Philosophierens kann jeder lernen – auch du! Praktisch anwendbare Philosophie gehört in Schulen und Weiterbildungseinrichtungen auf den Stundenplan. Bereits in Kindertagesstätten und Grundschulen müssen entsprechende Ansätze vermittelt werden – und für Führungskräfte in Wirtschaft, Verwaltung und Politik muss praktische Philosophie zum Pflichtfach werden.

Wir sind bereits auf der Reise nach Quantopia, und die heraufziehende Quantenwirtschaft ist ein großer Schritt auf diesem Weg. Mir ist bewusst, dass es so etwas wie eine neue Hippie-Bewegung gibt, mit Gurus, die Konsumverzicht und ein der Spiritualität gewidmetes Leben predigen. Aber das ist kein realistischer Weg – wir können nicht alle zurück aufs Land ziehen, uns dem Konsum verweigern und unser Leben mit Meditation und Gebeten verbringen. Um die Quantenwirtschaft zu entwickeln, brauchen wir belastbare Strukturen.

Philosophen schreiben Bücher – praktisch anwendbare Philosophie verändert die Welt. Damit neue Ideen neue Wirklichkeiten schaffen können, brauchen sie aber einen institutionellen Unterbau: Mitarbeiter, Budgets, Gebäude, Investoren.

Nur so können große Projekte die Zeit und Macht gewinnen, die es braucht, damit die Gesellschaft ihren Wert erkennt.

Die neuen Institutionen müssen die Beziehungsfähigkeit der Menschen im persönlichen wie im ökonomischen Bereich verbessern. **Jeder Mensch hat einen viel größeren Einfluss auf seine Karriere, seinen Lebensweg, seine Persönlichkeitsentwicklung, seine Gefühle und Stimmungen, als den meisten von uns bewusst ist.** Eine der wichtigsten Lektionen, die in den neuen Institutionen vermittelt werden, muss die fundamentale Bedeutung der frühen Kindheit für das gesamte Leben eines Menschen sein.

Wecke den Philosophen in dir!

- Lerne zu unterscheiden, was authentisch ist, was Fake und was Fiktion.
- Lerne zu meditieren, um größere Klarheit und mehr Bewusstheit zu erlangen.
- Greife Anregungen auf, die du durch dieses Buch bekommen hast, und lies selbst, was Philosophen wie Platon, Hegel oder Husserl geschrieben haben. Das gilt genauso für die Quantenforschung und für die verschiedenen Ansätze der Spiritualität.
- Sei neugierig und wissbegierig. Lerne, lebenslang zu lernen. Das ist nicht nur gut für deine berufliche Karriere, sondern auch für deine persönliche Ausstrahlung: Wer sich interessiert, ist interessant.
- Übe dich darin, dir selbst auf die Schliche zu kommen. Welche Rollen spielst du im Leben? Gibt es andere Rollen, die du lieber spielen würdest?
- Diskutiere nicht, um zu gewinnen und recht zu bekommen, sondern immer lösungsorientiert. Nur solche Debatten führen zu Verbesserungen und Fortschritten.
- Sei offen dafür, von anderen zu lernen. Die eigene Meinung ändern zu können ist eine Stärke.
- Richte deinen Fokus auf Fragen.

Die Quantenwirtschaft wird geformt durch menschliches Handeln, basierend auf unendlich vielen Faktoren, die teilweise erst im Moment der Entscheidung entstehen. Deshalb ist sie ihrer Natur nach kreativ, unzähmbar und instabil, und deshalb lassen sich ihre Entwicklung, künftige Krisen und Korrekturen auch nicht genauer vorhersagen. Wie in der Quantenphysik ist es in der Quantenwirtschaft – zumindest derzeit – nicht möglich, eine übergreifende Theorie zu formulieren. Vielleicht fehlen uns noch einige Puzzlestücke, oder wir suchen an den falschen Stellen, weil wir noch nicht das ganze Bild vor Augen haben oder noch nicht die richtigen Fragen gestellt haben.

Durch permanente Optimierung wird unser Verständnis der Quantenwirtschaft immer besser werden. Wir werden lernen, wiederkehrende Krisen zu vermeiden. Wir werden ein größeres Bewusstsein entwickeln und immer besser verstehen, dass unsere Welt eine Quantenstruktur hat, weshalb deterministische Modelle uns nicht weiterhelfen können. Wie Quantopia ist auch die Quantenwirtschaft kein Ziel, sondern ein Weg, kein System, sondern ein unendlicher Prozess.

Was kommt nach der Digitalisierung? Das ist dieselbe Frage wie: Gibt es ein Leben nach dem Tod?

Literatur

Abdul, Kalam A.P.J. und Tiwari, Arun, Transcendence: My Spiritual Experiences with Pramukh Swamiji, HarperCollins India, 2015.

Arden, Paul, Es kommt nich darauf an, wer du bist, sonder wer du sein willst, Phaidon, 2005.

Arntz, William/Chasse, Betsy/Vicente, Mark, What the Bleep Do We Know: Discovering the Endless Possibilities for Altering Your Everyday Reality, HCI; Media Tie In edition, 2007.

Ayer, A.J., The Problem of Knowledge, Macmillan, 1956.

Beckett, Samuel, Warten auf Godot – En attendant Godot – Waiting for Godot, Suhrkamp, 2011.

Beckett, Samuel, Endgame, Faber And Faber Ltd., 2009.

Bhagat, Chetan, What Young India Wants, Rupa & Co., 2012.

Bloom, Paul, Against Empathy: The Case for Rational Compassion, Random House, 2017.

Brand, Russell, Revolution, Random House, 2014.

Branson, Richard, Screw It, Let's Do It, Virgin Books, 2008.

Brown, Brené, Braving the Wilderness, Thorndike Press, 2018.

Buckingham, Marcus und Coffman, Curt, First, Break All The Rules: What the world's greatest managers do differently, Simon & Schuster, 1999.

Casey, Michael J. und Vigna, Paul, The Blockchain and the Future of Everything, HarperCollins, 2018.

Catmull, Edwin und Wallace, Amy, Creativity Inc., Transworld Publishers Limited, 2014.

Chalmers, David J., The Concious Mind: In Search of a Fundamental Theory, Oxford University Press, 1996.

Cianni, Jean Louis, Denkpause: Wie mich Seneca aus der Krise holte, Econ, 2008.

Collins, Jim, Good to Great: Why Some Companies Make the Leap … and Others Don't, HarperBusiness, 2001.

Cooper, John M. und Grube, G.M.A., Five Dialogues, Hackett Publishing Company, 2002.

Cooper, John M. und Hutchinson, D.S. (Hg.), Plato Complete Works, Hackett Publishing Company, Inc., 1997.

Covey, Stephen R., The Seven Habits of Highly Effective People, Simon and Schuster, 1989.

Dartnell, Lewis, The Knowledge: How to Rebuild Civilization in the Aftermath of a Cataclysm, Penguin Books, 2014.

Dawkins, Richard, Science in the Soul, Bantam Press, 2017.

De Spinoza, Benedict: Ethics, Princeton University Press, 1994.

Deutsch, David, The Beginning of Infinity: Explanations that Transform the World, Allen Lane, 2011.

Drucker, Peter F., The Essential Drucker, HarperBusiness, 2008.

Eggers, Dave, Der Circle, Kiepenheuer & Witsch, 2014.

Epley, Nicholas, Mindwise, Alfred A. Knopf, Random House, 2014.

Ferriss, Timothy, Tribe of Mentors: Short Life Advice from the Best in the World, Ebury Publishing, 2017.

Feynman, Richard Phillips, Six Easy Pieces, Helix Books, 1994.

Foucault, Michel, Discipline and Punish, Pantheon Books, 1977.

Franzen, Jonathan, Freiheit, Reinbeck bei Hamburg, 2010.

Freud, Sigmund, Gesammelte Werke, Anaconda Verlag, 2014.

Fromm, Erich, Die Furch vor der Freiheit, München, 1990.

Fromm, Erich, Haben oder Sein, dtv, 2010.

Garcia, Tristan, Das intensive Leben, Suhrkamp, 2017.

Gates, Bill, Veien mot Fremtiden, Hjemmets Bokforlag, 1995.

Gelernter, David, The Tides of Mind: Uncovering the Spectrum of Conciousness, Liveright Publishing Corporation, 2016.

Gladwell, Malcolm, Blink: The Power of Thinking Without Thinking, Little, Brown and Company, 2005.

Gladwell, Malcolm, Outliers: The Story of Success, Back Bay Books, 2011.

Gleiser, Marcelo, The Island of Knowledge: The Limits of Science and the Search for Meaning, Basic Books, 2014.

Goswami, Amit, Quantum Creativity: Think Quantum, Be Creative, Hay House Inc., 2014.

Goswami, Amit, The Everything Answer Book: How Quantum Science Explains Love, Death, and the Meaning of Life, Hampton Roads Publishing Company, Incorporated, 2017.

Guitton, Jean, Bogdanov Grichka und Igor, Gott und die Wissenschaft, dtv, 1998.

Harris, Sam, Waking Up: A Guide to Spirituality Without Religion, Simon & Schuster, 2014.

Hawking, Stephen, A Brief History of Time: From the Big Bang to Black Holes, Bantam Books, 1988.

Healey, Richard, The Quantum Revolution in Philosophy, Oxford University Press 2017.

Hobson, Allan, Dreaming: An Introduction to the Science of Sleep, Oxford University Press, 2003.

Hoff, Benjamin, The Te of Piglet, Dutton Books, 1992.

Hoff, Benjamin, The Tao of Pooh, Dutton Books, 1982.

Hong, Howard V. und Hong, Edna H., The Essential Kierkegard, Princeton Univserity Press, 1995.

Hume, David, A Treatise of Human Nature, Oxford University Press, 1978.

Husserl, Edmund und Janssen Paul, Die Idee der Phänomenologie: Text nach »Husserliana«, Band II (Philosophische Bibliothek 392), Felix Meiner Verlag, 2016.

Husserl, Edmund und Ströker, Elisabeth, Cartesianische Meditationen. Eine Einleitung in die Phänomenologie. Felix Meiner Verlag, 1995.

Huxley, Aldous, Island, Vintage Books, 2005.

Johnson, Steven, Where Good Ideas Come From – The Seven Patterns of Innovation, Riverhead Books, 2010.

Kahneman, Daniel, Thinking, Fast and Slow, Farrar, Straus and Giroux, 2011.

Kishimi, Ichiro und Koga, Fumitake, The Courage to be Disliked: The Japanese Phenomenon that Shows You How to Free Yourself, Change Your Life and Achieve Real Happiness, Allen & Unwin, 2017.

Krauss, Lawrence M., The Greatest Story Ever Told–So Far, Atria Books, 2017.

Krauss, Lawrence M., A Universe from Nothing: Why There Is Something Rather Than Nothing, Free Press, 2012.

Kurzweil, Ray, The Singularity is Near: When Human Transcend Biology, Viking, 2005.

Levitt, Steven D. und Dubner, Stephen J., Freakonomics, William Morrow, 2005.

Mason, Andrew, Plato, Berkeley: University of California Press, 2010.

Millner, A. V., Hegel's Phenomenlogy of Spirit, Oxford University Press, 1977.

Nagel, Thomas, The Possibility of Altruism, Princeton University Press, 1970.

Nagel, Thomas, Mind and Cosmos: Why the Materialist Neo-Darwinian Conception of Nature Is Almost Certainly False, Oxford University Press, 2012.

Nehamas, Alexander, The Art of Livining, Berkley, 1998.

Nietzsche, Friedrich, Zur Genealogie der Moral, Anaconda, 2010.

Ohmae, Kenichi, End of the Nation State: The Rise of Regional Economies, HarperCollins, 1996.

Orwell, George, Nineteen Eighty Four, Secker & Warburg, 1949.

Penrose, Roger, The Emperor's New Mind: Concerning Computation, Mind and the Laws of Physics, Oxford University Press, 1989.

Penrose, Roger, Shadows of the Mind: A Search for the Missing Science of Conciousness, Oxford University Press, 1994.

Peterson, Jordan B., 12 Rules For Life, Random House Canada, 2018.

Piketty, Thomas, Das Kapital im 21. Jahrhundert, C.H.Beck, 2014.

Poland, Jeffrey Stephen, Physicalism, the Philosophical Foundations, Clarendon Press, 1994.

Russell, Bertrand, A History of Western Philosophy, Simon & Schuster, 1945.

Russell, Bertrand, Our Knowledge of the External World, Mentor Books, 1960.

Sandel, Michael J., What Money Can't Buy: The Moral Limits of Markets, Farrar, Straus and Giroux, 2012.

Scharmer, C. Otto und Käufer Katrin, Von der Zukunft her führen: Theorie U in der Praxis, Carl-Auer-Verlag, 2014.

Simmons, Russell, Do You!: 12 Laws to Access the Power in You to Achieve Happiness and Success, Gotham Books, 2007.

Sinek, Simon, Start with Why, Portfolio, 2009.

Singer, Peter, Leben retten: Wie sich die Armut abschaffen lässt – und warum wir es nicht tun, Random House, 2010.

Tenney, Matt und Gard, Tim, The Mindfulness Edge, John Wiley & Sons, Incorporated, 2016.

Tolle, Eckhart, The Power of Now: A Guide to Spiritual Enlightenment, Namaste Publishing, 1997.

Tvede, Lars, The Creative Society: How the Future Can Be Won, LID Publishing, 2016.

Van Doren, Charles, A History of Knowledge: Past, Present and Future, Ballentine Book, 1991.

Von Neumann, John und Morgenstern, Oskar, Theory of Games and Economic Behavior, Princeton University Press, 1944.

Weisman, Alan, The World Without Us, St. Martin's Thomas Dunne Books, 2007.

Welch, Jack, Winning, HaperCollins, 2005.

Wendt, Alexander, Quantum Mind and Social Science: Unifying Physical and Social Ontology, Cambridge University Press, 2015.

Werner, Götz W., 1.000 Euro für jeden: Freiheit. Gleichheit. Grundeinkommen, Econ, 2010.

Wittgenstein, Ludwig/Anscombe, G.E.M. (Übersetzung), Philosophical Investigations, MacMillan, 1953.

Wittgenstein, Ludwig/Anscombe, G.E.M. (Übersetzung), Culture and Value, University of Chicago Press, 1980.

Zimbardo, Philip, The Lucifer Effect: Understanding How Good People Turn Evil, Random House, Rider, 2007.

Žižek, Slavoj, Incontinence of the Void: Economico-Philosophical Spandrels, MIT Press, 2019.

Anmerkungen

1 Siehe https://www.berliner-ensemble.de/inszenierung/die-parallelwelt.

2 Siehe https://edition.cnn.com/2019/01/24/world/doomsday-clock-2019/index.html.

3 Siehe https://www.welt.de/debatte/kommentare/plus177629558/Henry-Kissinger-ueber-Gefahren-der-Kuenstlichen-Intelligenz.html.

4 Siehe www.gapminder.org.

5 Siehe https://medium.com/the-polymath-project/rethinking-education-c8754b3d77b4.

6 Siehe www.greenschool.org.

7 Siehe https://www.youtube.com/watch?v=GaNBxwtdV0w.

8 Siehe https://medium.com/@drstephanie/why-women-are-neurologically-wired-to-be-leaders-6073f7a7b553.

9 Siehe https://ouraring.com.

10 Siehe https://www.gesundheitstrends.de/service/psychologie/mitgefuehl-und-empathie.php, https://info-buddhismus.de/Empathie-Mitgefuehl-Neurowissenschaft-Ricard-Singer-Altruismus.html oder https://de.quora.com/Was-ist-der-Unterschied-zwischen-Empathie-und-Mitgef%C3%BChl.

11 Siehe https://www.handelsblatt.com/meinung/kommentare/kommentar-die-zeit-der-quantencomputer-beginnt-jetzt/23843430.html?ticket=ST-170466-FPGfmwfnJPfHXbSMx5Uw-ap4.

12 Siehe Vortrag *Physikalische Gesetzlichkeit im Lichte neuerer Forschung*.

13 Siehe http://culturedigitally.org/2014/09/digitalization-and-digitization.

14 Siehe https://www.businessinsider.de/bill-gates-elon-musk-giving-pledge-may-reach-600-billion-2018-7?r=US&IR=T.

15 Siehe https://de.wikipedia.org/wiki/Biopsychosoziale_Medizin.

Personenregister

321

Sachregister

Thomas Ramge
Jan Schwochow

Wirtschaft
verstehen

Eine Einführung in
111 Infografiken

Mit 111 farbigen Infografiken.
Halbleinenband.
www.econ.de

Wirtschaft für alle – faktenreich und unterhaltsam.

So haben Sie Wirtschaft noch nie gesehen! Thomas Ramge und Jan Schwochow übertragen die wichtigsten Schlagwörter und Themen der Ökonomen in bunte Bilder, die jeder versteht, vom Menschen über die Betriebs- und Volkswirtschaft bis zur globalen Ökonomie. So werden die Einkommensverteilung, Wachstum oder die globalen Handelsströme in ein lebendiges Bild der realen Wirtschaft übersetzt. Kapitel zu den großen Vordenkern, zur Nachhaltigkeit und ein Blick in die Zukunft runden den prächtigen großformatigen Bildband ab. Ramge und Schochow laden die Leser zu einem virtuellen Rundgang durch die Welt der Wirtschaft ein und begeistern für das sonst so sperrige Thema.

Econ